Copyright © 1993 by the University of Pennsylvania Press
All rights reserved. Published by arrangement with the University
of Pennsylvania Press, Philadelphia, Pennsylvania. No Part of this
book may be reproduced or transmitted in any form or by any
means, electronic or mechanical, including photocopying, or by
any information storage and retrieval system, without permission
in writing from the University of Pennsylvania Press.

版权所有。北京大学出版社经位于美国宾夕法尼亚州费城的宾夕法尼亚大学出版社的授权出版《刑事诉讼革命的失败》（Craig M. Bradley著）一书，未经宾夕法尼亚大学出版社的书面许可，不得以任何形式，包括以电子的或影印的方式或以任何信息储存及检索系统，对该作品的任何部分进行复制或传播。

·世界法学译丛·

The Failure of the Criminal Procedure Revolution
刑事诉讼革命的失败

原著:〔美〕克雷格·布拉德利（Craig M. Bradley）
译者: 郑　旭

北京大学出版社
PEKING UNIVERSITY PRESS

北京市版权局登记号　图字:01-2006-0457

图书在版编目(CIP)数据

刑事诉讼革命的失败/(美)布拉德利(Bradley,C.M.)著;郑旭译.—北京:北京大学出版社,2009.4
(世界法学译丛)
ISBN 978-7-301-15013-9

Ⅰ.刑…　Ⅱ.①布…②郑…　Ⅲ.刑事诉讼-研究　Ⅳ.D915.304

中国版本图书馆 CIP 数据核字(2009)第 035975 号

书　　　名:刑事诉讼革命的失败
著作责任者:〔美〕克雷格·布拉德利(Craig M. Bradley)　著　郑　旭　译
责 任 编 辑:李燕芬
封 面 设 计:春天书装工作室
标 准 书 号:ISBN 978-7-301-15013-9/D·2264
出 版 发 行:北京大学出版社
地　　　址:北京市海淀区成府路205号　100871
网　　　址:http://www.pup.cn　电子邮箱:law@pup.pku.edu.cn
电　　　话:邮购部 62752015　发行部 62750672　编辑部 62752027
　　　　　　出版部 62754962
印 刷 者:北京山润国际印务有限公司
经 销 者:新华书店
　　　　　650mm×980mm　16 开本　19 印张　259 千字
　　　　　2009 年 4 月第 1 版　2009 年 4 月第 1 次印刷
定　　　价:38.00 元

未经许可,不得以任何方式复制或抄袭本书之部分或全部内容。
版权所有,侵权必究
举报电话:010-62752024　电子邮箱:fd@pup.pku.edu.cn

致　谢

在写作这部书的时候很多人为我提供了帮助。我希望记住了所有帮助我的人。这些人们中的一些甚至可能没有意识到他们在帮助我写这本书，因为他们的评论是针对我在《刑法和犯罪学杂志》上发表的那篇文章，在该文中我第一次提出构成本书基础的那个建议。以字母为序，这些人是佛罗里达大学的艾伦（Francis Allen）教授，西北大学的艾伦（Ronald Allen）教授，韦恩州立大学的德雷斯勒（Joshua Dressler）教授，肯塔基大学的加维（John Garvey）教授，密歇根大学的卡米萨（Yale Kamisar）教授，弗吉尼亚大学的克拉曼（Michael Klarman）教授，印第安纳大学秘书赫恩登（Krystie Herndon）以及该校霍夫曼（Joseph Hoffmann）教授、罗布尔（Lauren Robel）教授，弗吉尼亚大学的拉瑟格林（George Rutherglen）教授，印第安纳大学学生研究助理斯奎尔（Moira Squier）以及斯坦福大学的韦斯伯格（Robert Weisberg）教授。

第五章即关于比较法的那一章，得到了下列人的更多的帮助：澳大利亚：澳大利亚国立大学高级法律讲师韦特（Peter Waight）；英国：布里斯托大学法律研究员费尔德曼（David Feldman）；法国：明尼苏达大学法学教授弗雷兹（Richard Frase）；德国：科隆大学法学教授魏根特（Thomas Weigand），基尔国际法学院研究员罗本（Volker Roben），印第安纳大学学生研究助理彼德森（Antje Petersen）；意大利：纽约律师法斯勒（Lawrence Fassler）。

最后，有两个人的帮助超过了他们的职责：弗吉尼亚大学的斯顿茨（William Stuntz）教授和哥伦比亚大学的林奇（Gerard Lynch）教授。

这本书的某些部分以前曾经在下列法学杂志的文章中出现

过,一般在形式上有些改变:《德国非法证据排除规则》,载 1983 年第 96 期《哈佛法律评论》第 1032 页至第 1066 页;《第四修正案的两种模式》,载 1985 年第 83 期《密歇根法律评论》第 1468 页至第 1501 页;《最高法院的不确定性原则》,载 1986 年《杜克法律杂志》第 1 页至第 64 页;《奥兹国的刑事诉讼:来自美国的教训》,载 1991 年春季第 81 期《刑法和犯罪学杂志》第 99 页至第 135 页。

最后,我希望感谢美国律师协会允许我使用第三章中的表格,感谢英国皇家文书局允许重印附录中的《警察与刑事证据法》和执行守则的节选。

前　言

"刑事诉讼"是指与把刑事被告人交付审理有关的全部活动。其起始活动是警察的侦查，包括对房屋、汽车等的搜查，对可能的嫌疑人进行列队辨认或者照片辨认；之后的程序是逮捕、讯问、初次聆讯、预审、大陪审团起诉、审理、量刑、上诉以及对定罪的附带争议。"刑事诉讼革命"是指在20世纪60年代美国联邦最高法院作出了一系列宪法性判例，对美国的刑事诉讼程序进行了革命。例如，联邦最高法院要求违反宪法获得的证据必须在州的刑事审理中被排除，警察在讯问之前必须向刑事犯罪嫌疑人告知其宪法权利（米兰达警告），在任何可能导致监禁刑的刑事审理中，必须为贫穷的被告人提供免费的律师。

在施加这些要求时，对最高法院裁判的批评是激烈的。很多人抱怨说，法院是在"给警察戴上手铐"。不断上升的犯罪率被认为是最高法院判例导致的结果，并且理查德·尼克松在1968年的总统竞选中提出了任命"法律与秩序"的最高法院大法官作为自己竞选的重要口号，并成功当选了总统。

在尼克松任命了四名大法官之后，舆论开始转到了相反的方向。对"伯格法院"持批评态度的自由主义者抱怨说，对公民自由的宪法保障正在被抛弃，并且法律实施官员的"警察国"战术即将重现。

这两种极端的预言都已经被证明是不准确的。例如，警察已经适应了对嫌疑人给予米兰达警告，而这并没有导致供述的大量减少。而且，与先前的预期不同，伯格法院并没有推翻米兰达，虽然它也没有把这个判例扩展到自由主义批评者所希望的那个程度。双方似乎都同意，在审理中和至少一次上诉中所有的刑事被告人都有律师为其辩护是一件好事情,并且对贫穷的被告人应当提供免费律师。沃伦法院最重要的三项创新中,只有"排除规则",即非法获得的证据禁止在审理中使用,仍然是激烈争论的话题。

尽管存在这样的共识,没有人认为刑事诉讼制度运行得很好。警察、公诉人、法官(包括最高法院大法官们)、被害人以及学者们,无论是自由主义者还是保守主义者,都认为该制度存在严重的缺陷——事实上是一个失败。美国律师协会1988年一份题为《危机中的刑事司法制度》[1]表达了这种看法。在某种程度上,这些批评是不可避免的。对一些人有吸引力的政策,对另外一些人将不具有吸引力。政治家们提供的财政拨款不足以使警察部门抓住罪犯、使法院审理罪犯以及使监狱关押罪犯,因而也必须承担主要责任。当然,直接卷入该制度的人们比一般的纳税人更感觉到该制度应当获得更多的资源,但是,每一个群体都在争取有限的政府拨款。

本书提出的论点是,美国刑事诉讼制度存在的缺陷,超出了意识形态上的批评和资金不足的问题。换句话说,意识形态的转变也好,增加资金也好(不管数额多大),最高法院法学理论的提炼也好(不管多么有技巧),都不能解决本书所讨论的问题。由于其独特的宪法制度,美国刑事诉讼中的"规则"是一点一滴地、一案一判地发展起来的,而不是通过一部刑事诉讼法典。世界上其他主要国家都是用立法机关制定的刑事诉讼法典来确定刑事诉讼中的规则。只有美国期望其警察遵循一套如此累赘且复杂的规则,以至于刑事诉讼法的一个领域——搜查与扣押——就需要一部四卷本的专著来说清楚。

本书将论述,形成这种具有重大缺陷的制度是有历史上原因的。简单地说,在19世纪和20世纪早期,逐渐形成了一种信念,即联邦政府应当介入以便救济广泛存在的州警察和地方警察对犯罪嫌疑人权利的侵犯,特别是对黑人犯罪嫌疑人权利的侵犯。但是,联邦政府作为有限的权力主体,是否有权力这样做,还不清楚。最后,通过一

---

[1] American Bar Association, *Criminal Justice in Crisis*.

个长期的过程,以1936年布朗诉密西西比(Brown v. Mississippi)为分水岭,最高法院开始对内战后制定的第十四修正案的正当程序条款进行解释,作为其阻止各州侵犯刑事嫌疑人最基本权利的权力来源;并且通过撤销对那些权利被侵犯的人的定罪,来确保公正审判。也就是说,最高法院判定,基于不合理的搜查或者不自愿的供述而认定一个人有罪,属于未经"法律的正当程序"而剥夺自由。

在随后的岁月中,最高法院把"基础性"权利扩展到实际上包括权利法案中的所有权利保障(之前仅仅适用于联邦政府)。这样,权利法案中的下列权利,即反对不合理搜查扣押、反对自我归罪、由无偏见的陪审团进行审理、律师帮助等权利,与适用于联邦政府一样适用于各州。逐渐地,最高法院在刑事诉讼领域中作出了如此多的判例,以至于法院系统和律师们把这些判例作为该领域唯一的权威法律渊源。今天,在法学院刑事诉讼教材中已经无法找到关于州的判例和制定法的严肃讨论了。法律专业学生接受的教育(实质上也是正确的教育)是,在这个领域起作用的唯一法律渊源是最高法院的判例(虽然有些州确实有相当详尽的法典)。

但是,这些最高法院的判例,由于它们的性质,作为宣布规则的一种方法,特别是为非律师(即警察)制定的、必须易于理解、记忆和服从的规则,具有固有的缺陷。对排除规则的批评,很少是基于不同意警察根本性的违法应当通过证据排除的方式予以震慑这一观点。而是,它们反映了一种信念:由于那些"规则"的复杂性和不完整性,警察的违法看起来并不是"根本性"的。期待警察从最高法院在可能二十年的期间内作出的一系列三十页长的判例中辨别在一个特定的情形下应当如何行事,是不现实的。因此,正如近来的研究所表明的那样,无论是州警察和地方警察,还是州法院系统,都无法一贯地理解和适用最高法院宣布的刑事诉讼"规则"[1],

---

[1] William Heffernan and Richard Lovely, "Evaluating the Fourth Amendment Exclusionary Rule"; Craig Bradley, "Are State Courts Enforcing the Fourth Amendment?"

就毫不奇怪了。

直到最近,我所能提出的建议就是,最高法院应当认识到其通过一案一判的方式宣布刑事诉讼规则的努力中存在固有的问题,并且尽最大努力去尝试简化这些规则以便于使警察能够更易于遵循。① 正如第七章中讨论的那样,虽然我仍然相信这将是一场有用的改革,但是这样的改革并不能避免使用判例作为发展刑事诉讼规则的两个问题:不确定性和不完整性。正如在第四章中将详细论述的那样,由于判例法特定的事实、特定的判决这种性质,被宣告的规则精确前提的不确定性就出现了。而且,由于判例法只能解决已经提出的问题,不能预见该问题的变化,并且受到排除规则的驱动,判例法必然是不全面的。有些问题最高法院可能花费,并且已经花费了二十年的时间来解决,而如果通过制定法,可能早已得到解决了。但到今天很多问题仍然没有解决,并且也没有很快解决的迹象。

问题在于,制定全国适用的刑事诉讼规则的唯一立法机关是国会,或者国会设立的规则制定机构。国会被认为缺乏这样做的权力,但是,正如我在1990年《刑事法和犯罪学杂志》②的文章中论述的那样,一旦最高法院把权利法案纳入到第十四修正案的正当程序条款中,它就自动赋予了国会制定法律以便于实现这些权利的权力。第十四修正案第5款规定:"国会有权通过适当的立法实施本条各项规定。"确实,最高法院反复澄清这一点,根据第十四修正案国会拥有更大的权力,因为是在第5款中明确赋予的权力,而不是最高法院赋予的权力。相应地,本书建议,国会通过诸如现在的《联邦刑事诉讼规则》建议委员会这样的规则制定机构,应当制定一部全国性的刑事诉讼法典。这份建议的利弊将在第六章中详细讨论。

本书的第一章论述的是20世纪60年代以前美国刑事诉讼法

---

① Craig Bradley, "Two Models of the Fourth Amendment".
② Craig Bradley, "Criminal Procedure in the Land of OZ".

的历史。第二章探讨的是在那个年代发生的"刑事诉讼革命"。第三章论述的是那场革命是如何失败的,第四章解释为什么失败。第五章论述六个其他国家的刑事诉讼制度:英国、澳大利亚、加拿大、法国、德国和意大利。第六章探讨为什么一部全国性的刑事诉讼法典是可行的,以及为什么这是该问题的最佳解决方法。第七章探讨另外三种可选择的方法。

虽然很多人会认为这是一个激进的建议,其激进之处仅仅在于它把发展刑事诉讼规则的首要权力从最高法院转移给了国会。它并不剥夺最高法院决定刑事诉讼规则合宪性方面的最终权威,就像最高法院现在所做的那样,但是最高法院无疑将在行使该项权力的时候比现在更加犹豫,如果这种权力行使的后果是推翻国会的立法的话。

这个建议也并不会构成对联邦主义或者"州的权利"的削弱。虽然最高法院和各州都不愿意承认这样一个事实,即最高法院在刑事诉讼领域已经完全取代了州的权力。虽然最高法院的理论中存在断层这一点是事实,没有人真的相信这些断层是最高法院(即联邦系统)缺乏管辖权造成的。这些断层存在的原因仅仅是由于第四章中探讨的一系列原因,最高法院还没有机会来填补这些断层,以及因为填补一个断层的过程往往会创造出新的断层。早在1969年,基奇(Edmund W. Kitch)就在《最高法院评论》上发表了一篇题为《最高法院的刑事诉讼法典:1958—1969年版》的文章。本书只是建议,把已经现实存在的并且这么多年处于零散状态的东西集中起来并且体系化。正如在20世纪早期,法院系统开始承认他们是在创造法律而不是"发现"法律一样,现在是承认这一事实的时候了:刑事诉讼规则的宣布已经成为一个全国性的事项,并且应当进一步制定一套全国性的、综合的规则来规范全国的刑事诉讼。

本书并不是关于刑事司法"体系"的失败。大多数人会同意美国律师协会的研究成果,即该体系处于危机之中的原因是:犯罪的增加特别是毒品犯罪的增加,以及缺乏足够的资源。本书将不探讨这些热门话题。本书是关于刑事诉讼"革命"的失败(部分失败——很多沃伦法院创造的理论和规则仍然有效)。本书争论说,最高法院创制的法律结构存在深层次的问题,但是与该体系的其他问题相比,可以相对容易地得到改善。这种改善的整体效果无法事先予以保证,但是作为一名从事和研究刑法二十年的律师,我相信改进将是实质性的。

虽然本书写作的时候希望一般读者能够读懂,但是每章后面的注释是为那些想要进一步深入研究的人准备的。

目 录

第一章　革命之前　　　　　　　　　　　　1
第二章　刑事诉讼革命　　　　　　　　　　15
第三章　刑事诉讼革命的失败　　　　　　　36
　　来自各方的批评　　　　　　　　　　　38
　　各项研究　　　　　　　　　　　　　　41
　　具体领域　　　　　　　　　　　　　　49
第四章　失败的原因　　　　　　　　　　　63
　　不确定性原则　　　　　　　　　　　　63
　　不完整性　　　　　　　　　　　　　　93
第五章　其他国家的做法　　　　　　　　100
　　英格兰和威尔士　　　　　　　　　　101
　　澳大利亚　　　　　　　　　　　　　119
　　加拿大　　　　　　　　　　　　　　125
　　法国　　　　　　　　　　　　　　　133
　　德国　　　　　　　　　　　　　　　138
　　意大利　　　　　　　　　　　　　　148
　　结论　　　　　　　　　　　　　　　152
第六章　面临的任务　　　　　　　　　　155
第七章　刑事诉讼的备选模式　　　　　　177
　　刑事诉讼的两个模式　　　　　　　　177

目前运作的模式	*183*
扩展联邦规则	*186*
附录一　1984年《警察与刑事证据法》节选【含修正】(英国)	*190*
附录二　《警察与刑事证据法》执行守则修正稿节选(英国)	*230*
Table of Cases	*275*
Bibliography	*282*

第一章 革命之前

　　直到20世纪60年代，"刑事诉讼"的概念与今天具有不同的含义。法学院中并不存在刑事诉讼课程，最多是在刑法课程中谈及有关刑事诉讼的某些问题。"刑事诉讼"的通常含义是刑事司法体系的正式的法律程序，从逮捕到量刑。这样，如果阅读"刑事诉讼"规则，例如1930年通过的美国法律协会的示范规则，就会发现里面没有关于搜查、讯问或者警察主持的辨认程序的内容。① 那些我们现在认为是该领域核心内容的部分，完全被忽略了。因为这些事项发生在正式的司法体系之外，律师们和法官们把它们忽略了。普通法的规则是："你如何获得的证据并不重要；即使你是偷的，它也可以在法庭上被采纳。"② 这种不排除的政策，把法院系统与证据收集过程分割开来。"刑事诉讼"是法院系统的事情，而"证据收集"是警察的事情。

　　这种分离政策的问题在于，很难协调联邦和州的下列问题的宪法性规定：禁止不合理的搜查扣押；要求刑事被告人被给予"平等保护"和"法律的正当程序"。③ 这些宪法性权利保障致使最高法院开始对警察程序中的宪法空白进行探索。但是，在最高法院开始解决对犯罪侦查有关的问题之前，它主要关心的是审理过程中的问题。

---

① American Law Institute, *Code of Criminal Procedure*.
② *R. v. Leathan* 8 Cox C.C. 498, 501(1861).
③ 美国宪法第十四修正案的相关规定是："任何州不得未经法律的正当程序剥夺一个人的生命、自由或者财产；也不得对其管辖权内的任何人拒绝给予法律的平等保护"。

2 刑事诉讼革命的失败

在1879年作出的斯特劳德诉西弗吉尼亚（Strauder v. West Virginia①）判决中，最高法院撤销了对一名黑人的州的定罪，理由是一项州的制定法禁止黑人参加陪审团，因而否定了被告人受到法律平等保护的权利，违反了第十四修正案。在更广泛的意义上，最高法院承认说："第十四修正案保障的法律的正当程序，并不要求州采取某种特定形式的程序，只要显示出被告人已经被充分地告知起诉的罪名以及已经拥有足够的针对指控为自己进行辩护的机会"。②

但是，尽管这种开放式的关于正当程序要求的陈述，以及最高法院基于正当程序理由撤销州法院刑事定罪的权力，在19世纪最高法院也只是在几个涉及禁止黑人参加陪审团的制定法的判例中才使用了这种权力。③ 但是，这也足以传递这样一个信息，即最高法院有权，如果尚无这种趋向的话，要求联邦和州的刑事诉讼法符合某些标准，至少在审理如何进行方面。

在19世纪晚期和20世纪早期，最高法院在对联邦程序的规范方面走得更远，并且开始关注侦查程序。在1886年作出的博伊德诉美国（Boyd v. United States④）判例中，最高法院撤销了对货物的没收。这些货物是在博伊德被迫提供某些发货单之后被查获的。虽然这不是一个刑事案件，最高法院判决指出，私人文件不能成为政府方搜查或者扣押（或者传票）的对象；并且默示地判定，如果它们成为搜查扣押或者传票的对象，它们必须从证据中被排除。这些判定对后来刑事诉讼法的发展产生了重大影响。

在1906年的黑尔诉亨克尔（Hale v. Henkel⑤）判例中，最高法院判定，要求提供公司文件的联邦传票如果过于宽泛，则违反第四

---

① 100 U.S. 303 (1879).
② *Rogers v. Peck* 199 U.S. 425, 435 (1905).
③ See Charles Nutting, "The Supreme Court, the Fourteenth Amendment and State Criminal Cases."在 Neal v. Delaware 103 U.S. 370 (1880)判例中，最高法院基于正当程序或平等保护理由撤销了一项定罪，因为黑人被法律禁止参加大陪审团。
④ 116 U.S. 616 (1886).
⑤ 201 U.S. 43 (1906).

修正案。更加重要的是,1914年的威克斯诉美国(Weeks v. United States①)案件中,最高法院明确地判定,联邦机构违反第四修正案②获得的(也就是通过"不合理的"搜查或者扣押获得的)任何证据在联邦法院系统针对被告人的刑事审理中必须被排除。最高法院判定,如果非法获得的材料能够这样被"用作不利于被指控犯罪的公民的证据,那么第四修正案的保护即宣称其不受搜查扣押的权利就没有价值了,并且……可以从宪法中删除"③。

这个被称为"排除规则"判例的作出,意味着最高法院不仅准备好对正式法律程序——即曾经被认为属于"刑事诉讼"的程序——进行规范,而且把它的监督也扩展到了警察行为。不过,由于那个时候的联邦法律的实施的范围比今天要小得多,威克斯判例对法律发展的影响尚未达到改变当时的律师流行观念的程度,即"刑事诉讼"法不包括警察行为。

然而,一旦威克斯宣布了不合理扣押的证据必须在联邦审理中被排除,联邦审理法官以及最终联邦最高法院本身,事实上都不可避免地要试图界定什么样的警察侦查活动是"合理的"以及什么样的是"不合理的"。否则,排除或者采纳证据的决定将被认为是不理性的,并且实施法律的官员将不知道怎样做。这样,最高法院在未宣称承担这项任务的情况下,开始试图宣布刑事诉讼"规则"——即在什么样的搜查将被认为是合理的或者不合理的方面,为警察提供指导。

这个努力慢慢地开始。威克斯判例六年之后,在西尔弗索恩木材公司诉美国(Silverthorne Lumber Co. v. United States④)判例中,最高法院判定,公司享有第四修正案的保护,并且在被告人的

---

① 232 U. S. 383.
② 美国宪法第四修正案规定:"人民的人身、房屋、文件和财产不受不合理的搜查和扣押的权利,不受侵犯;除非根据用宣誓或者誓愿的形式证明了的可成立的理由,并且具体写明查的地点、扣押的人身或者物品,不得签发令状"。
③ 232 U. S. 383, at 393.
④ 251 U. S. 385 (1920).

家里对被告人的逮捕并不能导致对公司办公室的搜查。因而,在那些办公室扣押的账簿和文件不仅"不能在法院面前使用",而且"根本不能使用"。① (也就是说,它们不能被用来作为发现其他证据的线索)这样,"毒树之果"原理就诞生了。

在1921年的古尔德诉美国(Gouled v. United States②)判例中,最高法院为刑事被告人再出重拳,虽然理由不充分,判定只有犯罪的结果或者工具才能够成为搜查和扣押的对象,而"仅仅证据"不能成为搜查和扣押的对象。这样,如果一名嫌疑人记载了"我所犯的谋杀罪"清单,由于这是他拥有的清单并且不是"偷来的或者伪造的"③,它不能成为扣押的对象,并且如果被扣押,必须从证据中排除。这个区别,其基础是传统的普通法的财产观念,导致了第四修正案法律中的混乱,直到1967年最高法院放弃了这个理论。④在接下来的十年,最高法院确立了搜查,至少是对房屋⑤搜查的"令状要求",并且要求,在那些令状中,可成立的理由的根据不仅仅是警官对他相信在要搜查的地方能够找到违禁品的陈述,还要有其他的根据。⑥ 并且,在一系列判例中,最高法院承认,令状要求的例外包括同意的搜查、汽车搜查和逮捕附带的搜查。⑦ 相似地,在其第四修正案排除规则的精神中,最高法院长期以来判定,强迫获得的供述,不仅包括以残忍的方式,而且包括以威胁和允诺的方式,在联邦审理中是不可采的,因为这些供述违反了第五修正案⑧中禁

---

① 251 U.S. 385, at 392.
② 255 U.S. 298 (1921).
③ 255 U.S. 298, at 309.
④ *Warden v. Hayden* 387 U.S. 294 (1967).
⑤ *Agnello v. United States* 269 U.S. 20 (1925).
⑥ *Byars v. United States* 273 U.S. 28 (1927).
⑦ 例如, *Amos v. United States* 255 U.S. 313 (1925); *Carroll v. United States* 267 U.S. 132 (1925); *Marron v. United States* 275 U.S. 192 (1927).
⑧ 美国宪法第五修正案的相关规定是:"任何人在刑事案件中不能被强迫作为不利于自己的证人……"。

止强迫自证其罪的规定。①

最高法院在控制联邦法律实施机构方面作出了一些努力,但它在规范州程序方面作出了很少的努力,并且已经作出的努力都限于审理如何进行的方面,警察行为被完全忽略了。纳丁(Charles Nutting)在1935年发表在芝加哥大学法律评论上的一篇文章在讨论这个问题时,对最高法院干预州程序的"有限范围"进行了概括:"这些判例主要是关于陪审员挑选中的种族歧视问题的。除了这个方面以外,还强调了下列正当程序的基本要求:治安法官不能有金钱上的利益,不受暴民的支配,(在死刑案件中)由律师代理的权利,在被告人和违反制定法之间存在某些证据证明,可能还有这样的一个要求,即控方律师明知是伪证的证言而使用时,不得对被告人定罪。"②

虽然各州被提醒,在各州的审理法院中"基本的正当性必须被遵守",各州的警察却可以自由地用野蛮方式对待刑事犯罪嫌疑人。这种状态是如此的严重,以至于胡佛总统虽然抱怨说"我们的法律实施制度……过分有利于罪犯"③,还是勉强地任命了一个"全国遵守法律和实施法律委员会"(通常以其主席的名字来称呼它,即威克沙姆(Wickersham)委员会),对禁酒法的实施以及法律实施中的违法情况进行调查。这个机构进行了广泛的关于警察讯问行为的调查,得出的结论是:"逼供——即使用残害身体或者其他形式的残忍行为来获得不自愿的供述或者承认——是普遍存在的。对被羁押人的长期拖延的讯问经常被使用。威胁以及恐吓的方法,根据被讯问人的年龄或者精神状态的不同而采用,是经常被使用的方法,或者单独使用,或者与上述其他方法结合使用。残害肉

---

① 例如,*Bram v. United States* 168 U. S. 532 (1897); *Wan v. United States* 266 U. S. 1 (1924). 另参阅 Otis H. Stephens, *The Supreme Court and Confessions of Guilt*。

② Charles Nutting, "The Supreme Court, the Fourteenth Amendment and State Criminal Cases", at 259.

③ 转引自 National Commission on Law Observance and Enforcement, Report No. 8, *Criminal Procedure*, 1。

体、非法羁押以及不允许律师会见被羁押的人,都是通常做法。即使当法律要求及时将被羁押人带到治安法官面前时,警察推迟这样做的时间并且利用这个时间来努力获得强迫的供述也不罕见……在进行逮捕的时候也使用残忍行为和暴力……目的是使被逮捕人产生恐惧的心理状态,以便于使他在随后的讯问中更容易服从。"①接下来该委员会列举了几个确实应当谴责的警察不当行为的细节。委员会还发现,在美国的某些地区,"没有法律要求的令状而进行搜查或者扣押"是"惯常"做法。②

与之相对比,在一项对审理时不公正的研究中,该委员会发现,虽然权利滥用确实存在,但是这些滥用是"偶尔发生的"——"个别审理法官或者个别公诉人的错误"——而不是官方政策的结果。③ 而且,该委员会发现,在联邦机构中几乎没有什么证据证明存在逼供的做法。④

审理阶段的参与者和联邦特工对法律的遵守比州和地方警察要好,虽然对这一现象的最佳解释肯定与职业化有关,最高法院可能注意到,在它已经试图改善程序的领域——联邦法律实施和州的审理——似乎确实发生了改善程序的后果。与之相对比,它未触及的领域——州的警察行为——是一个全国性的耻辱。

无论是从威克沙姆报告中获得的灵感,或者是因为后来的米兰达诉亚利桑那(Miranda v. Arizona⑤)依赖了这个报告,或者是由于种族主义对平等法律实施的影响⑥,还是只是对其审理的案件中

---

① National Commission on Law Observance and Enforcement, Report No. 11, *Report on Lawlessness in Law Enforcement*.
② Ibid., at 340.
③ Ibid.
④ Ibid., at 4.
⑤ 384 U.S. 436 (1966), at 445.
⑥ 例如,See Louis Lusky, "Minority Rights and the Public Interest", at 26—30, 讨论关于种族歧视的担心在多大程度上可能影响了最高法院的早期刑事诉讼判例。另,Herbert Packer, "The Courts, the Police, and the Rest of Us", 238, 240 也就沃伦法院的判例讨论了这个问题。

的事实感到厌恶,最高法院很快改变了它的政策。首席大法官休斯(Charles Evans Hughes)在布朗诉密西西比(Brown v. Mississippi①)的判决意见中,对该案中警察获得被告人供述的具体情形进行了描述:"本案的被告人都是没有文化的黑人。他们被指控的犯罪,是在1934年3月30日星期五下午1点钟被发现的。在那天夜里,一名副警长戴尔(Dial)和其他几个人,来到被告人之一的埃林顿(Ellington)的家中,要求他跟随他们到死者的房子去,当时那里聚集了很多白人,这些人开始指控被告人实施了该犯罪。在被告人否认的情况下,他们抓住了他,并且在该副警长的参与下他们把他用绳子吊在一个树杈上,放下来,然后再吊起,当他第二次被放下来时他仍然坚持说自己无罪,他被绑在一棵树上被鞭打,仍然拒绝供述有罪,最终他被释放,他有些困难地回到自己家,遭受剧烈的疼痛。证言笔录表明,他脖子上的绳索痕迹在所谓的审理中仍然清晰可见。一两天之后,该副警长与另外一个人一起,再次来到该被告人的家并且逮捕了他,带着被逮捕人去邻县的看守所,但是却走的是去阿拉巴马州的路;在路过那个州的时候,该副警长停下来并再次狠狠地鞭打了被告人,威胁说他将一直鞭打到被告人供认,于是被告人同意作出该副警长口授的陈述,并且他确实这样做了,之后他被送到看守所。

另外两个被告人,布朗(Ed Brown)和希尔兹(Henry Shields),也被逮捕并带到同一个看守所。1934年4月1日星期日晚上,该同一个副警长和几个白人(其中一个也是警察)与看守一起来到看守所,上述两名被告人被要求脱光衣服趴在椅子上,用带有皮带扣的皮带把他们后背打得皮开肉绽,同样地,该副警长告诉他们,除非他们供述否则会一直鞭打下去,而且仅仅供述还不够,必须按照在场的那些人口授的细节,丝毫不差地供述,这两个被告人以这种方式作出了认罪供述,并且随着鞭打的继续和反复进行,他们改变或者调整了他们供述中的所有细节以便于符合对他们进行折磨的

---

① 297 U.S. 278 (1936).

人的要求。当获得了完全符合暴民所要求的形式和内容的供述后,他们走的时候留下了警告,如果被告人在任何时候任何方面改变了最后所陈述的内容,这些愤怒的打人者将再次给予其相同的或者同等的对待。

对这些无助的被羁押人所受到的残酷对待的更进一步的细节,不需要进一步探求。这已经充分说明了审理笔录的相关部分,读起来更像从某些中世纪文献中撕下来的页面,而不是在现代文明所产生的文明宪政的限制下所做的笔录。"无论如何,密西西比州最高法院维持了对供述的采纳和定罪。

虽然布朗案件显然涉及强迫自证其罪的特权,违反了第五修正案,最高法院在布朗案件中重申了其1908年在特文宁诉新泽西(Twining v. New Jersey①)判例中的判定,即反对自证其罪的特权不适用于各州。但是,"通过刑讯来获得供述就是另外一回事了。各州可以根据其自己的政策观念来规范其法院的程序,除非这样做'违背了某些扎根于我们民族的传统和良心以至于被认为是基础性的正义原则。'"②由于在本案中警察的行为确实违反了这样的一个原则,它违反了第十四修正案的"正当程序",因而以这个理由撤销了定罪。

在打开了警察讯问程序的潘多拉盒子之后,最高法院将会发现它再也无法关上它了。在布朗案件后4年,它作出了钱伯斯诉佛罗里达(Chambers v. Florida③)判例。在该案中,在一个白人被谋杀之后,25至40名黑人在没有令状的情况下被拘禁,在未起诉的情况下羁押了5天,反复讯问,并威胁使用暴民暴力,直到其中的一个坚持不住了。在宣布"对非法拘禁、酷刑和逼供的憎恨"是法律正当程序的核心内容之后④,最高法院撤销了定罪。在判例中,最高法院指出:"第十四修正案的正当程序规定——正如在第

---

① 211 U.S. 78 (1908), at 114.
② 297 U.S. at 285.
③ 309 U.S. 227 (1940).
④ 309 U.S. 227, at 236.

五修正案中规定的那样——会导致很少有人怀疑这一点,即它的目的是确保程序保障的足够性和正当性,因而在任何时候保护那些被掌握权力的人起诉或者怀疑犯罪的人们。专制政府一直使用独裁性的刑事程序和处罚,使弱势的人、政治上或者宗教上无助的人或少数民族成为替罪羔羊……在我们的宪法制度下,法院系统能够抵御任何风雨,为那些因为无助、弱势、少数或者由于他们受到偏见和公共情绪的伤害,提供避难所以防止其受到伤害。"①

怀特诉得克萨斯(White v. Texas②)和坎提诉阿拉巴马(Canty v. Alabama③)两个判例也产生了同样的效果,都是在该同一个开庭期作出的,都是针对长期讯问没有上过学的黑人被告人而作出的。

在这些早期判例中,最高法院对警察讯问策略表示遗憾,使一些人相信,供述被排除的理由是为了震慑这些讯问策略在将来的使用。但是,在1941年的理森巴诉加利佛尼亚(Lisenba v. California④)判例中,最高法院判定,那并不是这些判例中证据排除规则的目的。其目的是促进"法庭上的公正审判"。使用强迫获得的供述是不可靠的,可能会影响"公正审判"目标的实现。与之相对比,在理森巴案件中对被告人的羁押违反了该州的制定法,即要求把他带到一名法官面前,并且被告人没有被允许在讯问的最后阶段之前向其律师咨询。在认定了这些对州法律的违反既没有致使供述不可靠也没有导致审理程序其他方面的不公正,最高法院维持了定罪。根据理森巴判例,标准应当是争议中的州的行为,是否剥

---

① 309 U.S. 227, at 235—236, 241.
② 310 U.S. 530 (1940).
③ 309 U.S. 629 (1940).
④ 314 U.S. 219 (1941).

夺了被告人"对于正义的观念而言至关重要的公正性"。①

然而,在20世纪40年代作出的一系列判例②中,最高法院超越了理森巴,承认非法的警察行为在特定的案件中可能剥夺被告人基础性的公正,即使并没有导致审理程序不公正。在一篇1954年发表在斯坦福大学法律评论上的文章中,保尔森(Monrad Paulsen)对最高法院的立场进行了归纳:"联邦的供述规则将被用来阻却非法的警察行为,而不仅仅是防止错误的定罪。但是,这些判决都没有准确界定什么样的讯问行为是被禁止的。"③

例如,正如杰克逊(Jackson)大法官在阿什克拉夫特诉田纳西(Ashcraft v. Tennessee 1944)判例的反对意见中指出的那样,如果像最高法院在该案中判定的那样,36个小时的讯问将被认为"固有地具有强制性",那么35个小时,30个小时呢?除了1945年的马林斯基诉纽约(Malinski v. New York)案件中脱光衣服以外,还有哪些有辱尊严的行为是被禁止的?什么样的行为属于"破坏对抗制的"并且摧毁了被告人保持沉默的权利?④ 最高法院通过一案一判的方式在非法警察行为的案件中排除证据,同时意识到两个相互矛盾的方面:它不是一个制定规则的机构,同时它又必须是一个制定规则的机构。

---

① 理森巴判例中的"正当程序"标准,最高法院在其他场合称之为"震撼良心"标准,一定不能与这个标准相混淆,即权利法案中的一项具体规定是否应当纳入第十四修正案从而适用于所有案件。后一个标准是卡多佐(Cardozo)大法官在Palko v. Connecticut 320 U. S. 319 (1937)判例中最初提出的:争议中的权利是否属于"有秩序的自由观念所默示的"。直到1964年,在马洛伊诉霍根(Malloy v. Hogan 378 U. S. 1)判例中,最高法院才同意第五修正案是第十四修正案所包含的内容,因而,任何对反对自证其罪权的违反,不管多么的不令人震惊,都将导致在州法院证据排除的后果。

② *Ashcraft v. Tennessee* 322 U. S. 143 (1944); *Malinski v. New York* 324 U. S. 401 (1945); *Haley v. Ohio* 332 U. S. 596; *Watts v. Indiana* 338 U. S. 49 (1949).

③ Monrad Paulsen, "The Fourteenth Amendment and the Third Degree", at 420—421.

④ 对Jackson大法官的意见的归纳,See Monrad Paulsen, "The Fourteenth Amendment and the Third Degree", at 421.

问题在于,人们通常相信除了最高法院以外,没有哪一个机构,更不用说更合适,有权在全国范围内宣布这样的规则。唯一的希望是,各州根据最高法院在20世纪30年代和40年代的判例,制定它们自己的刑事诉讼法典并且训练和约束它们自己的警察,以便于消除威克沙姆委员会和最高法院已经发现的广泛存在的权力滥用。

但是这并没有发生。实际上,即使今天,大多数州还没有规范警察讯问的法典。在一篇1946年发表在德克萨斯法律评论上的文章中,麦考密克(Charles McCormick)指出:"似乎逼供行为在我国的很多地方仍然盛行。我们的宗教信仰、宪法和政府哲学建立在尊重个人公民的价值这样的原则上,而逼供行为构成了对这些原则的背叛和嘲弄。"①

在接下来的十年里也没有什么变化。在莫兰(Roy Moreland)于1959年出版的刑事诉讼专著中,他写道:"关于逼供(third degree)已经有很多文献了。② 对于一个了解刑事程序的人来说,最为明显的事情就是下面两个方面的不一致:一方面,对这种行为强烈谴责;另一方面,法律实施官员在努力获得供述或者证据时向被羁押人施加了非法的压力。对待这个问题的通常方法——无论是法官们还是学者们——都谴责这种行为,说是野蛮行为,违反法律,不应当被允许——然后对不断重复发生的事实以及正在审理的案件中的行为眨眼睛——除非该特定场合的情形是如此的令人触动以至于特别厌恶。"③

最高法院继续它的努力。在联邦法院系统,它判定第六修正案要求在所有的刑事案件中为贫穷的被告人指定律师。④ 并且,为

---

① Charles McCormick, "Some Problems and Developments in the Admissibility of Confessions", at 244.
② 莫兰认为逼供一词来自俄国警察程序:"俄国警察规则包含三个步骤:第一步,反询问;第二步,对质;第三步,严厉折磨肉体。"然而,Brewer短语词典则认为该词与共济会的仪式有关。
③ Roy Moreland, *Modern Criminal Procedure*, at 91.
④ *Johnson v. Zerbst* 304 U.S. 458 (1938).

了进一步阻却联邦官员使用逼供技巧,它于1943年判定,如果口供是在逮捕和初次出庭之间过分延误中获得的,那么即使口供本来是自愿的,也必须在联邦审理中予以排除。[1]

最高法院在20世纪40年代晚期和50年代对各州进行规范的努力更加复杂。在1949年的沃尔夫诉科罗拉多(Wolf v. Colorado[2])判例中,它把第四修正案的保护扩展到各州,但是拒绝将威克斯判例中的排除规则适用于各州的审理,这样就鼓励各州忽略最高法院的第四修正案判例,事实上很多州确实这样做了。就在沃尔夫判例拒绝扩展排除规则3年之后,在罗琴诉加利佛尼亚(Rochin v. California[3])判例中,最高法院命令排除在一次特别残忍和侵犯性的搜查中获得的证据。理由是,在该案中的警察行为"震撼良心"。排除证据并不是因为该搜查属于第四修正案中规定的"不合理"的搜查,而是因为"正当程序"要求"不能通过'违反正义感'的方法获得定罪"。但是,正当很多学者开始感觉各州可能受予联邦机构实质上一样的约束时,最高法院在1954年的欧文诉加利佛尼亚(Irvine v. California[4])判例中再次确认了双重标准,在该案中警察侵入嫌疑人的住宅安装窃听装置,这种行为被描述为严重的和故意的不当行为(即构成了对第四修正案的违反),但是最高法院拒绝排除该证据,理由是没有达到罗琴判例中确定的"震撼良心"的标准。

在供述领域,最高法院在布朗诉密西西比判例之后,努力消除州机构的逼供行为。最高法院制定的标准,取决于供述是否可以被认为是"自愿"的。这一系列判例的结果被拉菲伍(Wayne LaFave)和伊斯雷尔(Jerold Israel)归纳为:"在排除供述领域,最高法院……谴责这样的行为,诸如鞭打或者殴打嫌疑人,不给食物、

---

[1] McNabb v. United States 318 U.S. 332 (1943);Mallory v. United States 354 U.S. 449 (1957)一案再次确认了这个原则。
[2] 338 U.S. 25 (1949).
[3] 342 U.S. 165 (1952).
[4] 347 U.S. 128 (1954).

水或者不让睡觉,脱光衣服或者关在小囚室,用枪指着头部,或者威胁让暴民打他。另一个非常重要的考虑,是被告人是否受到长期的监禁性讯问(以及讯问时间有多长,强度有多大)"。①

自愿性标准的问题是,这等于没有标准。它并没有告诉警察他们应当怎样做和不能怎样做,它也没有告诉审理法院什么时候应当排除供述。持续了8个小时的羁押性讯问获得的嫌疑人供述是否有效?这取决于嫌疑人的教育水平和健康状况,警察说了些什么,以及其他很多因素。但是,供述是否自愿确实似乎是问题的核心:是否存在第五修正案所禁止的强迫自证其罪。而且,与第四修正案语境下的"合理性"相比"自愿性"将似乎更难以确定。正如后来发生的那样,在20世纪60年代最高法院选择走向另一个极端,给予警察一个明确的规则以供遵循,但是在很大程度上偏离了这样的问题,即供述的取得方式是否可能被认为构成了强迫。

到1960年之前,最高法院已经宣布其有权规范联邦法律实施机构的行为,并且有权制定其宣布的排除救济。至于各州,虽然它已经宣布,第四修正案对不合理搜查扣押的禁止通过第十四修正案的正当程序条款适用于各州,最高法院除了在"震撼良心"的案件中拒绝适用排除救济,意味着在实践层面,最高法院并没有规范州警察和地方警察的搜查和扣押行为。与之相比,最高法院做出了巨大的努力,确保只有自愿作出的供述才能在州法院中使用,根据是第十四修正案的正当程序条款,即便它还没有承认第五修正案本身应当归入第十四修正案。警察辨认程序,例如列队辨认,并没有受到最高法院的审查。各州仅仅被要求为死刑被告人提供律师,并且没有被要求为被定罪的被告人提供上诉权,虽然1956年的格里芬诉伊利诺伊(Griffin v. Illinois②)判例中已经判定,如果上诉被允许,必须给贫穷被告人提供免费的审理笔录。

虽然最高法院已经做了很多,但是很多人包括最高法院的多

---

① Wayne LaFave and Jerold Israel, *Criminal Procedure I*, at 444—445.
② 351 U.S. 12 (1956).

数法官自己,认为最高法院做得还不够。韦弗(John D. Weaver)在首席大法官沃伦的传记中这样描述沃伦的态度:"布朗诉密西西比判例25年后,很多州法院仍然高兴地忽略宪法关于不合理搜查和扣押、自证其罪和律师帮助权方面的强制要求。权利法案保护了富裕的嫌疑人,包括黑社会杀手,但是没有保护贫穷的、未受教育的和精神上有缺陷的人,而所有这些人通常最需要这种古老的保障。"①

---

① John D. Weaver, *Warren: The Man, the Court, the Era*, at 221.

第二章 刑事诉讼革命

现在看起来很明显了,根据第一章所提供的材料,20世纪60年代的"刑事诉讼革命"与其说是一场真正的革命,不如说是30年代就已经开始的演化过程的加速。第四修正案已经被适用于各州,并且最高法院以警察讯问程序违反了最高法院的"正当程序"观念为由已经撤销了很多的州法院的定罪。最高法院也已经干预了州的刑事审理,在各种各样的判例中,当它认为被告人没有受到公正审理的时候撤销定罪。然而,直到20世纪60年代,最高法院才开始依照第十四修正案中规定的"正当程序"的一般观念撤销州的定罪。在1947年作出的亚当森诉加利佛尼亚(Adamson v. California①)判例中,它特别地拒绝判定"正当程序"观念必然包括权利法案的全部内容。但是在20年代、30年代和40年代的判例中,它已经判定第一修正案中对言论、出版和宗教的保护都适用于各州②,并且如上所述,它已经在1949年将第四修正案适用于各州(但是从来没有把第四修正案作为撤销州定罪的根据)。

这就是把最高法院认为权利法案中的其他基础性的规定适用于各州的历史背景。在1961年至1969年这个短短的时间内,最高法院关于什么是基础性的观念扩展为包括权利法案中所有的重要规定。这个过程开始于马普诉俄亥俄(Mapp v. Ohio③)这个里程碑性的判例。在马普案件中,最高法院遇到的情况是,一个黑人妇

---

① 332 U.S. 46 (1947).

② Gitlow v. New York 268 U.S. 652, 666 (1925); Near v. Minnesata 283 U.S. 697, 701 (1931); Cantwell v. Connecticut 310 U.S. 296 (1940)(宗教信仰自由); Everson v. Board of Education 330 U.S. 1 (1947) (州不得确立宗教).

③ 367 U.S. 643 (1961).

女的房子被警察搜查,目的是寻找一个爆炸案的嫌疑人。当马普拒绝警察在没有令状的情况下进入时,警察强制进入房子并且粗暴对待马普。他们没有找到爆炸案嫌疑人,但是他们找到了一些淫秽书籍和图片。马普被指控持有这些物品。

最高法院在撤销马普的定罪时,不顾当事人双方的主张和辩论:一个人在自己家里的隐私范围内持有淫秽物品是否属于第一修正案的权利。相反地,最高法院利用这个机会来重新考虑沃尔夫诉科罗拉多中的判定,即排除规则将不会根据第四和第十四修正案适用于各州。通过这样做,最高法院指出,使用排除规则来约束联邦机构已经防止了第四修正案被"降低为'一纸空文'"。与之相对此,在沃尔夫判例作出时尚没有排除规则的州,例如,加利福尼亚州,已经被迫采纳了排除规则。加利福尼亚州最高法院感到"被迫"采纳排除救济,"因为其他救济在保证遵守宪法规定方面已经完全失败。"[1]最高法院在马普判例中指出:"摧毁一个政府最为迅速的方法,就是其不能遵守自己的法律。"因而判定,违反第四修正案获得的证据必须被排除,不仅是在联邦审理中,而且在各州审理中。这就是说,如果不包括排除救济,把第四修正案适用于各州就是一个"空的许诺"。

在接下来的几年,最高法院几乎把权利法案中的刑事诉讼规定完全通过第十四修正案适用于各州:

第五修正案:

任何人不得因同一罪行两次受到生命或者肢体上的危险（Benton v. Maryland 1969）;

任何人不得在刑事案件中被强迫作为不利于己的证人（Malloy v. Hogan 1964）;

第六修正案:

在任何刑事起诉中,被告人应当享有快速和公开审理的

---

[1] People v. Cahan 282 P. 2d 905, 911（Cal. 1955）, quoted at 367 U.S. at 651.

权利(Klopfer v. North Carolina 1967);

由无偏倚的陪审团进行审理(Duncan v. Louisiana 1968);

与不利于己的证人对质(Pointer v. Texas 1965);

通过强制程序获得本方证人(Washington v. Texas 1967);

律师帮助进行辩护(Gideon v. Wainwright 1963);

第八修正案:

任何人不受残忍和非正常惩罚(Robinson v. California 1962)。

到了沃伦法院的末期,只有第五修正案中的大陪审团起诉和第八修正案中的禁止过多的保释金的要求尚没有适用于各州;直到今天也没有这样适用,虽然最高法院已经指出后一项权利"已经被假定通过第十四修正案适用于各州"①。

权利法案的各项规定适用于各州,似乎象征意义大于实践意义,正如我们已经看到的那样,最高法院早已开始在具体案件中以警察行为违反正当程序为由撤销州的定罪。然而,权利法案特别是排除规则适用于各州,确实起了作用。通过把权利法案的特定规定"融入"第十四修正案,最高法院同时也把与该规定相关联的通过多年来针对联邦官员的判例确定的法律体系"融入"了。这样,诸如欧文诉加利佛尼亚这样的判例,在适用排除规则方面给予了州警察比联邦特工更大的空间,就被默示地推翻了,因为马普判例把与适用于联邦政府的"禁止'不合理搜查和扣押'的同样宪法标准"适用于各州。② 同样地,关于逮捕所附带的搜查的一系列联邦判例,在马普判例后自动适用于各州。所以,每当一项宪法规定适用于各州,最高法院的大量判例法也同时适用于各州。

下级联邦法官中的很多人是不久前由肯尼迪总统和约翰逊总统任命的,对于他们来说,这种新的法律与以前的模糊且有限的"基础性的公正"要求相比,是更加有力的武器。这样,最高法院保

---

① Schilb v. Kuebel 404 U.S. 357, 365 (1971).
② Ker v. California 374 U.S. 23, 30—31 (1963).

证了它的新判例将得到实施,通过给予下级联邦法院已经制定好的法律体系来适用于各州,以及通过大幅度扩展这些法院的管辖权来审查州法院的定罪——以1963年费伊诉诺亚(Fay v. Noia①)判例中的联邦人身保护令的形式。②

自然地,既然最高法院已经要求"遵守权利法案",警察、州法院和下级联邦法院都注视着最高法院的进一步解释,在特定的事实情景中,反对强迫自证其罪权或者反对不合理搜查的权利到底是什么意思。最高法院没有让他们失望,在20世纪的六七十和八十年代③,大约每年作出20个判例,涉及刑事诉讼的全部领域——搜查和扣押,讯问,对质,残忍和不平常的刑罚,等等。

然而,最高法院过去对这个角色是矛盾的,接下来仍然是矛盾的。在1963年作出的克尔诉加利佛尼亚(Ker v. California④)判例中,八名大法官同意,各州应当受到联邦政府同样标准的约束。只有哈伦(Harlan)大法官认为各州的标准应当是较低的"基础性公正"的标准,因为把联邦判例适用于各州将会使各州"处于不确定的气氛中,因为最高法院在搜查和扣押领域的判例不具有可预见性。"⑤由四名大法官组成的多个大法官对哈伦的担心表示赞同,宣称"马普判例并没有试图完成这个不可能的任务,即规定一个'固定的公式'来适用于具体案件中对不合理搜查扣押的宪法禁止。"相反,马普判例只是判定,搜查应当根据其"合理性"予以判断——这个问题应当"由审理法院在第一审中"予以回答。多个大法官的

---

① 372 U.S. 391 (1963).

② 1867年《人身保护令法》规定联邦法院"有权在任何案件中批准人身保护令,如果对一个人的羁押可能违反宪法或者美国联邦法律的话。"在诺亚判例中,最高法院判定根据这一制定法,联邦管辖权不限于以前认为的该州法院是否有管辖权的问题,而且扩展到"给予联邦法院系统监督控制权,以便于确保在州的刑事审理中对联邦权利的全面承认"。See Wayne LaFave and Jerold Israel, Criminal Procedure, 1016。

③ 对这些案件的总结见 Bureau of National Affairs, *The Criminal Law Revolution and Its Aftermath*, 1960—1977。

④ 374 U.S. 23 (1963).

⑤ 374 U.S. 23, 45.

意见继续写道:"各州并不被禁止制定规范逮捕、搜查和扣押的可行规则以便于符合'有效的刑事侦查的实际需要',……'条件是这些规则并不违反宪法对不合理搜查扣押的规定'。"①

听起来似乎最高法院准备给予各州相当大的余地,只是提供少数的一些指导并且仅仅当搜查在某些基础性的意义上真正"不合理"的时候才命令在州的案件中排除证据。如果最高法院坚持这个立场,那么从1956年的罗琴诉加利佛尼亚确定的"震撼良心"标准改变为新的"合理性"标准,这种法律变化将是相对细微的,并且最高法院将在很大程度上不参与试图一案一判地颁布刑事诉讼规则这一麻烦任务。确实,在克尔判例中多个大法官的意见,即判定在一次没有令状、"没有敲门"而进入房屋时的逮捕不具有"侵犯性"②,支持了这样一个印象,即多个大法官确实认为应当把创制具体规则的任务留给各州。

最高法院更加积极的角色,是克尔判例中持反对意见的大法官的意见,包括布伦南(Brennan)大法官、道格拉斯(Douglas)大法官、戈德堡(Goldberg)大法官和沃伦首席大法官,他们主张规定"明确规则":"一个没有预告的警察闯入私人住宅,无论是否有逮捕令状都违反了第四修正案,除非:(1)当里面的人已经知道警察的权力和目的;或者(2)当警察存在正当理由相信里面的人面临马上发生的身体伤害;或者(3)里面的人已经知道有人在外面,例如因为敲门,于是进行了警察相信试图逃跑或者毁灭证据的行为时。"③

持反对意见的大法官指出:"在本案中我们没有机会决定有哪些情形,通过行使我们对联邦警察的监督权我们应当排除证据,也属于要求根据马普判例在州的刑事诉讼中排除证据的情形。"显然,他们仍然相信在很多案件中,各州将要求最高法院给予更明确的指示,而不是仅仅对"合理的"或者"不具有侵犯性"的行为进行

---

① 374 U.S. 23, 34.
② 374 U.S. 23, 38.
③ 374 U.S. 23, 47.

警告。

在紧接着的下一个开庭期,克尔的反对意见者获胜了。在阿桂拉诉得克萨斯(Aguilar v. Texas①)判例中,他们获得了哈伦大法官的支持,他宣称,克尔判例是一个失败,他现在同意采纳严厉并且具体的规则来规范州的诉讼程序,否则联邦的标准就会被在州的案件中的宽大判决所削弱(怀特[White]大法官也加入到自由主义的一边,没有说明理由)。

在阿桂拉案件中最高法院面临的情况是,一份搜查令状是根据一个警察的附誓证词签发的,而附誓证词的内容仅仅是他"从一个可信的人那里收到了可靠的信息,得知毒品存放的地点。"最高法院回顾了大量先前的联邦判例,并撤销了该令状。这样做的目的是指导将来的附誓证词应当是怎样写,即这样的令状必须符合"两个分支"的标准——同时证明两个方面:一是提供信息的人的可靠性;二是提供信息的人的诚实性。持反对意见的大法官抱怨说:"最高法院用一个呆板的学术公式代替了一个不呆板的合理性标准。"但是最高法院心意已决。在和阿桂拉同一年作出的斯托纳诉加利佛尼亚(Stoner v. California②)判例中,最高法院判定,宾馆房间和住宅一样受宪法保护。在普雷斯顿诉美国(Preston v. United States③)判例中,最高法院对逮捕完成后"逮捕附带的搜查"所持续的时间进行了限制。在克林顿诉弗吉尼亚(Clinton v. Virginia④)判例中,最高法院宣布使用粘在墙壁上的窃听器构成了不合理的搜查。

在下一个开庭期,最高法院试图(没有多大成功)对"可成立的理由"⑤进行定义,判定传闻信息可以在搜查令状中使用⑥,并因逮

---

① 378 U.S. 108 (1964).
② 376 U.S. 463 (1964).
③ 376 U.S. 364 (1964).
④ 377 U.S. 158 (1964).
⑤ United States v. Ventresca 380 U.S. 102 (1965).
⑥ 380 U.S. 102 (1965).

捕未建立在可成立的理由之上而撤销了逮捕令状。① 到1968年开庭期,最高法院试图定义逮捕附带的搜查的精确限制②,并且在斯皮内利诉美国(Spinelli v. United States)判例中根据"两个分支"标准撤销了搜查令状,在这个案件中搜查令的缺陷比阿桂拉更不明显③(确实,在持反对意见的布莱克大法官看来,斯皮内利把获得搜查令状的证明标准改变为排除合理怀疑的证明)。最高法院还创制或者重新确认了各种"令状要求"的例外,例如,行政性搜查④、汽车搜查⑤、"紧追不舍"⑥等。换句话说,尽管在克尔判例中声称这样的一个任务是不可能的,最高法院试图提供"固定的公式"来规范搜查程序的各个方面,而不是限于以"不合理"为由撤销偶尔的、特别具有侵犯性的州的搜查。

这种情况表明了最高法院发现自己所处的两难境地:一方面,由于对联邦主义的担心,最高法院并不愿意颁布一部"刑事诉讼法典"。"警察权"毕竟通常被认为是宪法中规定的州的职能。而且,这些规范通常认为是立法机关的领域,而非法院的领域。立法机关的任务是为了规范将来的行为而制定规则,法院的任务只是对面前的案件作出判决。最后,最高法院已经承认,需要对每个独特的具体事实作出灵活反应。一旦最高法院宣布在某种情况下"一直需要令状",就会出现一个未能获得令状似乎是合理的案件,于是最高法院被迫作出选择:或者作出不公正的判决,或者为该规则创设例外。

另一方面,除非警察的行为明显错误,否则最高法院无法生硬

---

① Beck v. Ohio 379 U. S. 89 (1965).
② Chimel v. California 395 U. S. 752 (1969).
③ Spinelli v. United States 393 U. S. 410 (1969)
④ Camara v. Municipal Court 387 U. S. 523 (1967). 虽然最高法院在Camara判例中宣称坚持令状要求,但要求的"令状"并不必须写明具体化的可成立的理由,因而并不符合第四修正案对令状的要求。
⑤ Chambers v. Maroney 399 U. S. 42 (1970),重新确认了 Carroll v. United States 267 U. S. 132 (1925)。
⑥ Warden v. Hayden 387 U. S. 294 (1967).

地宣布"本案中的搜查是不合理的"。这将不仅看起来是对赤裸裸的权力的傲慢行使,而且将使警察无法知道在将来如何避免这样的结果。每个州的立法机关也无法在这些关于联邦宪法政策的事项上为警察提供有意义的指导。因而,最高法院被迫解释在本案中警察做错了什么以及他们在将来如何避免这些问题,它被迫为警察颁布供其遵循的"明确规则"。尽管继续在口头上坚持克尔判例中的"有限权力"的观点,最高法院无论在沃伦、伯格时期还是伦奎斯特时期,通常都倾向于试图宣布"明确规则",虽然这个目的已经被证明并不比哈伦大法官在1963年的克尔判例中持反对意见时更容易达到。最高法院有效地制定这样的"明确规则"的天生缺陷,将在第三章中论述。

最高法院不愿意在搜查和扣押领域进行规则制定活动,在供述领域它同样不愿意这样做。在这两个领域中,它承认,在一个特定的案件中由于警察的非法行为而排除证据,意味着一个被定罪的罪犯不仅被撤销了定罪,而且由于非法获得的证据通常是控方的核心证据,这个罪犯可能会被无罪释放。问题是,和搜查一样,警察继续对嫌疑人的权利进行不可接受的侵犯而州法院继续无视这种非法行为。

最高法院在1960年的开庭期(即作出马普判例的那个开庭期)在三个案件中对警察使用滥用权力的讯问表示了严重关切。结合后来发生的事情,这些案件可以被理解为是最高法院向各州发出的最后的请求,如果各州想避免最高法院对它们的主权的严重干预,那么必须清理好自己的内部事务,而当时的最高法院已经决心确保无论是富人还是穷人,无论是黑人还是白人,犯罪嫌疑人不仅在审理阶段而且在侦查阶段也必须受到基础性公正的对待。

第一个是罗杰斯诉里士满(Rogers v. Richmond①)判例。在该案中,最高法院明确指出了已经被普遍理解的理论:不自愿的供述被排除的理由不仅仅是因为他们可能是不真实的,而且是"因为获

---

① 365 U.S. 534 (1961).

得供述的方法违反了实施我们刑法的根本原则；我们的制度是对抗制的而非审问制的——在这个制度中政府方必须使用独立地、自由地获得的证据来证明有罪，而不能通过强制从被告人自己口中获得供述来证明对被告人的指控。"换句话说，排除规则的适用并不仅仅是确保公正审判，而且是为了震慑警察的非法行为。

第二个是雷克诉佩特（Reck v. Pate①）判例。在该案中，最高法院以 7 比 2 的表决撤销了一份谋杀罪定罪。该定罪的根据是从一个 19 岁的智力低于正常人的嫌疑人那里获得的供述，他被羁押了 8 天并且被长期讯问，尽管他有病需要到医院治疗。在雷克案件中，最高法院承认："这个案件中不存在布朗诉密西西比判例中的身体上的残酷折磨，或者佩恩诉阿肯色（Payne v. Arkansas）判例中暴民暴力的威胁，或者阿什克拉夫特诉田纳西判例中连续 36 个小时的讯问，或者哈里斯诉南卡罗林纳（Harris v. South Carolina）判例中对被告人家庭的威胁，或者斯帕诺诉纽约（Spano v. New York）判例中使用的欺骗。雷克的精神状况也没有布莱克本诉阿拉巴马（Blackburn v. Alabama）判例中的申诉人那样不正常。然而，有一点同样也是正确的，即雷克的年龄、低智商以及缺乏与警察打交道的先前经验（再加上上面列举的因素）……构成了综合的强迫情形，比特纳诉宾夕法尼亚（Turner v. Pennsylvania）判例中致使我们维持定罪的情形要严重得多。"②最后，最高法院将其与斯坦诉纽约（Stein v. New York③）判例相区别，指出在该案中，对供述的使用被维持，该案中的申诉人并不属于"年轻、软弱、无知或者懦弱"，"没有经历过犯罪和侦破犯罪"，或者"对其权利不知晓"。④这样，雷克判例意味着最高法院愿意比过去更加深入地查明供述作出的情形，并且去查明以前没有被认为与"自愿性"查明有关的因素。回头来看，最高法院对被告人对自己权利的知晓的关心，必

---

① 367 U.S. 433 (1961).
② 367 U.S. at 442.
③ 346 U.S. 156 (1953).
④ 367 U.S. at 443.

须被认为是特别具有预示性。

第三个是库隆比诉康涅狄格（Culombe v. Connecticut①）判例。在该案中，写作了罗杰斯判决意见的法兰克福特（Frankfurter）大法官在多个大法官意见中对撤销定罪进行了大篇幅的讨论。在该案中，被定罪人是一个精神有缺陷的人，他被康涅狄格州新不列颠的警察羁押性讯问长达5天。法兰克福特大法官论述道："由于英美刑事司法制度的程序中嫌疑人不能被法律程序约束来作出证明他们有罪的回答，警察采用了其他方法来补偿这种不情愿以免刑事侦查失败。为了达到这个目的，友好、甜言蜜语、恳求、欺骗、持续的反询问，甚至身体上残酷折磨，都可能用上。在美国，'讯问'成了警察的技术，为了讯问的目的而羁押成为常见的做法，虽然通常是违法的……

这种做法存在明显的弊端和危险。受到羁押讯问的人失去了平日生活所依赖的东西，被那些以指控他们为业的人控制。他们在未经适格司法法庭认定有罪而被剥夺自由，甚至尚未被认定存在可成立的理由相信他们是有罪的。要想查明在关着门的讯问室里究竟发生了什么，是困难的，甚至是不可能的。当然，如果使用过分的热情，或者非常不耐烦，或者大发脾气等方法来对一个顽固保持沉默的被讯问人进行权力滥用，他面临着以其单独的证言进行庄严的正式否认来克服这种指责。被讯问人知道这一点——他知道现场不存在友好的或者无利害关系的证人——这种知悉本身就可能产生恐惧。但是，在任何一个案件中，存在着这样的一个巨大风险，即警察将在紧闭的门后实现恰恰是我们的法律秩序要求禁止的东西：使一名嫌疑人在证明其有罪方面不自愿地合作。"②

法兰克福特大法官在这些问题上并不必然是一个自由主义者。他接下来承认，"对嫌疑人的讯问对于法律实施来说是必不可少的"，"讯问时间的延长经常是非常重要的"，以及"嫌疑人的法律

---

① 367 U.S. 568 (1961).
② 367 U.S. at 572—73.

顾问通常是侦查活动的彻底阻碍。事实上，即使只是告知嫌疑人保持沉默的法律权利，通常也会被证明是一种阻碍。"但是，"刑事法律这种可怕的机器不能被用来压迫没有能力反抗的个人……一个被羁押人不能够成为支持对他自己定罪的工具。"①法兰克福特和很多其他美国人一样，来到美国的目的就是为了逃离欧洲警察的这种做法。

他还承认，州的立法机关已经制定了"目的在于规范警察最严重的权力滥用"的法律，但是，"最终负责刑法的实施并且保护刑事被告人权利的，是法院系统……在联邦体制下，这个任务……当然首先是州法院系统的责任。然而，第十四修正案在这个方面限制了它们的自由。它使州法院广泛的权力受到有限的但彻底的联邦审查的限制，把判断法律正当程序有哪些要求的责任交给联邦最高法院，通过限制州法院系统对警察讯问获得的供述的使用的方法。"②

接下来，法兰克福特建议，自愿性查明应当包括"三步程序"：（1）认定"历史性事实"；（2）认定"心理事实"（即警察行为对嫌疑人产生何种影响）；（3）把法律规则适用于这些认定。在把这个分析方法适用于该案后，法兰克福特得出结论说，库隆比的某些供述应当被排除，撤销定罪，并命令任何重新审理都不得使用那些供述。

只有斯图尔特（Stewart）大法官加入了法兰克福特的意见。其他四名大法官，即首席大法官伯格、布莱克（Black）大法官、道格拉斯大法官和布伦南大法官，对结果表示赞同，认为被告人的全部供述都应当被排除，而不是某些供述。道格拉斯大法官和布莱克大法官排除供述的理由是库隆比要求见一名律师的请求被警察拒绝了。布伦南大法官和首席大法官直接认为所有的供述都是"强迫获得"的。即使持反对意见的大法官，哈伦、克拉克（Clark）和惠特

---

① 367 U.S. at 581.
② 367 U.S. at 587.

克(Whittaker),对法兰克福特关于"规范警察讯问的一般原则的描述"表示同意,但是不同意依据本案的事实认定库隆比的供述是被强迫的。

特别有趣的是首席大法官沃伦的赞同意见:"法兰克福特的意见在性质上是一个建议性的意见,因为它试图最终解决很多困难的问题,而这些问题在本案中最多只是稍微涉及。该意见无疑旨在澄清这些问题并且确立一系列容易适用于所有强迫供述场合的原则……然而,我倾向于不写该意见中讨论的很多困难问题,直到某一特定案件中的事实使讨论这些问题成为必需。在我看来,迫使最高法院以下列方式行事的理由是很有说服力的,即一案一判地发展法律,只在具体的事实情况中宣布法律原则,以及避免在判决一个具体案件时讨论多余的问题。"[1]但是各州并没有接受这个暗示。在他写作了这个关于司法自我限制以及一案一判的判决方式仅仅5年以后,首席大法官沃伦在米兰达诉亚利桑那判例中写作了美国历史上最为戏剧化的最高法院"立法"判决。

最高法院组成人员的变化将导致这样的变化成为可能。在库隆比判例中,法兰克福特大法官采纳了中间道路的立场,只是排除被告人的部分供述同时允许其他部分的供述的使用,并且在总体上承认讯问和供述的重要性,以及宪法性警告以及辩护律师对有效警察工作的阻碍作用。四名大法官则希望更进一步。1962年法兰克福特大法官辞职,取代他的是积极自由主义者戈德堡[2],他与库隆比案件中的四名赞同意见的大法官一起构成了必要的多数,把刑事诉讼革命推向了一个新的高度(或者说深度,取决于一个人的视角)。

新组成的最高法院首先在1963年的吉迪恩诉温赖特(Gideon v. Wainwright[3])判例中判定,每一个重罪被告人都有权在审理中

---

[1] 367 U. S. at 636.

[2] 戈德堡在1965年被福塔斯(Abe Fortas)代替,福塔斯对刑事诉讼改革持有相似的观点。

[3] 372 U. S. 335 (1963).

由律师为其辩护(为穷人免费提供)。然后,它在 1964 年的马洛伊诉霍根(Malloy v. Hogan①)判例中把第五修正案适用于各州。在 1964 年的埃斯考贝多诉伊利诺伊(Escobedo v. Illinois②)判例中,最高法院以 5 比 4 的表决,判定律师帮助权扩展到警察对嫌疑人的讯问,至少当嫌疑人要求律师的时候。这样,最高法院第一次不是因为供述属于非自愿的(广义地解释为包括警察的非法行为)而撤销定罪,而是因为警察违反了另一个宪法规定,以前并不认为适用于讯问室——律师帮助权。英博(Fred Inbau),一个在警察程序问题上偏重法律实施的主导性学者,把埃斯考贝多判例称为"最高法院迄今为止针对美国法律实施作出的最沉重的打击。"③

在埃斯考贝多案件中,嫌疑人实际上已经聘请了律师。但是,如果他没有律师将如何?如果他没有请求会见律师又如何?警察是否必须告知他该项权利?如果他们必须告知他律师帮助权,他们是否也应当告知他反对自证其罪的权利(在马洛伊判例中适用于各州)?如果在告知了律师帮助权和反对自证其罪的权利后,嫌疑人说他不想回答任何提问,又将如何处理?

格雷厄姆(Fred Graham)作为纽约时报关于联邦最高法院的记者,在他的《自伤》一书中对下一步将发生什么是这样概括的:"人们期望最高法院把这些问题和其他问题交给下级法院慢慢处理,这样各种解决方法可以被尝试和调整……但是发生的事情导致了另外的发展方向。太多的上诉涌向了下级法院,大多数下级法院坚持埃斯考贝多判例并把案件转给最高法院做进一步的解释。到了 1965 年秋季,最高法院决定一并回答所有的问题,进行一次宽泛的规则制定的审理,这在美国的法院中是从来没有发生过的……去制定宽泛的立法性法典来规范将来的警察行为。"④

---

① 378 U.S. 1 (1964).
② 378 U.S. 478 (1964).
③ 参见 Gowran, How Supreme Court Ruling Puts Straightjecket on Police, Chicago Tribune, Aug. 11, 1964, p.27。
④ Fred Graham, The Self-inflicted Wound, 155.

米兰达诉亚利桑那（Miranda v. Arizona①）实际上是五个案件复合成为一个案件。米兰达（Ernesto Mirranda）案件表明了最高法院正在处理的案件种类以及为什么法院 5 比 4 的判决引起了如此强烈的反应。米兰达是一个精神上有问题的卡车司机，被判定犯有绑架和强奸一个 18 岁女孩的罪行。在被害人指认他以后，他自愿向警方讲话，在两个小时内给出了完全的供述。在获得他的供述过程中没有使用暴力、威胁或者欺诈。

然而，最高法院撤销了他的定罪，以及其他申诉人的定罪，认定在"羁押性讯问"中获得的任何陈述都不能在法庭上采纳，除非之前给予了现在大家都熟悉的关于沉默权和律师帮助权的警告并且嫌疑人"明知地且理智地"放弃了这些权利。②"除非已经采取了足够的保护措施来消除羁押性环境所固有的强制氛围，从被告人那里获得的陈述都不可能真正是其自由选择的结果。"而且，如果嫌疑人"以任何方式表明他希望保持沉默，讯问必须停止……如果该个人说他想要一名律师，讯问必须停止直到律师到场"③。

虽然米兰达实质上表明最高法院已经对各州将有效地控制警察失去了希望，该判决确实包含了一个含义模糊的段落，劝告国会和各州采取进一步的行动："我们已经指出，宪法并没有要求任何具体的程序法典来保护羁押性讯问中的反对自证其罪的特权。国会和各州可以自由地制定它们自己的保护该特权的措施，只要它们和上面列出的方法完全同样有效，在告知被告人沉默权和提供一个行使该权利的连续不断的机会这两个方面。"④

但是这些"完全有效的保障措施"可能是什么样的，没有人知道，自从米兰达判例以后没有人试图找到这些方法。最高法院占据了整个刑事诉讼法律的领域，如果你想在法学院的刑事诉讼案例教材中找到对州法院的讨论，一定会白费力气。很多州被最

---

① 384 U.S. 436 (1966).
② 384 U.S. at 444.
③ 384 U.S. at 473—74.
④ 384 U.S. at 490.

高法院的爆炸性判例吓呆了,对这个领域的参与只限于试图解释和适用最高法院的法律,并且在一些更加自由主义的州,使用州宪法来抗拒后来的最高法院对沃伦法院确立的权利的限制。① 与之相对比,某些州试图在最高法院尚未发表意见的领域发展规则。②

但是就在米兰达判例作出后,代表各州的在华盛顿的参议员和众议员,并没有如此轻易地让步。对刑事诉讼革命总体上的反应,特别是针对米兰达判例,是责骂性质的。正如格雷厄姆已经指出的那样,"刑事诉讼革命"从政治角度属于最差的时机:"在沃伦法院最为积极的刑事法律改革时期——从 1960 年至 1968 年——每年公布的谋杀案件数增长 52%;公布的强奸案件数增长 84%;抢劫,144%;重伤,86%。"③

虽然最高法院的判决与犯罪增长之间可能没有关系,或者至少没有被证明有关系,批评者很快就责怪最高法院判例了。麦克莱伦(McClellan)参议员提出了一份推翻米兰达判例的法律草案,并且在辩论中展示了一张表明犯罪率上升的图表。他宣称:"最高法院在法律实施方面定下了低调,我们今天得到了这个旋风的结果。看这张图! 看着它并且为你的祖国而哭泣——犯罪率螺旋形上升、上升再上升。显然没有人愿意制止这个趋势。"④

欧文(Sam Ervin)参议员宣称:"对那些谋杀犯、强奸犯和抢劫犯,已经做得够多了! 现在应当是为那些不想被谋杀、强奸或者抢劫的人做些事情的时候了。"⑤当时任哥伦比亚特区华盛顿上诉法院法官的沃伦·伯格还不出名,也批评最高法院"根据不充分的审判记录和不完全的事实数据,用一案一判的方式零碎地修改了刑

---

① 参见 William Brennan,"State Constitutions and the Protection of Individual Rights",at 90,对这种做法表示鼓励。
② 参见 Barry Latzer, State Constitutions and Criminal Justice,其中详细讨论了在这个领域中各州的行为。正如 Latzer 指出的那样,某些州已经修正其宪法,要求它们的法院在排除证据方面比联邦最高法院的要求再进一步。
③ Fred Graham, The Self-inflicted Wound, 11.
④ Ibid., at 12.
⑤ New York Times, July 23, 1966, p.54.

事诉讼法典和证据法典。"① 理查德·尼克松在他的总统竞选中把最高法院放在核心位置,宣称最高法院的判决"在美国削弱了用来打击犯罪力量的治安力量。"②

最后,对米兰达的反应远比该判例本身意义重大,研究表明该判例并没有实质性地阻碍获得供述的过程。③ 与之相对比,该判例的政治影响是巨大的,正如格雷厄姆所解释的那样:"1968年国会以压倒性多数表决在综合犯罪控制法中作出规定以便于在联邦法院系统推翻米兰达。④ 由于对刑事法律判决的批评,福塔斯(Abe Fortas)担任首席大法官的提名被否决。尼克松在许诺任命将撤销米兰达和其他判决的大法官后赢得了总统选举。最后,在厄尔·沃伦退休时,任命沃伦·伯格来替代他的位置,而伯格曾经批评过正当程序革命所产生的很多结果。"⑤

虽然米兰达可能是刑事诉讼革命的高潮,对该判决的反应并没有阻止最高法院继续在刑事诉讼法领域作出重大变革。1967年,尽管警察大声抗议,最高法院还是对电子窃听施加了严格的限制⑥,要求在列队辨认时律师在场⑦,以及把快速审理权利扩展到各州⑧。然而,在那个开庭期作出的判决并不是完全一边倒的,最高法院经常支持政府方的主张。例如,它抛弃了"仅仅证据"规则即除了犯罪结果和工具外不得搜查的规则⑨,允许了嫌疑人和政府线

---

① Warren Burger, Speech to the Ohio Judicial Conference, 1968;转引自 Liva Baker, Miranda: Crime, Law, and Politics, 195。
② 转引自 Fred Graham, The Self-inflicted Wound, 15。
③ 例如,Gerald Caplan "Questioning Miranda"就对米兰达判例的影响做了总结性的研究。
④ 司法部通过克拉克(Ramsey Clark)总检察长的命令忽略了该制定法,命令联邦检察官只能使用符合米兰达要求获得的证据。
⑤ Fred Graham, The Self-inflicted Wound, 9.
⑥ Berger v. New York 388 U.S. 41 (1967).
⑦ United States v. Wade 388 U.S. 218 (1967).
⑧ Klopfer v. North Carolina 386 U.S. 213 (1967).
⑨ Warden v. Hayden 387 U.S. 294 (1967).

人之间交谈的录音①,维持了使用秘密线人作为搜查令状的根据②,并且确立了无害错误规则以便于在审理中存在相对轻微的违反宪法情形时维持定罪③。

在接下来的开庭中,也有类似的地方。在卡茨诉美国(Katz v. United States④)判例中,最高法院推翻了先前的判例,判定对电话亭的电子窃听属于第四修正案规定的"搜查",不需要存在物理的侵入。最高法院还支持了纳税人根据第五修正案拒绝披露非法活动获得的收入⑤,把陪审团审理的权利扩展到各州⑥,并且判定不作证的共同被告人供述的使用侵犯了被告人与不利于己的证人对质的权利⑦。然而,特里诉俄亥俄(Terry v. Ohio⑧)判例的意见被很多人认为是刑事诉讼革命的结束⑨,最高法院判定在大街上对犯罪嫌疑人的短暂截停和在衣服外拍身搜查,即使不具备可成立的理由也是允许的。

在写特里判决意见的时候,首席大法官沃伦承认排除规则的有限性:当争议中的警察行为不是为了发现证据的时候,排除规则无法达到约束警察的目的。无论最高法院说什么,至少当警察认为一个人携带枪支的时候,警察将拦住那个人并进行拍身搜查。但是,最高法院接下来把这个案件作为一般的排除规则案件来处

---

① Osborn v. United States 385 U.S. 323 (1967).
② McCray v. Illinois 386 U.S. 300 (1967).
③ Chapman v. California 386 U.S. 18 (1967).
④ 389 U.S. 347 (1967).
⑤ Marchetti v. United States 390 U.S. 39 (1968).
⑥ Duncan v. Louisiana 391 U.S. 145 (1968).
⑦ Bruton v. United States 391 U.S. 123 (1968).
⑧ 392 U.S. 1 (1968)
⑨ 例如,Fred Graham, The Self-inflicted Wound, at 144:"在 Terry v. Ohio 判例中,首席大法官沃伦对反对排除规则的实际理由是如此彻底地投降以至于他抛弃了那个长期以来的假定,即没有可成立的理由而扣押的证据是永远不能使用的。"另见 Yale Kamisar, "The Warren Court (Was It Really So Defense-Minded?), the Burger Court (Is It Really So Prosecution-Oriented?) and Police Investigatory Practices", at 67。

理，要求一个新的证据标准——合理的怀疑——在允许进行这样的临时截停之前（即在通过这样的临时截停获得的证据在法庭上可采之前）。最高法院可能在这两个方面都是正确的。排除规则的作用是有限的，但是由于临时截停和拍身搜查通常确实能够获得证据，把排除规则适用于这种行为就和将其适用于其他证据收集程序一样，可能会具有震慑效果。

卡米萨（Yale Kamisar）同意格雷厄姆的说法，即特里标志着刑事诉讼革命的结束，并且解释了这样发生的原因："沃伦法院的改变很难说是由于组成人员的变化。戈德堡大法官及其后来的福塔斯大法官先后于1962年和1965年代替了冒险精神较小的法兰克福特，马歇尔（Marshall）大法官于1967年代替了更加偏爱控方的克拉克大法官。这个变化似乎归因于'快速历史发展的冲击，不断地给最高法院施加前所未有的限制'。沃伦法院'刑事诉讼革命'的最后几年是一个社会动荡的时期，突出表现是城市暴乱、贫民区暴力以及大学校园的混乱。20世纪60年代晚期的政治上的暗杀和暗杀未遂，国会和总统竞选人尼克松对最高法院的强烈批评，1968年犯罪控制法中'显然报复性'的规定，不断增长的犯罪率以及不断增长的对于公共秩序崩溃的恐惧，'这些因素结合在一起形成了一种氛围，至少对沃伦法院在刑事案件中采取行动来说是不利的。'"①

然而，尽管存在这些强大的社会压力，几乎没有证据表明沃伦法院在1968年10月的开庭期，即特里判例之后的开庭期也是厄尔·沃伦在最高法院任期的最后一个开庭期，已经失去了继续改革刑事诉讼法的热情。在那个开庭期，最高法院作出了奇迈尔诉加利佛尼亚（Chimel v. Californa②）判例，对逮捕附带的搜查的范

---

① Yale Kamisar, "The Warren Court (Was It Really So Defense-Minded?), the Burger Court (Is It Really So Prosecution-Oriented?) and Police Investigatory Practices", at 67—68.
② 395 U.S. 752 (1969).

围进行了限制,以及斯皮内利诉美国(Spinelli v. United States①)判例,就像前面讨论过的那样,向签发搜查令状施加了限制,而保守主义者认为这样的限制是完全不现实的。最高法院还撤销了"侦查性逮捕"②,把证据开示的权利扩展到受到电子监控的人③,把仍然尚未纳入第十四修正案的少数权利法案的规定——第五修正案的禁止双重危险保障——扩展到各州④。虽然和以前的开庭期一样其记录是混合的,然而,直到厄尔·沃伦退休,刑事诉讼革命仍然快速地进行。

在1969年的开庭期开始之前,米兰达判例的多数派的五名大法官中的两名,福塔斯和沃伦已经退休,沃伦·伯格接任为首席大法官(福塔斯的位置一直到开庭期的后期才被布莱克门[Harry Blackmun]接替)。另外两名尼克松任命的大法官,伦奎斯特(William Rehnquist)和鲍威尔(Lewis Powell),于1972年1月进入最高法院,接替了布莱克和哈伦。这样,似乎不需要分析最高法院成员的身份和政治以外的原因来查明为什么后来刑事诉讼革命会停止。

可能革命在这个时间结束仅仅是因为没有什么可做的了。毕竟,最高法院已经把权利法案的全部内容,除了两个次要的方面以外,都适用于各州了,但是最高法院并没有达到民权自由主义者所希望的那个程度。沃伦法院判例的特色是积极主义与一定程度的实用主义相结合,米兰达就是一个很好的例子。正如卡米萨指出的那样,"米兰达可以合理地被看做是两种观点的妥协,一是旧的自愿性——各种因素的综合标准,另一个是威胁(或者允诺)'不要'供述的极端主张。"⑤毕竟米兰达并没有完全禁止警察讯问犯罪嫌疑人,也没有要求这种讯问只有在律师在场的情况下进行或者

---

① 393 U. S. 410 (1969).
② Davis v. Mississippi, 394 U. S. 721 (1969).
③ Alderman v. United States, 394 U. S. 165 (1969).
④ Benton v. Maryland, 395 U. S. 784 (1969).
⑤ Yale Kamisar, "The Warren Court (Was It Really So Defense-Minded?), the Burger Court (Is It Really So Prosecution-Oriented?) and Police Investigatory Practices", at 66.

在法官面前进行。这样的判定将是真正革命性的,但并没有发生。而且,正如讨论过的那样,虽然沃伦法院确实很大程度地扩展了嫌疑人的权利,但它同时也作出了一些有助于警察的判例。

在开始几年,伯格法院显示出种种迹象,表明其准备废除沃伦法院时期确立的很多宪法保护。然而,仅仅在一个领域,即审前辨认程序,发生了这样的结果。在1967年的美国诉韦德(United States v. Wade①)判例中,最高法院要求在列队辨认时律师在场。而且,韦德判例与其伴随的吉尔伯特诉加利福尼亚(Gilbert v. California②)和斯托瓦尔诉丹诺(Stovall v. Denno③)案件一起,"似乎要求在所有审前辨认中律师在场",如果不存在紧急情况的话。④ 然而,在柯比诉伊利诺伊(Kirby v. Illinois⑤)判例中,尼克松任命的四名大法官都已经就任的最高法院判定,"律师帮助权"仅仅在"正式程序已经开始"后才存在(即被告人被起诉或者初次聆讯之后)。因此,在侦查阶段的辨认程序中不要求律师到场,虽然列队辨认、照片组辨认和其他辨认程序通常在侦查阶段进行。只有四名大法官加入了这个判决意见。鲍威尔大法官仅仅对结果表示赞同,简洁地说,他"将不会扩展韦德—吉尔伯特确立的排除规则"。这样鲍威尔以及斯图尔特、怀特以及后来的布莱克门,持中间派立场,虽然没有准备好加入布伦南、道格拉斯和马歇尔大法官来继续进行刑事诉讼革命,但是也不必然准备好加入伯格和伦奎斯特来废除革命的成果。

伯格法院与沃伦法院在刑事诉讼方面的做法相比,顶多被描述成停止革命——拒绝扩展并且有时候收缩沃伦法院的主要判定——而不是把法律退回到1961年以前状态的反革命。事实上,

---

① 388 U. S. 218 (1967).
② 388 U. S. 263 (1967).
③ 388 U. S. 293 (1967).
④ Yale Kamisar, "The Warren Court (Was It Really So Defense-Minded?), the Burger Court (Is It Really So Prosecution-Oriented?) and Police Investigatory Practices", at 69.
⑤ 406 U. S. 682 (1972).

首席大法官伯格虽然在进入最高法院之前以及进入后的最初几年曾经对沃伦法院的改革公开批评，但是到了1980年，他把曾经被鄙视的米兰达判决抱在胸前："米兰达判例的含义已经变得非常清楚并且法律实施行为已经适应了米兰达的束缚；我不会推翻米兰达，贬损米兰达，也不会在这么晚的日子里扩展米兰达。"①

总之，正如萨尔茨伯格（Stephen Saltzburg）在1980年指出的那样："沃伦法院的判决和它们所推动的趋势，除了少数几个例外，更加符合已经成熟的原理，而在沃伦担任首席大法官时很多人还没有认识到……而且，沃伦时代确立的宪法保护在20世纪70年代总体上保留了下来，并且有时被强化了。伯格法院已经明示或者默示地重新确认了几乎全部这样的判决。虽然某些近期的判决对早期判例的适用范围进行了限制，而沃伦法院可能会比现任法院在后来的裁决中走得更远，沃伦法院和伯格法院之间的不同，是宪法原则的边缘而非核心，而沃伦法院正是由于这些原则而被人们记住。"②

---

① Rhode Island v. Innis 446 U. S. 291, 304 (1980).

② Saltzburg, "Foreword: The Flow and Ebb of Constitutional Criminal Procedure in the Warren and Burger Courts", at 153.

第三章 刑事诉讼革命的失败

本章的标题似乎与前面的讨论不一致。刑事诉讼革命,至少在沃伦法院的煽动者和支持者看来,似乎是巨大的成功。刑事诉讼法确实被革命,尽管对沃伦法院存在政治上的批评,但那些重大的革新在后来最高法院人员变化以后大部分保留了下来。而且,尽管法律改革总是不可能完全改变该领域的行为,有实质性的证据表明警察对宪法权利的尊重有相当大的提高。警察和联邦法律实施官员受到刑事诉讼法方面的训练,公诉人向警察施加压力要求他们遵守法律,并且审理法官,至少在大多数州,经常以警察违宪为由排除证据以便于震慑警察的违宪行为。"逼供"似乎在美国几乎消失。

在审理中,所有的被告人通常都被提供这样的权利:快速审理,至少由相当适格的律师辩护以及由陪审团审理。而且,所有的州都为被定罪的被告人提供至少一次上诉权,为付不起费用的提供免费律师和庭审笔录。最后,联邦法院系统行使除了第四修正案以外所有人身保护令主张的管辖权①,监督整个程序以便于确保州法院遵守规则。② 甚至很多批评沃伦法院的保守派,虽然仍然反对把排除规则适用于各州,但是已经承认米兰达并不

---

① 这一点在 Stone v. Powell 428 U.S. 465 (1976) 判例中被改变。
② 然而,在写作本书时,最高法院正在严厉地限制州的因犯通过人身保护令来获得联邦法院的救济。例如,见 Linda Greenhouse, "High Court Votes to Further Limit Prisoner Appeals", 1, 在那里讨论 Keeney v. Tamoyo-Reyes 112 S. Ct. 1715 (1992)。

那么糟糕①,并且似乎已经同意刑事审理的改革大体上是一个好主意②。我也承认上面列举的这些成就。

尽管取得了上面这些突出的实质性成就,刑事诉讼革命仍然是失败的,因为它并没有为警察应当怎样做提供足够的指导。也就是说,刑事诉讼法,无论认为其意识形态上的内容是什么,完全不足以构成使警察能够遵循的规则体系。为了理解这为什么是一个重大失败,取决于承认在宪法领域刑事诉讼的独特地位。刑事诉讼法,在关于刑事诉讼的侦查阶段,并不是主要给律师和法官规定以便于供他们在闲暇时思考和辩论的,而是给未受过法律训练的警察规定以便于在大街上迅速适用的。例如,如果最高法院判定耶稣诞生的圣像能否放在公共场所,城市律师将仔细审查该判决并且通过正常渠道建议该城市如何调整其圣诞节装饰以便于符合最高法院的判决。其他的律师将对装饰进行审查,与最高法院的判决进行比对,如果他们认为该装饰不符合最高法院确定的标准,他们可以代表佛教、印度教或者无神论客户起诉。然后这个问题将在法院系统争讼,有可能再次到达最高法院,直到问题得到解决。其他潜在的起诉人可能会等待第一个案件的结果,然后再决定是否花费金钱和时间提出自己的诉讼主张。

刑事诉讼的运行则不相同。例如,在最高法院对逮捕附带的搜查作出判决后的第二天,全国有上千名的被逮捕人受到警察的搜查,而这些警察可能还没有听到最高法院的判决,更不用说收到关于如何实施判决的建议了。接下来的一天,又有一千名被逮捕人被搜查了。而且,目前的最高法院判决的性质,由于刑事诉讼革

---

① 例如,Kamisar 在 1987 年 9 月 12 日在哥伦比亚特区华盛顿,在美国法律周举办的宪法学会议上的发言:Yale Kamisar, "Overturning Miranda seems to be an idea whose time has come and gone"。但是,另见 Joseph Grano, "The Changed and Changing World of Constitutional Criminal Procedure: The Contribution of the Department of Justice's Office of Legal Policy", at 397—409 及其引用的文献,代表了保守派继续反对米兰达判例的扼要观点。

② 例如,Grano, Gideon v. Wainwright, "Report to the Attorney General on the law of Pre-Trial Interrogation", Part I. B. 2. b. 480—481。

命已经结束,主要精力放在修正和改进早期的判例,而不是宣布大胆且难忘的新规则。因而,即使警察局设有法律顾问,他散发一个解释该案的备忘录,一线警察能够理解和掌握逮捕附带搜查的法律的最新进展的可能性是零。但是,由于所有刑事被告人(包括无力支付费用的穷人)都能得到律师的帮助,这些获得了证据的搜查中有很多将被争讼,即律师会提出动议,要求排除找到的证据。

而且,每一个进入审理并被定罪的被告人将对定罪提出上诉,提出每一个可能导致撤销定罪的问题,尽管在事实上同一个问题已经在全国其他999个案件中提出。毕竟,对于贫穷的被告人来说争讼并不花钱,并且他们的律师有义务提出可能合理胜诉的任何问题。这些律师不会等待其他案件的结果,不像上面举的那个耶稣圣像例子中的律师那样。最后,如果法院判定警察行为不当,和上面的例子不同,该城市可以简单地改变其圣诞节装饰,但是警察无法重新改正其不当行为。排除规则是一个间接救济,其目的是为了震慑将来的警察非法行为,而不是对本案中已经发生的非法行为进行救济。法院无法改变被逮捕人已经被搜查的事实,并且如果非法搜查的对象是一个无罪的人,他从排除规则中根本得不到任何利益。而是,定罪被撤销,并且如果该争议证据对于控方证据来说是至关重要的,被告人必须被释放。

这样,刑事诉讼领域与最高法院判例中的其他领域的不同就很清楚了,刑事诉讼中的原理必须明确、必须完全,并且必须稳定。但是,正是在这几个方面,刑事诉讼法律未能实现。宪法性判例通常是以一种缓慢的节奏作出的,最高法院在某一年宣布一个规则,然后在未来的15年或者20年才回答该规则引发的问题,这对于刑事诉讼领域是不恰当的,因为警察需要明确的指导并且对于警察犯错的惩罚是严厉的。

来自各方的批评

最高法院的刑事诉讼理论招来了大量的批评。很多批评是意识形态上的：保守主义者批评沃伦法院；自由主义者批评伯格和伦奎斯特法院。这些抱怨是否成立，取决于一个人的政治立场。然而，有时学者或者持反对意见的大法官，曾经提出过本书所论述的问题。在这些评论者中，据我所知没有人认为目前的刑事诉讼法是可以接受的，哪怕是可以理解的。

例如，萨尔茨伯格（Stephen Saltzberg）在对沃伦法院和伯格法院刑事诉讼判例进行认真分析——总体上针对沃伦法院的革新进行的分析——在1980年的一篇文章中得出结论："两个时期的法院在阐述原理上的失败导致了漂泊不定的判决，反过来使法律实施人员感到困惑。"① 惠特布雷德（Charles Whitebread）在1985年从一个试图在联邦调查局全国学院为州警察和地方警察讲授刑事诉讼规则的角度，得出了相似的结论："伯格法院在理论上偏爱一案一判的分析而不是在刑事案件中宣布规则，可能是其最为危险的特点……该法院不愿意宣布警察、下级法院以及刑事司法体系的其他组成部分能够理解和适用的规则。"②

最后，温莱布（Lloyd Weinreb）在比较了美国和欧洲制度之后，得出结论说美国的刑事侦查法"无法令人理解。其各种区别即使在平静的法庭上也不容易被理解，更不用说在警察巡逻这样匆忙的情形下了。"③

这些对伯格法院刑事诉讼法的批评，可以被当作自由主义学者因不满沃伦法院的革新没有被有力地推进而发出的抱怨，从而可以不予理睬。但是事实并非如此，凡是考虑过刑事诉讼"规则"可行性的人，都会发现这些规则是有缺陷的。考虑一下保守主义的山区各州法律基金会的律师的评论，关于伯格法院通过创制排除规则的例外的方式来帮助警察的努力："警察将更多地犯法律上

---

① Stephen Saltzburg, "Foreword: The Flow and Ebb of Constitutional Criminal Procedure in the Warren and Burger Courts", at 158.

② Charles Whitebread, "The Burger Court's Counter-Revolution in Criminal Procedure: The Recent Criminal Decisions of the United States Supreme Court", at 473.

③ Lloyd Weinreb, Denial of Justice, 14.

的错误,通常并不是他们自己的原因。本来可以通过恰当的方法获得的证据被排除,有罪的人受到惩罚这一利益将陷入争论之中,因为最高法院未能制定明确规则……虽然存在一个广为人知的神话,即警察憎恨排除规则,但是我所知道的警察大多数能够接受——该规则加强了警察的培训并且提高了职业化程度。但是,如果缺少明确的规则,警察将会犯错误。"①

警察对刑事诉讼法的态度,被一个芝加哥警官这样总结:"当然必须存在排除规则。我不希望这里成为警察国。必须存在指导性规则。问题是,这些指导规则并不明确。我相信最高法院并没有使法律更加明确。他们对警察必须立即采取行动的情形采取了严格的立场,他们思考5个月然后六七个月才得出结果。这是一种什么样的制定法律的制度?"②

从一个公诉人的角度,纽约地区公诉人办公室纳索(Nassau)县法庭审理局主任,虽然同意非法扣押的证据应当被排除,于1990年写道:"法院用来确定非法性的标准已经变得如此的自相矛盾和混淆,以至于很少的警察能够理解宪法上合法逮捕的要求是什么……如果最高法院首席大法官坐在曼哈顿巡逻车上,我怀疑他能否对警察行为合宪性给出法律上确定的建议。所以警察对法院系统很愤怒就不令人惊奇了。"③

沃伦·伯格在成为首席大法官之前,批评最高法院说:"根据不充分的审判记录和不完全的事实数据,用一案一判的方式零碎地修改了刑事诉讼法典。"④但是在1982年,伯格成为首席大法官十二年后,也是尼克松任命的四名大法官控制刑事诉讼理论十年以后,总检察长史密斯(William French Smith)宣称:"简单地说,第四修正案法律是如此地具有不确定性且不断地改变,以至于警官

---

① K. Preston Oade, The High Court Sows Confusion, 18, col. 4.
② Lieutenant Karczewski, 转引自 Myron Orfield, "The Exclusionary Rule and Deterrence: An Empirical Study of Chicago Narcotics Officers," 1052。
③ New York Times, February 2, 1990, p. A14.
④ Liva Baker, Miranda: Crime, Law and Politics, 195.

无法被合理地期望知道法官们自己都不知道的东西。"①

最高法院自己偶尔承认这个问题，通常是在其打算解决这个问题的时候。例如，在奥利弗诉美国（Oliver v. United States②）判例中，最高法院把"露天场所"从第四修正案的范围内中去掉以便于确定"明确规则"并从而避免对其第四修正案理论的批评。拉菲伍（Wayne LaFave）是这个领域的主导性学者，他的评价是："第四修正案理论的首要目的是规范警察的日常活动，因而其规则的语言表述应当可以被警察适用于每天必须进行的法律实施活动。<u>一套非常复杂的规则，加上各种如果、并且、但是这样的限制，要求区分细微的差别</u>，可能是律师们和法官们热切需要的东西，但是这些规则可能'无法适用于一线的警察。'"（划线部分被最高法院引用）③

刑事诉讼法的复杂性的最好证据，可能就是拉菲伍仅仅是归纳搜查与扣押法就花了 4 卷共 3375 页。④ 警察感到困惑就不令人感到奇怪了。

各项研究

关于排除规则的影响的各种研究，对于评价沃伦法院刑事诉讼革新的总体成功而言，不是很有帮助。例如，假设一项研究表明，所有的逮捕中的很大比例由于排除规则的原因被撤销。这是否意味着排除规则是一场灾难，因为它导致很多罪犯被释放，或者说排除规则是公民自由的至关重要的保障，因为警察是如此的不守法律？与之相对比，如果失去定罪的案件比例低（大多数研究都得出这样的结果），这是否意味着该规则运行得如此良好并且对社

---

① L. A. Daily Journal, Oct. 14, 1982, p.4, col.3.
② 466 U. S. 170 (1984).
③ Wayne Lafave, "'Case-by-Case Adjudication' Versus Standardized Procedures: The Robinson Dilemma", 141.
④ Wayne R. Lafave, Search and Seizure: A Treatise on the Fourth Amendment.

会造成很小的成本,或者州法院系统在很多应当排除证据的案件中并没有排除证据,因为他们不想因警察犯了小错而使犯罪者逍遥法外?而且,无论比例如何,任何研究都无法区别下面这三个方面:一是证据被排除显然是有正当理由的,因为争议中的警察行为确实不合理;二是如果不违法警察根本就无法获得证据;三是证据被排除是基于技术性问题或者警察对规则的可理解的困惑。最后,排除规则控制警察行为的成功必须局限于最高法院已经宣布规则的领域。正如本书下一章中将要讨论的那样,本书对最高法院刑事诉讼理论的首要批评之一是它不完整,警察程序的很多领域仍然是空白,同时在另外一些领域存在过多规定。因而,排除规则与作为执行措施的有效性经常是无关的。①

考虑到这些保留,我们来简单地考虑一下这些研究。对这些研究获得信息的最好方式,是通过戴维斯(Thomas Davis)在1983年写的一篇评论,被最高法院在美国诉利昂(United States v. Leon②)判例中这样归纳,说排除规则"导致因重罪被逮捕的人有0.6%至2.35%被不起诉……对特定类型的犯罪而言还要更高,如果对其起诉主要依赖实物证据的话。这样,毒品犯罪的重罪逮捕的人由于不起诉或者不定罪总共的损失大约在2.8%至7.1%。戴维斯对加州数据的分析表明,警察和检察官进行审查导致因非法搜查或者扣押而释放的数字,达到所有重罪被逮捕人的1.4%,在预审或者审理后因非法搜查或者扣押而被释放的,达到所有重罪被逮捕人的0.9%,在上诉中因非法搜查而被撤销定罪的大约占所有重罪被逮捕人的0.5%。……这些研究者中的很多人已经得出结论,排除规则的影响是实质性的,但是这些小的比例……掩盖了

---

① Richard Frase 曾经对刑事诉讼法提出过类似的批评。"Criminal Procedure in a Conservative Age: A Time to Rediscover the Critical Nonconstitutional Issues", at 83.

② Thomas Davies, "A Hard Look at What We Know (and Still Need to Learn) About the Costs of the Exclusionary Rule: The NIJ Study and Other Studies of Lost Arrests", at 621.

因不利于他们的证据是基于非法搜查和扣押而被释放的重罪犯的较大的绝对数字。"①

美国律师协会也试图对排除规则的影响进行测量,发现"大多数公诉人认为因排除规则而被撤销的占全部案件总数的5%以下。相似地,被调查的法官和律师中大约有3/4认为提出的排除动议成功率低于10%。"该研究还发现"被调查的234名公诉人中87%的人相信,因为米兰达问题导致撤销的案件占5%以下。"②(见表格一)

表格一 第四修正案和第五修正案对实体结果影响的看法

公诉人 234人	因米兰达问题而被撤销的案件比例	0个百分点	16%
		1—5个百分点	71%
		6—10个百分点	10%
		11个百分点或以上	3%
	因搜查和扣押问题而被撤销的案件比例	0个百分点	6%
		1—5个百分点	68%
		6—10个百分点	16%
		11个百分点或以上	10%
法官 216人	对实体结果具有决定性的排除证据动议的比例	0个百分点	13%
		1—5个百分点	34%
		6—10个百分点	27%
		11个百分点或以上	34%
辩护律师 94人	排除证据的动议被批准的案件比例	0个百分点	12%
		1—5个百分点	32%
		6—10个百分点	25%
		11个百分点或以上	31%

来源:美国律师协会一份未发表的补充材料的附表25,自由社会中的刑事司法制度之特别委员会:危机中的刑事司法制度(哥伦比亚特区华盛顿,美国律师协会,1988年)。复制取得了授权。

这些百分点听起来并不太糟糕,但是,正如最高法院指出的那样,不仅考虑百分比而且考虑绝对数量是重要的。1988年美国有

---

① 468 U.S. 897, 907 n. 6 (1984).
② American Bar Association, Criminal Justice in Crisis, pp.17, 33.

大约两百万指标罪①逮捕,另有一百万毒品和武器犯罪逮捕。② 如果这些案件中的5%因为搜查问题被撤销,另外5%因为米兰达问题被撤销,那么全国每年因为排除规则有三万案件被撤销。而且,正如美国律师协会和最高法院都同意的那样,因证据排除而撤销案件的比率在毒品案件中特别高,例如它和重伤罪不同,一成不变地依赖从被告人的人身、财产和房屋中获得的实物证据。在那些案件中,一份研究表明,多达30%的逮捕因为搜查问题而失败。③ 美国律师协会同意,因证据排除而失败的案件中,枪支和毒品案件要多于其他种类的案件——在某个城市中高达50%——虽然它得出结论说这是"毒品问题的一种不顾已确立的控制措施的体现,……并不是第四修正案或者排除规则的固有的失败。"④(即警察可能知道他们在逮捕毒品和武器案件嫌疑人的时候违反了规则,但是为了把违禁品从大街上拿走仍然这样做了)。⑤

事实上,表格一中引用的美国律师协会的研究,与该协会自己的总结不同,可以被描述为相当多数量的案件因证据排除而失败。该研究表明,相当多数的法官(61%)至少在6%的案件中批准了对结果有决定性影响的证据排除动议,有34%的法官则至少在11%的案件中批准了。相似地,58%的辩护律师至少在6%的案件中其排除动议被批准。纳杜里(Peter Nardulli)在1987年的芝加哥研究发现,在研究的4000多个案件中,大约有9%的案件中提出了排除实物证据的动议,动议成功的比率是63.8%(大多数是毒品案件)。⑥ 虽然有理由相信在这些案件中,有些对排除申请的批准仅

---

① 谋杀、暴力强奸、抢劫、重伤害、夜盗、盗窃、汽车盗窃和放火。
② U.S. Dept. of Justice, FBI, Uniform Crime Reports (1988), 169.
③ U.S. Dept. of Justice, National Institute of Justice, Criminal Research Report—The Effects of the Exclusionary Rule: A Study of California, 18.
④ ABA, Criminal Justice in Crisis, 18.
⑤ ABA, Criminal Justice in Crisis, 45.
⑥ Peter Nardulli, "The Societal Costs of the Exclusionary Rule Revistied", at 230.

仅是处理证据不足的案件的途径之一，但是 63.8% 的成功率意味着制度存在严重问题。在这个领域的最新研究确实提供了一些乐观的数据——在警察已经获得了令状的案件中排除动议成功的机会很低。而且，也许因为警察知道这一事实，对令状的使用显示出上升趋势。① 然而，人们一般同意，笔者担任华盛顿市公诉人的个人经历也表明，无证搜查虽然具有失去证据的更大的潜在危险，发生的数量仍然大大超过有证搜查。②

那么，从粗略的数字上看，相当数量的逮捕丧失了定罪机会，所以，由于违反刑事诉讼程序，相当数量的犯罪人被释放，特别是在毒品和武器案件中。对于因缺乏规则，或者是警察未能遵守一个理智正常的警察所应当遵守的规则，而丧失定罪的比例，没有相应的数据。正因为这一点，刑事司法人员和学者们一致认为，最高法院未能宣布供警察遵守的明确规则，是刑事司法制度主要失败的一个体现。

近期的一份研究确认了本章的主要观点：警察并不理解这些规则。在密歇根大学法律改革杂志上发表的一篇文章中，赫弗南（William Heffernan）和洛夫利（Richard Lovely）阐述了他们对警察理解搜查扣押法的研究。③ 他们向 547 名警官提供了六种事实情形，问他们在这些假设的场景之中警察进行的搜查是合法的还是非法的。事实上，虽然没有告诉警察这一点，这些场景都是来自最高法院的真实判例；所以已经知道了其中三个场景中的搜查是合法的而另外三个场景中的搜查是不合法的。警察的平均得分是 3.4。这就是说，他们平均能够正确评价 3.4 个场景——比他们随机猜测稍微好一点（对律师组的测验平均分是 4.4）。④ 作者的结

---

① Craig Uchida & Timothy Bynum, "Search Warrants, Motions to Suppress and 'Lost Cases': The Effects of the Exclusionary Rule in Seven Jurisdictions", at 1061.

② 例如，American Law Institute, Model Code of Pre-Arraignment Procedure, SS 230, Commentary at 521。

③ William Heffernan & Richard Lovely, "Evaluating the Fourth Amendment Exclusionary Rule: The Problem of Police Compliance with the Law."

④ Ibid., at 332—333.

论是对第四修正案法律状态的指责——即使所有的警官都遵守搜查和扣押法,由于现在的搜查和扣押法的内容是如此的复杂以至于警察无法正确理解其要求,所以,还是会有相当数量的违反这些规则的现象。①

而且,这样的统计数据会掩盖一个同样重要的刑事诉讼法方面的问题:审理法院并没有一贯地适用它。如果审理法院忽视警察违反宪法的行为,或者由于法律的复杂性未能发现这样的违反,那么统计数字表明因排除规则而失败的案件比率低,则具有不同的重要意义。现在这样的统计数字表明,排除规则代价低的唯一原因,是法院系统一直忽视违宪行为。

没有哪一份研究充分地考察了这个问题。然而,在1988年,笔者在乔治敦法律杂志上发表了一份初步调查,分析了1986年九个州的上诉法院作出的已经公布的第四修正案判例。② 笔者发现在研究的223个判例中,15.7%的案件以第四修正案为由在上诉中撤销了定罪(这是在审理中或者审理前失败的案件之外的,其他研究都是针对那些案件)。另有10.3%的案件应当被撤销,但是由于上诉法院错误地适用第四修正案法律而没有被撤销。必须强调一点,这只是对已公布的判例的研究。很多定罪被简易维持(也有简易撤销,但是要少得多)而没有公布判决意见,因此受到排除规则影响或者应当受到影响的被定罪的犯罪人的实际比例,无疑要大大低于调查中表明的26%(15.7%加10.3%)。(见表格二,概括了调查的结果。)另外,没有理由相信法院在简易维持案件中正确适用第四修正案问题的比率比公布判例中更高;并且,对于审理法院错误地排除证据的案件,如果被告人被判无罪,那么案件永远不可能到达上诉法院。

---

① William Heffernan & Richard Lovely, "Evaluating the Fourth Amendment Exclusionary Rule: The Problem of Police Compliance with the Law", at 339.

② Craig Bradley, "Are State Courts Enforcing the Fourth Amendment? A Preliminary Study."

表格二　1986 年九个州上诉法院关于第四修正案的判决

州 （每 10 万人犯罪率） （1986 年人口）[a]	案件总数[b]	被研究的判例[c]	有利于政府方的判决[d]	有利于被告人的判决	有利于政府方的错误判决[e]	经同意的搜查	有利于政府方的错误判决的百分比	有利于被告人的判决的百分比
佐治亚 (5,455) (6,104,000)	57	57	55	2	10	11	17.5	3.5
伊利诺伊 (5,546) (11,553,000)	51	51	39	12	8	8	15.7	23.5
爱达荷 (4,207) (1,003,000)	13	13	9	4	0	1	0	30.7
南卡罗林纳 (5,137) (3,378,000)	3	3	2	1	0	1	f	f
路易斯安那 (6,078) (4,501,000)	66	42	38	4	5	10	11.9	9.5
阿拉巴马 (4,288) (4,053,000)	46	26	20	6	0	3[g]	0	23.0
俄克拉荷马 (6,014) (3,305,000)	19	19	16	3	0	2	0	16.0
亚利桑那 (7,321) (3,312,000)	4	4	3	1	0	1	f	f
犹他 (5,478) (1,665,000)	8	8	6	2	0	0	0	25.0
总计	267	223	118	35	23	37	10.3	15.7

表格注释：

[a] 1986 年联邦调查局统一犯罪统计。

[b] 涉及搜查和扣押的民事案件并不计入总数。既属于"逮捕"又属于"搜查和扣押"的案件只计算一次，只包括已经公布的判例。很多州存在相当数量的未公布的判例，这些并没有计入。

[c] 由于时间有限，对于某些州只是随机挑选了一些判例进行研究。

[d] 这是指关于第四修正案问题的判决，并不必然指整个案件。

[e] "错误"是作者主观认定的。

f 样本数量太小以至于无法计算百分比。亚利桑那和南卡罗林纳的数字计算在总数中。

g 包括一个有利于被告人的判例。

来源：Craig Bradley,"Are State Courts Enforcing the Fourth Amendment? A Preliminary Study". Georgetown Law Journal 77 (1988): 251—86.

无论如何,这是第四修正案法律质量很差的一个证明。即使在最为明显的违法已经通过审理前的撤销以及审前排除动议过滤掉之后,在律师已经发表意见并且辩论后,全国已经公布的上诉法院判例中仍然有 1/4 的案件包含警察违反第四修正案的行为(也就是说,那些有争议的证据已经在审判中通过了一次挑战),并且至少 10% 的上诉法院判决是错误地理解了第四修正案的法律。①这意味着那些认为只有很少的案件因排除证据而失败的研究,可能遗漏了该问题的一个重要方面。

该项研究另一个令人惊诧的发现是在 223 个案件里,只有几个案件中警察的行为是明显"错误"的。在所有其他案件中,至少在判例意见中写明的事实里,警察的行为方式似乎是大多数人都会认为是合理的,如果他们不知道警察应当遵循的那些精细复杂的规则的话。②

这样,存在两种"不合理"的搜查:一是在平常意义上的不合理的警察行为的搜查——压迫性行为或者违反明确的硬性规定;二是法院系统称为"不合理"的搜查,因为那是第四修正案所禁止的,而最高法院的规则制定权就是基于这个修正案。正如第五章所讨论的那样,意识到这一点让人很不安,虽然美国并不是唯一存在前一个含义的警察不合理行为的排除规则的国家,但是仅仅因为违反了(通常是令人困惑的)规则而"不合理"的搜查从而理论上强制排除规则,确实是独特的。正如表格二所表明的,仅仅在"违反规则"意义上不合理的搜查,可能会导致错误判决,当各级法院适用

---

① 笔者没有研究上诉判例中关于第四修正案问题有利于被告人的错误决定有多少。

② Craig Bradley, "Are State Courts Enforcing the Fourth Amendment? A Preliminary Study", at 283.

排除这种惩罚的时候。在笔者看来,未能区别这两种"不合理"的搜查,是导致自由主义者和保守主义者关于排除规则争论的原因。① 承认这种重要的区别,就可以对警察违反规则的行为采取更加灵活的方法。这个问题将在本章的末尾和第五章进行讨论。

具体领域

搜查和扣押法

似乎人们一般同意,对于刑事诉讼的各个方面,规范搜查和扣押的法律是最为复杂和令人困惑的。第四修正案,如同笔者在1985 年的密歇根大学法律评论上的一篇文章中指出的那样,是"最高法院的柏油娃娃:是一堆矛盾和晦涩,使最高法院陷入这样的境地,每一次试图脱身都只能使自己粘得更牢"②。在 1971 年,大法官哈伦号召"彻底革新"第四修正案法律③,但是这并没有发生。在20 世纪 70 年代早期,温莱布指出了这样的一个事实,在前面的 5个开庭期(1968—1969 到 1972—1973),最高法院作出了 16 个解释第四修正案的主要判例,表明"第四修正案理论体系是不完整和不令人信服的。"④但是在 80 年代最初 5 年,最高法院作出了 35个关于第四修正案的判决。在这些判决中 7 个没有形成多数意见。在 1982—1983 和 1983—1984 这两个开庭期决定的 17 个案件中,最高法院和所有的下级法院的结论都不同,通常撤销最高级别的下级法院,在这个过程中作出了总共 61 个各自独立的

---

① 保守主义者不满仅仅违反规则的搜查导致证据排除;自由主义者担心如果没有这个规则警察的严重违法行为会受不到惩罚。
② Craig Bradley, "Two Models of the Fourth Amendment."
③ Coolidge v. New Hampshire 403 U. S. 443, 490—491 (1971) (Harlan, J., concurring in the judgment).
④ Weinreb, "Generalities of the Fourth Amendment", at 49.

判决意见。①

最高法院在一个关于对一辆汽车中的一个纸袋子和一个皮袋子进行搜查的美国诉罗斯（United States v. Ross）案件中，对下级法院（哥伦比亚特区巡回区）的法官解释最高法院先前判例的努力是这样归纳的："塔姆（Tamm）法官作为原审合议庭判决意见的执笔者，重申了这样的观点，即桑德斯（Sanders）判例禁止对皮袋子的搜查但是并不禁止对纸袋子的搜查。罗布（Robb）法官同意这样的结果是桑德斯判例的强制要求，虽然他在其意见中指出'搜查汽车的权利应当包括打开汽车里面发现的任何箱包的权利，正如对一个被合法逮捕的人进行搜查的权利包含检查在他的口袋里发现的钱包和信封里装的东西的权利一样……'麦金农（MacKinnon）法官同意塔姆法官的这一观点，即桑德斯并不禁止对那个纸袋子的无证搜查。关于那个皮袋子，他同意威尔基（Wilkey）法官的意见，威尔基持反对意见的理由是桑德斯不应当被追溯适用。"②令人惊奇的是，所有的这些不一致只是在持反对意见的大法官之间的分歧，他们的观点显然都同时与多数法官的意见不一致。

最高法院大法官自己也经常谴责最高法院在这个领域的努力。例如，在佛罗里达诉罗耶（Florida v. Royer③）判例中，以5比4的表决撤销原判，因为禁毒警察在机场对一名飞机乘客进行了15分钟的不存在可成立的理由的"逮捕"。伦奎斯特大法官持不同意见，论述说："仅仅根据'合理性'一词分析，就像在第四修正案中使用的那样，侦查人员针对罗耶的行为是能够通过审查的，这是所有能够思考的文明人都能得出的结论，如果没有过分地进入最高法

---

① 事情持续恶化。在1985年至1990年之间，最高法院判决了43个第四修正案的案件，在85%的案件中撤销下级法院的有利于政府方的判决。Phyllis Bookspan, "Reworking the Warrant Requirement: Resuscitating the Fourth Amendment", 474 n. 4. 然而，在最高法院1991年10月的开庭期，记忆中首次没有判决第四修正案的判例。不幸的是，现在该法律是如此的混乱，以至于停止制造进一步的混乱，这个方法也不是一个足够好的解决办法。

② United States v. Ross 456 U. S. 798, 803 n. 3 (1982).

③ 460 U. S. 491 (1983).

院第四修正案理论的神秘深处的话。"

作为刑事诉讼革命的一个重要人物,斯图尔特大法官在退休后不久,把最高法院的搜查与扣押理论描述为"和在任何一个法学理论领域一样的,对规则、例外和精细理论的复杂描述"①。他接着说:"回头看,排除规则似乎有点偷工减料——就像一个过山车的轨道是在过山车运行的过程中修筑的一样。每一个新的一截轨道都是匆忙安装的,与先前轨道的衔接也不完美,仅仅是及时阻止过山车摔毁,但是没有时间测量前面的弯度和坡度,或者预先考虑前面必然存在的转弯。事后看来,当然有可能批评关于排除规则的判决意见,因为其对先前判决的错误适用或者错误解释,以及因为未能考虑一个特定的决定将对法律的未来发展产生影响。"②

相似地,对于汽车搜查,鲍威尔大法官曾经这样论述:"关于汽车的搜查和扣押法令人困惑到了不可忍受的程度。最高法院显然连它自己的先前判定都无法达成一致意见,更不用说这些案件应当如何判决了。"③

也许最令人惊讶的是最高法院多数法官在美国诉利昂④判例中对最高法院第四修正案法律质量很差的默示承认。在利昂判例中,最高法院判定,如果警察是以"合理的善意"依据由中立的、无偏倚的法官签发的搜查令状行事,即使事实上证据是以违反第四修正案的方式获得的,证据也将不会被排除。正如史蒂文斯(Stevens)大法官在反对意见中指出的那样,这个判定似乎与第四修正案本身不一致。一项搜查必须是"不合理的",才有可能构成了对第四修正案的违反。警察的行为怎么可能同时既是"合理的"又是"不合理的"?在先前开庭期作出的伊利诺伊诉盖茨(Illinois v.

---

① Potter Stewart, "The Road to Mapp v. Ohio and Beyond: The Origins, Development and Future of the Exclusionary Rule in Search and Seizure Cases."
② Ibid., at 1366.
③ Robbins v. California 453 U.S. 420, 430 (1981) (Powell J., concurring).
④ 468 U.S. 897 (1984).

Gates①)判例中,已经把可成立的理由以实用的且非技术性的方式进行了界定,以避免因技术性问题而推翻令状。

虽然多数法官并没有对史蒂文斯的论点作出回应,最为诚实的回答应当是:"因为我们的规则(即我们对什么样的行为是'合理的'定义)是如此复杂、不完善和不一致,以至于每天都会发生这样的事情,即尽管警察行事的方式在大多数人看来是'合理的',仍然违反了规则。在他们事先拿到了令状的情况下,我们愿意对那种违反予以忽略。"事实上,利昂判例的逻辑是,如果警察没有意识到他们在违反规则那么就无法对警察违反规则进行震慑,这应当也适用于无证搜查。但是最高法院没有走得那样远,实质上,利昂案件是最高法院对失败的自我承认。如果其第四修正案的规则更加直接和简单,它就没有必要对某些违反这些规则的行为以这样的违反是合理的为由予以豁免。②

供述法律

供述法律这个领域更加明确,理由只是在米兰达判例中最高法院进行了立法性质的规则制定。该判例宣布了明确的要求,即警察在每一次羁押性讯问中必须告知嫌疑人某些宪法权利,并且一旦嫌疑人主张这些权利,讯问必须停止。然而,在米兰达判例之后,最高法院立法性质的规则制定停止了,它又回到了一案一判地解决讯问问题的方法,致使最高法院在1985年把关于"羁押"何时开始以及"一项特定的未经警告的陈述是否最终被判定可采"问题的法律描述为"朦胧的和困难的"。③ 这个领域其他未解决的问题包括,当嫌疑人表明他想保持沉默时警察应当如何处理的问题(米

---

① 462 U.S. 213 (1983).
② 需要注意的是,排除规则的利昂例外并不是建立在本章末尾建议的前提下,即某些第四修正案规则在性质上足够轻微以至于对其违反并不导致排除。见 United States v. Caceres 440 U.S. 741 (1979),在该案中,国税局特工未能遵守国税局电子监控规定,但是最高法院拒绝根据其监督权排除证据。
③ Oregon v. Elstad 470 U.S. 298, 316 (1985).

兰达判例要求在这种情况下讯问必须停止,在最高法院的密歇根诉莫斯利[Michigan v. Mosley]判例中变得模糊了)①,在主张律师帮助权之后,能用什么方法让嫌疑人"主动启齿"以至使讯问继续的问题,讯问可以持续多长时间的问题,以及在警告作出后警察可以施行什么行为的问题。

某些假设的例子

很容易找到批评者的言论以及统计数据(应当承认是无法得出结论的)表明刑事诉讼革命是失败的。其他人可能会列举相似的数据和观点来表明它是成功的(虽然亲身经历这个制度的人不会有人愿意这样做)。也许对该制度最有力的批评是弗兰得利(Friendly)法官在25年前举出的一个例子,一个完全平常的事实场景,其中被告人显然有罪并且警察没有明显的不当行为,在由一个受到最高法院法律影响的人仔细审查之后,发现存在可撤销的错误。弗兰得利法官的结论是,由立法机关制定的法典是正确发展刑事诉讼法的唯一方法。② 下面表述的是对该事实场景的更新版本,但是其结论是不需要更新的。

警官A和B看到一个男人某甲,在一个毒品犯罪多发区的一栋楼里走出来,手里拿着一个褐色的纸袋子。他们看出这个人是一个上瘾者。他们走近他,喊"不许动",但是在他们抓住甲之前,甲扔掉了纸袋子并举起双手。警官B抓住了甲。警官A打开纸袋子,里面是一个装有白色粉末的薄玻璃纸信封。警官打开信封并尝了一下白粉,根据他受到的训练,他相信那是海洛因。甲被警察搜查,在他的皮带上找到一把带血的刀(后来查明是一起尚未破案的谋杀案中的杀人工具),并且在衬衣口袋里找到了装有白色粉末的锡纸包。警官B给予了甲米兰达警告,然后问他:"你从哪里拿来的这个包?"甲回答说:"我在4个小时之前从乙那里拿来的。他

---

① 423 U.S. 96, 101—103 (1975).
② Henry Friendly, "The Bill of Rights as a Code of Criminal Procedure", at 930.

在拐角处的皇后大街 123 号卖毒品。"

警官 A 和 B 来到皇后大街 123 号并敲门,大声说"警察,开门!"他们听到里面有动静,在五秒钟之后打开了未锁的门。里面打出一枪,打死了警官 A。就在那时,警官 C 和 D 赶到,三名警官冲入该房间。里面有两个男人,乙和丙。后来查明这是乙的住所,丙是临时住在那里的客人,但是在那个时候警察并不知道。警察看到在桌子上有不少白色粉末。他们告知两个男人他们被逮捕了,把他们的手铐在背后,并对他们的衣服进行搜查,在乙的衣服口袋里发现一个装有白色粉末的薄玻璃纸信封,并在丙的衣服口袋里找到一把刚刚射击过的手枪。他们全面搜查了房间,在离乙和丙被逮捕的地点十五英尺远的柜橱中发现了更多的白色粉末。他们也搜查了厨房,在冰箱里又发现了很多白色粉末。他们搜查了卧室,发现丙的妻子藏在衣橱里。对她进行拍身搜查找到了五支大麻香烟。衣橱里面有一个大盒子,里面装了 20 公斤的可卡因。警官 B 问乙:"还有吗?"乙回答说:"你忘了搜查烤箱。"他们在烤箱里找到了另外一袋可卡因。

一辆巡逻车赶到,嫌疑人坐在后面。开车的警官 E 认出乙是先前因毒品罪而被逮捕的人。E 用诙谐的口吻问:"你好吗?最近做了很多笔生意吧?"乙回答说,"是的,我昨天卖掉了整整一公斤。"在警察局的惯例登记程序中,警官 E 想向乙确认,他是否还住在原来的住址,而那个住址中最近发现了一具尸体。于是问乙,"你还住在 Elm 大街 496 号吗?"乙回答说"是的"。

不管你是否相信,在这个平常而简单的案件中获得的所有证据,无论是陈述、枪支、毒品还是刀,根据目前最高法院的法律,笔者认为都不可采。如果对这个问题感兴趣,笔者在本章末尾的附录 3-A 中解释了原因。

上面这个例子的目的在于使保守派更加具有说服力:带血的谋杀工具被排除。杀人犯和毒品贩子因警察的不良行为而逍遥法外,而这些警察行为似乎在实质上是恰当的,或者至少是不严重的。然而,可以举出相反的例子来说明警察是如何错误地使用现

第三章 刑事诉讼革命的失败 **55**

行法来有利于他们自己。事实上,阿尔施勒(Albert Alschuler)已经创立了这样一个例子,是关于最高法院在讯问方面的规则的:

> 由被霍姆斯(Holmes)大法官称为"法律的坏人"编写的警察培训手册可能会提出如下的建议:"在逮捕一名嫌疑人时,不要给他米兰达警告。在公共安全需要时,你可以不告知其权利而讯问嫌疑人,并且他的回答将是可采的。在不存在特殊的公共需要时,你就不应当讯问一个被逮捕的未经警告的嫌疑人。如果该嫌疑人确实作出了陈述,这将是根据米兰达判例可采的'自愿作出'的陈述。而且,如果嫌疑人保持沉默,他的沉默可以被用来反驳他在审理中提出的任何辩护理由。在一两个小时之后(在此期间你的嫌疑人将或者作出了陈述,或者一段时间的沉默以供将来使用),你应当告知他的权利。如果嫌疑人放弃这些权利,他的陈述将是可采的。如果他表示他希望保持沉默或者向律师咨询,继续在没有律师的情况下对他进行讯问。虽然公诉人不能在主诉中使用这些陈述,如果日后被告人选择作证并且说了不同的证言,那么先前获得的嫌疑人的陈述将可以被采用来反驳其证言。……不要向嫌疑人施加太大的压力。如果法院认为根据米兰达之前的标准供述属于不自愿的,那么它不能为了任何目的而被采纳。最高法院曾经说过,米兰达之前的自愿性标准是'真正的'宪法的一部分。米兰达则是最高法院'假想的'宪法的一部分。"①

笔者可以帮助阿尔施勒(上面这段话的作者)增加关于搜查和扣押法向假设的警官提出如下建议:"如果不能确定你是否有可成立的理由在一栋楼中找到违禁品,或者你是否需要一份令状,你尽管在没有令状的情况下进行搜查。如果你找到证据,就说存在'可靠的信息来源'(你的搭档是可靠的,对吧)告诉你证据会在那里,

---

① Albert Alschuler, "Failed Pragmatism: Reflections on the Burger Court", at 1442—1443.

并在之后去申请令状。如果你没有获得可成立的理由的可能性，尽管继续进行搜查。如果你没有找到任何东西，就没有证据可供排除（不过不要搜查有可能提起诉讼的无辜公民的房子）。如果你确实找到了一些东西，该证据可以被用来反驳，这总比什么都没有要好。当你在被告人的家里逮捕他时，不要立即给他戴上手铐。因为戴上手铐会限制'他能够立即控制的区域'。而是，对他被逮捕的房间进行搜查，然后给他戴上手铐带离该房间。如果他想到另一个房间去，例如去拿鞋子，允许他去，并且对那个房间也进行搜查。如果你看到有人拿着一个行李箱走在大街上而你有可成立的理由相信里面装有违禁品，等着看他是否把行李箱放进汽车里。这样你就不需要令状来搜查该行李箱，并且你可以简单地看一下汽车里是否有其他违禁品。如果你有对某人的逮捕令状，等他进入自己的家时再逮捕他。这样你可以根据逮捕附带的搜查对他的房间进行搜查（见上）并且还可以对整个房子进行'预防性搜查'，从而发现其他违禁品。而且，确保你所在的警察局制定了宽泛的关于汽车的登记性搜查和从被逮捕人处获得的物品的'常规程序'。"

附录 3-B 讨论了支持阿尔施勒和我的关于现行法律的观点的判例。

很多最高法院大法官可能在得知最高法院的原理存在这么多的漏洞的时候表示惊诧。他们可能会抗议说："但是，每个判例都是合理的！"（但是回顾一下上面提到的斯图尔特大法官关于"事后聪明"的评论）之所以会出现弗兰得利法官、阿尔施勒和我提出的问题，主要原因并不是最高法院判决的具体判例内在的不合理（虽然有些判例确实不合理），也不是大法官们讽刺地去除米兰达规则或者令状主义要求的核心（虽然有些确实如此）或者令警察感到困惑。而是，大法官们自己现在描述为"陷入神秘"和"模糊且困难"的原理，被长期以来的判例法方法自然地流失了。最高法院在性质上从来没有能够坐下来，跳出其面前的具体案件，来决定整个供述法或者搜查法应当是什么样的，或者综合地考察警察关于逮捕、登记、讯问、辨认等程序哪些是合理的以及哪些是不合理的。就具体案件进行判决,必然会导致拼凑的后果,从而导致参与该程序的每一个人都感到困惑。直到有人开始针对整个制度进行考察之前,刑事诉讼法将只会变得越来越模糊和困难,因为警察和法院试图从不断增长的复杂的判例中徒劳地寻找越来越不确定的关于日常问题的答案。

必须强调一点,对于刑事诉讼制度的问题而言,废除排除规则并不是解决的办法。该规则的创制及其对各州的适用,才致使每一个人关心警察的违法行为。① 废除该规则将允许每一个人假装一个仍然存在的问题并不存在。排除规则被痛恨,是因为它迫使社会为警察侵犯宪法权利不断地付出代价。② 但是大多数人将会同意,因为警察无法理解他们应当遵守的规则而排除证据,既不能促进法律实施,也不能促进公民权利。正如卡米萨指出的那样:"如果搜查和扣押法过于技术化,这是对法律内容的攻击,而不是对使其得以实施的救济手段的攻击。如果法律过于不切实际或者不合理,法律应当被改变,而不是被藐视或者忽视。"③ 这就是本书试图建议的变化。

如果像本书所建议的那样,一部更加详尽的程序法典被制定,有可能排除规则发挥的作用要比现在要小。虽然利昂判例似乎是基于警察无法全面地知悉最高法院的第四修正案规则,它也可以被理解为支持这样的观点,即最高法院创制的关于搜查令状的附誓证言的技术性规则,特别是斯皮内利判例中"两个分支"这样的

---

① 关于排除规则事实上确实震慑了警察违反宪法权利的行为的各种证据的列举和讨论,见 Donald Dripps, "Beyond the Warren Court and Its Conservative Critics: Toward a Unified Theory of Constitutional Criminal Procedure", at 627—630。

② 正如 Dripps 指出的那样:"保守派之所以主张用其他方法代替排除规则,是因为这些替代措施不能起到震慑作用,这种想法令人感到不舒服。" Donald Dripps, "Beyond the Warren Court and Its Conservative Critics: Toward a Unified Theory of Constitutional Criminal Procedure", at 629。

③ Yale Kamisar, "Remembering the 'Old World' of Criminal Procedure: A Reply to Professor Grano", at 553。

技术性要求,并没有重要到需要通过排除证据来予以救济的程度。

正如上面关于对州法院排除规则判例的研究中指出的那样,有两种"不合理的搜查"。第一种是在平常意义上的不合理搜查,因为警察的行为是侵犯性的,或者明显违反了一项明确规则。另一种是被法院认为不合理的搜查,例如,在利昂和斯皮内利判例中的搜查,这些搜查并不符合上面的标准,但是却违反了最高法院认为比较重要的规则。由于第四修正案只是禁止"不合理的搜查",这些搜查也被牵强地称为不合理的搜查,虽然正如伦奎斯特大法官在罗耶判例中的不同意见中指出的那样,这些搜查并不必然被归类为不合理的搜查,并且自从利昂判例以后,在获得了令状的情况下,这种搜查不会导致证据排除。

在一部扩展了刑事诉讼法范围的法典中,应当规定夜间搜查、搜查令状的返还、讯问持续的时间长度及其进行的标准,并且可以明确规定,对哪一个规则的违反会导致排除后果,对哪一个规则的违反则不会;或者在其他方面允许排除规则的灵活适用。① 否则,那些同意警察可以得到更多指导的保守派,将不愿意使新的法典比现有制度更加详尽。事实上,对所有违反宪法的行为(除了利昂判例的例外)都强制排除的规则,确实在很大程度上与最高法院未能填补现行法的空白有关。如果对警察违法行为采取更加灵活的方法,美国将与第五章中探讨的欧洲和加拿大更加接近。

正如最近英国经验所表明的,如果要求警察遵守的规则被明确地规定在一部法典中,即使像英国那样不存在排除传统的法院,也愿意自由裁量地通过排除证据的方法对警察违反法典的行为进行震慑。因而,美国独特的强制排除规则,对于在一个规则明确的制度中确保规则的司法上的实施而言,并不是必需的。在制定美国自己的成文法时必须对下面两种模式作出选择:一是把所有排

---

① 最高法院已经承认,警察根据的制定法如果后来被宣布违宪,不应当导致证据的排除。Illinois v. Krull 480 U.S. 340 (1987).

除证据的决定权交给审理法官①,二是建立一个混合的制度,即某些警察的违法行为将被强制排除,而某些将被自由裁量地排除。

附录 3-A

这个附录是关于上面讨论的那个假设的案件的。

1. 关于扔掉那个袋子,California v. Hodari D. 59 LW 4335, 4336(1991)判定:"逮捕要求使用武力……或者在不存在武力的情况下,服从当局的命令。"因而,这个情况属于在没有可成立理由情况下的"逮捕",并且对那个袋子的扣押是非法的。

2. 即使我们假定对袋子的扣押是合法的(如果这不是逮捕的话),袋子的情况并没有表明里面装的东西是违禁品。Texas v. Brown 460 U.S. 730(1983).因而,警察没有权力看袋子里装的是什么东西。Arizona v. Hicks 480 U.S. 321(1987).

3. 即使警察有权查看袋子里面的东西,他们有权打开玻璃纸信封并且品尝里面的东西这一点并不明显。可以争论说,这是进一步的搜查,他们需要令状。见 Arizona v. Hicks,同上。

4. 如果逮捕是有效的,那么对甲的搜查就是合法的逮捕附带搜查。然而,逮捕所根据的可成立的理由是非法获得的(见第1点)。所以,该逮捕是毒树之果并且逮捕附带的搜查也不合法。那把刀和锡纸包都不能被用来指控甲。

5. 对甲的讯问也是非法逮捕的果实。甲的回答不能用来指控他,尽管给予了米兰达警告。Brown v. Illinois 422 U. S. 590 (1975).然而,如果甲在审理中作证,那么这些回答(以及那把刀和锡纸包)可以被用来反驳甲的证言,而且这些回答可以被用来指控乙,因为乙没有资格抗议对甲的权利的侵犯。

6. 可以争论说,由于甲显然不属于"可靠的信息提供者",因而甲提供的信息不足以作为搜查皇后大街 123 号的可成立的理由。然而,大多数法院可能会得出结论,考虑到所有的情况,甲的

---

① 除了强迫获得的供述以外,因为所有的国家都规定必须强制排除。

信息是正确的这一点,至少是合理的。

7. 无论如何,在本案中不存在无证搜查的合理理由。该信息已经有4个小时了。再花1个小时左右的时间获得令状会危及证据的发现,这一点并不明显。警察也没有权力在没有令状的情况下进入住宅逮捕某人。因而,后来在该套房里面发现的所有东西都是这个非法进入的果实。

8. 由于乙在那里过夜了,乙和丙都有资格抗议非法进入。而且,即使警察已经获得对乙的逮捕令状,这个进入也将是非法的。需要有对丙的套房进行搜查以便于找到乙或者找到毒品的搜查令状。Steagald v. United States 451 U. S. 204 (1981)。

9. 忘记对该套房进行搜查的细节。在里面发现的任何东西都是不可采的,包括那把枪,因为进入是没有令状的。

10. 除了9之外,对乙和丙的搜查应当是适当的,因为属于逮捕附带的搜查。但是,对十五英尺远的柜橱进行搜查,并不属于嫌疑人"立即控制的范围"之内。Chimel v. California 395 U. S. 752 (1969)。然而,该柜橱属于搜查毒品的范围,而搜查毒品是警察进入的原始目的。

11. 对冰箱的搜查也不能被认为是逮捕附带的搜查,也不符合"预防性搜查"的理论。然而,如果对套房的最初进入被判定合法,因为基于可成立的理由和紧急情况,这些地点可以被合法地搜查,因为这些属于可能藏匿毒品的地方。

12. 如果最初的进入是合法的,那么对卧室的搜查因为属于预防性搜查,所以将是合法的。Maryland v. Buie 110 U. S. S. Ct. 1093 (1990)。考虑到对警官A的枪击,丙的妻子的危险性也是可能的。然而,该拍身搜查必须是为了寻找武器。Terry v. Ohio 392 U. S. 1 (1968)。五支大麻香烟摸起来不可能像是武器。然而,可以争论说,该大麻以及盒子里的可卡因是可采的,根据是起初搜查毒品可成立的理由,如果不考虑上面第9点所说的非法进入的话。

13. 从嫌疑人那里获得的任何陈述都是非法逮捕的果实,因而都是不可采的。Brown v. Illinois,上面第5点。

14. 除了第 13 点以外,乙的陈述"你们忘了搜查烤箱",也会因为违反米兰达规则而不可采。然而,在烤箱里发现的可卡因将是可采的,因为"毒树之果原则"并不适用于对米兰达规则的违反。Oregon v. Elstad 470 U. S. 298 (1985).

15. 除了第 13 点以外,在巡逻车中对警官 E 的陈述因为违反米兰达规则而不可采——羁押性讯问,可能会引出一个回答。Rhode Island v. Innis 446 U. S. 291 (1980).

16. 虽然 Pennsylvania v. Muniz 110 S. Ct. 2638 (1990) 现在表明,惯例登记中的问题可能是米兰达规则的例外,但是在该判例中有一点并不明确,即以获得有罪供述为目的,提出一个看起来属于惯常问题的情况,是否属于"登记问题例外"。

附录 3-B

这个附录是关于那个假设的"警察培训手册"例子的。

Murray v. United States 108 S. Ct. 2529 (1988) 判定,最初在非法无证搜查中找到的毒品,之后根据后来获得的令状扣押了,而该令状并不是基于非法获得的信息,那么对该毒品的采纳是正确的。在《搜查令状要求的丧钟敲响》一书的第 917 页,笔者指出:"Murray 积极地鼓励警察进行非法搜查。如果他什么也没有找到,他只是耸耸肩膀走开。如果他找到证据,他让他的搭档留下看着证据,来到治安法官面前说'一个匿名的可靠信息提供者给我打电话,告诉我他刚刚看到在 Elm 大街 123 号的仓库中储存有一捆捆的大麻。'"

在 United States v. Havens 446 U. S. 620 (1980) 判例中,最高法院判定违反第四修正案扣押的证据,可以被用来反驳。

在 Chimel v. California 395 U. S. 752 (1969) 判例中,最高法院判定逮捕附带的搜查只限于嫌疑人"立即控制之内"的区域。

在 California v. Acevedo 111 S. Ct. 1982 (1991) 判例中,最高法院判定,警察不需要令状就可以对放在汽车里的行李箱或者其他箱包进行搜查。然而,如果一个这样的箱包并没有放在汽车里,则警察仍然需要令状才能搜查。

上面的 Chimel v. California 和 Payton v. New York 445 U. S. 573 (1980) 判例中判定,逮捕令状并不足以成为进入某人的家进行逮捕的理由。Maryland v. Buie 110 S. Ct. 1093 (1990) 判定,在家里逮捕时,附带地进行预防性搜查是合法的。

在 Florida v. Wells 110 S. Ct. 1632 (1990) 判例中,最高法院明确指出,它将对制定了关于对被扣押车辆和其他财产进行登记性搜查的宽泛的"常规程序"的警察局,给予相当大的余地。

对于 Alschuler 的文献来源,请见 Albert Alschuler, "Failed Pragmatism: Reflections on the Burger Court", at 1442—1443。

第四章 失败的原因

正如上一章中详细讨论的那样,最高法院未能创制出足够的原理。然而,与大多数学者像最高法院那样基于个案的分析不同,笔者认为,制度的失败并不是因为最高法院一系列不合理的判例,而是因为司法程序的性质,这也是本书的主题。无论哪一届最高法院,无论它的才能大小,也不管其政治倾向如何,都无法做得更好。最高法院应受的谴责,仅仅在于它未能认识到其有限性。为什么最高法院无法制定足够的刑事诉讼原理?有两个原因:不确定性和不完整性。

不确定性原则

最高法院判例中存在一个不确定性原则,因此,如果想解决一个宪法上的问题,就容易导致更多的不确定性。① 作出判例的过程容易歪曲其所要判决的争议问题,同时也会歪曲该判例所遵循的先前判例。②

布伦南大法官在埃尔斯塔德(Oregon v. Elstad)判例的反对意见中描述了多数派是如何这样做的③:"最高法院的判决讲述了很多它目前实施其计划的方法。通过制定这个新的规则,最高法院

---

① 不确定性原则是从量子力学中借用的概念,是由德国物理学家海森堡提出的,认为一个微观粒子的位置和动量不可能同时被完全准确地测量,因为在测量一个特征的时候会导致对另一个特征测量的不确定性。

② 最先提出这个原则的是 Craig Bradley, "The Uncertainty Principle in the Supreme Court"。

③ 470 U.S. 298, 320 (1985)(布伦南大法官的反对意见)。

歪曲了先前判例,混淆了核心问题,并且完全忽视了羁押性讯问的现实情况,导致几乎每一个下级法院都拒绝其过分简单的推理。而且,最高法院采用了令人吃惊的、没有先例的解释宪法权利保障的方法。最后,最高法院再一次对本案中没有提出的问题进行判决。"

布伦南大法官关于最高法院在埃尔斯塔德判例中的意见的评论是正确的,但是他未能认识到这种对争议问题和先前判例的歪曲实际上在最高法院的每一个判例中都是存在的,包括那些由布伦南大法官本人所写的判决。理解为什么会这样是有指导意义的,至少存在七个理由,可以解释为什么最高法院的判决引起这一现象,即虽然判决的目的在于解决存在的问题,但是其结果却导致了更多的不确定性。

律师思维模式

虽然最高法院的大法官可能有不同的背景,但是他们都有一个共同的特点:在升任最高法院之前,他们都是律师并且至少已经执业二十年左右。因而,他们是职业性的争论者,已经学会了把所有有利于他们主张的某个观点的证据组织起来。这样,最高法院判决的一个几乎一成不变的特点,就是多数大法官的立场会有一个以上的理由来支持。有人会说这是合理的因为这使人们对结果的合理性有信心,最多也就是认为这是不必要的。然而,当判例作为制定规则的方式时,就导致了相当严重的问题。例如,在密歇根诉莫斯利(Michigan v. Mosley[①])判例中,最高法院努力回答关于米兰达判例诸多问题中的一个:当嫌疑人被告知权利之后说他不愿意回答任何问题的时候,警察应当怎样做?

米兰达判例对于这种情况的论述是,"讯问必须停止"。[②] 虽然看起来这已经足够明确,但莫斯利判例的多数法官,也就是尼克松

---

① 423 U.S. 96 (1975).
② 384 U.S. at 473—474.

总统任命的大法官,对于下面这个问题是不确定的,即"继续讯问是否可以,如果可以应当是在什么情况下"。在莫斯利案件中,嫌疑人因抢劫罪被逮捕,并被告知权利;他说他不愿意回答任何问题。警察停止了讯问并把他关在羁押室,两个小时之后,一个负责侦查杀人罪的警探再次对他进行了警告,在莫斯利同意开口说话之后,就一件无关的谋杀案件对他进行了讯问。在此次讯问中,莫斯利作出了关于谋杀罪的有罪供述。在赞同该杀人案件的讯问合法时,最高法院判定:"这个案件并不是警察未能尊重一个被羁押的人的决定而没有停止讯问,也不是通过在嫌疑人提出要求后拒绝停止讯问的方式,或通过反复的努力不断地动摇嫌疑人的决心的方式使其改变主意。与这些做法相反,本案中的警察立即停止了讯问,只是在相当长的一段时间之后继续讯问并且重新给予了警告,并且第二次讯问只限于与先前讯问的主题不同的另一个犯罪。"①

在判决意见的另一个地方,最高法院指出,莫斯利"是被另外一个警官、在另一个地点、就一个无关的杀人案进行讯问的"。这样,最高法院指出了六个理由来说明对莫斯利的再次讯问是可以的:讯问的立即停止、经过的时间、新的警告、不同的犯罪、不同的讯问人、第二次讯问所在的不同地点。这些理由听起来就像一个好的律师将会提出的理由:"法官大人,有六个原因,您应当作出有利于我的委托人的决定。"但是当最高法院这样做的时候,就会导致不确定性。如果负责侦查杀人罪的警探在负责侦查抢劫罪的警探停止讯问后立即就谋杀案讯问莫斯利,结果应当如何?结果是否会是一样的?或者,如果负责抢劫罪的警探在两个小时后去找莫斯利,问他是否愿意重新考虑拒绝回答抢劫罪问题的决定?

在莫斯利判例中,这一点是不明确的,并且在15年以后仍然是不明确的,即最高法院列举的这些因素中哪些对结果而言是至

---

① 423 U. S. at 106—107.

关重要的,哪些不是。因而,虽然莫斯利提供了在该特定案件中支持最高法院结论的各种理由,它对未来出现的可能事实方面不同的案件(实际上也就是所有未来的案件)实际上没有提供任何指引。① 这并不是在说莫斯利必然是一个不合理的判决。最高法院列举尽可能多的理由来解释它为什么拒绝遵循显然应当遵循的米兰达判例,这种司法行为是完全合理的。这种现象说明的问题是,由于这种律师式的行为对于律师群体而言是理所当然的,判决中多个理由的分析显示出使用司法判决作为刑事诉讼规则的制定方法是存在困难的。与之相对比,立法方式制定的规则,并不包含制定该规则所根据的一系列理由。因而,在下一个案件中缺少一个或者多个这样的理由,并不对该规则是否应当被适用产生怀疑。

委员会问题

阿姆斯特丹(Anthony Amsterdam)曾经指出,一个委员会设计的马最后会成为骆驼,这个笑话可以适用于最高法院。② 最高法院判决的写作是一个委员会工作过程,即使最后的结果可能只把一个大法官的名字列为作者。再次考虑一下莫斯利案件。假设写作多数法官意见的斯图尔特大法官,最初的观点是当一名嫌疑人主张沉默权的时候,警察一方的唯一义务就是停止讯问至少一个小时,之后可以再次会见嫌疑人并且问他是否改变了主意以及现在是否愿意回答问题。由于在莫斯利案件中,再次讯问发生在两个小时之后,斯图尔特将写一份简短的判决维持定罪,这样将给警察在未来的案件中明确的指导。接着假设,他起草了这样的一个判决意见并给其他七名大法官看(在莫斯利判决作出前,道格拉斯大

---

① 比较下面两篇文章,关于莫斯利判决中引用的那些因素对于将来案件的判决而言,哪些是"至关重要的",哪些不是。Geoffrey Stone, "The Miranda Doctrine in the Burger Court", at 134; Yale Kamisar, "The Warren Court (Was It Really So Defense-Minded?), The Burger Court (Is It Really So Prosecution-Oriented?) and Police Investigatory Practice", at 83 and n. 133。

② Anthony Amsterdam, "Perspectives on the Fourth Amendment", at 350.

法官已经退休)。假设伦奎斯特大法官和首席大法官伯格,由于不喜欢米兰达判例,将同意加入这样的一个判决意见。但是还缺两票才能构成多数派。

鲍威尔大法官来找斯图尔特,说米兰达要求讯问必须停止,如果只是要求经过一个小时就允许重新讯问,与米兰达判例的要求不一致。不过,鲍威尔也是打算维持定罪的,因为莫斯利被讯问的是关于另一起不同的犯罪,而不是他已经主张沉默权的那个犯罪。他将加入依赖那一事实的判决意见。斯图尔特没有多少选择的余地。如果该案没有形成多数判决,那么对警察提供的指导就更少,而如果要形成多数意见,他就必须改变意见。他起草了第二稿,这一次依赖的事实包括两个方面:一是第二次讯问发生在第一次讯问两个小时以后;二是莫斯利在第二次讯问中是因不同的犯罪被讯问。这一回布莱克门大法官给斯图尔特大法官发了一个备忘录,说在他看来,莫斯利中重要的事实不仅仅是两个小时的迟延和因不同犯罪而讯问,而且包括莫斯利由一个另外的警探进行讯问并且重新给予了一次完整的米兰达警告。虽然斯图尔特并不认为这些因素重要,但他还是需要布莱克门的投票,因而他把这些因素加入到他的判决意见的第三稿中。

这时,怀特大法官从相反的方向攻击判决意见,说斯图尔特的意见会导致一旦被告人主张沉默权,警察要想讯问的话就过于困难了。在怀特看来,被告人可以在任何时候作出自愿的和理智的对该权利的放弃,无论他是否主张过沉默权。然而,怀特发现他没有赢得足够多的票数来使这个观点胜出,于是他告诉斯图尔特大法官,如果在一个脚注中写明如果莫斯利主张的不是沉默权而是律师帮助权的话,结果可能会不同,那么他就会加入多数意见。虽然斯图尔特并不同意这种区分,他同意增加这样的一个脚注。虽然他不需要怀特的票就可以形成多数意见,但是 6∶2 的判决比 5∶3 的判决要好,而一个脚注似乎是一个很小的代价。

作为这种妥协的结果,怀特加入了多数意见,并且写了一个单独的赞同意见,而不仅仅是赞同结果。六年之后,他利用斯图尔特所加的那个脚注（脚注7）作为他在爱德华兹诉亚利桑那（Edwards v. Arizona①）判例中意见的基础，判定如果一名嫌疑人主张律师帮助权（与沉默权相对），在律师到场之前讯问必须停止②——莫斯利判例中的这个区别被很多批评者认为是无意义的。③ 这样，由一个委员会参与这个判决的起草这一事实，虽然可能会导致好的结果，但显然削弱了判决意见的明确性。④

委员会问题特别突出，当执笔的大法官不愿意作出其他大法官所要求的修改时，结果就是形成了无法达到法院多数的判决意见。在这种情况下，想要知道该案判定的人，就不仅要研究那个主要的判决意见即多个大法官的意见，而且要研究其他大法官的意见，从而试图想清楚最高法院多数法官同意的要点是什么。

多个大法官的意见导致的问题的突出例子，可以在1990年的宾夕法尼亚诉穆尼兹（Pennsylvania v. Muniz⑤）案件中找到。最高法院批准穆尼兹案件中的调卷令显然是为了回答这样的问题，即警察在问诸如姓名、住址或者年龄等常规登记的问题之前，是否必须给嫌疑人米兰达警告。然而，穆尼兹是一个不寻常的案件，警察对登记程序进行了录像，并且试图使用穆尼兹对这些问题的含糊

---

① 451 U. S. 477 (1981).

② 在笔者写作这部分讨论的时候，笔者意识到莫斯利案件是在笔者担任最高法院书记官的那个开庭期判决的（1975年10月的开庭期）。熟悉这个事实的人可能会认为这里的讨论是对在莫斯利案件中实际发生的情况的讨论。不是这样的。笔者对于那个案件的判决过程一点都记不起来了。

③ 正如Yale Kamisar曾经指出的那样："要么莫斯利判错了，要么Edwards判错了。在嫌疑人已经主张律师帮助权之后重新讯问，如果具有固有的强迫性质的话——如果与米兰达判决相冲突的话，那么我认为在嫌疑人主张保持沉默的权利之后警察这样做同样是错误的。普通人并不知道不同的程序保障是通过说'我想见一名律师'……而不是'我不想说任何话'而启动的……" Jesse Choper, Yale Kamisar, and Lawrence Tribe, The Supreme Court: Trends and Development, 1982—1983, 157.

④ 以上讨论纯属假设的情景，并不反映在这个特定案件中决策过程的内部信息。然而，根据笔者担任最高法院法律书记官的经验，这种案件经常通过这样的方式决定，对于莫斯利的实际结果来说是一个可能的解释。

⑤ 110 S. Ct. 2638 (1990).

不清的反应来证明穆尼兹在登记的时候是醉酒的,从而证明针对他醉酒驾车的指控。五名大法官(四名大法官的多个意见由布伦南大法官执笔,加上马歇尔大法官部分赞同部分反对)同意,"登记问题"属于"羁押性讯问",因而米兰达判例应当适用。然而,多个大法官得出结论说,米兰达判例有一个"登记问题的例外",使这种问题不需要给予警告。① 马歇尔大法官并没有赞同多数意见中的这一部分,而是主张在羁押性讯问前,一律应当给予警告,包括登记问题。

伦奎斯特首席大法官,执笔写其他四名大法官的意见,也没有赞同"登记问题的例外",因为在他看来,"穆尼兹对那些经录像的'登记'问题的反应,并不是证言性的,因而并不导致反对自证其罪特权的适用。这样,没有必要决定这些问题是否属于布伦南大法官所承认的米兰达的'常规登记问题'例外。"② 可能令首席大法官感到不安的是多个大法官意见中的一个脚注,里面说登记问题的例外并不适用于"设计的目的是引出有罪承认的问题,即使是在登记过程中"③。这样,在穆尼兹之后,我们仍不知道米兰达是否存在"登记问题"的例外,有四名大法官说存在,一名说不存在,四名拒绝作出决定因为其面前这个案子并没有提出这个问题。

除了没有解决它批准调卷令所要解决的问题以外,该案件还遗留了另外一个问题。假如嫌疑人承认他住在位于 Elm 大街 123 号的女朋友家中,由于在该地址刚刚发现一具尸体,那么这个回答是不是可能具有证明有罪的性质? 如果警察问这个问题时的意图是为了引出证明有罪的信息(就像上面引用的那个脚注那样)是否有影响? 或者就像多个大法官在上面指出的那样,"嫌疑人认为"这仅仅是一个常规登记问题"而非警察的故意"④,是否是一个重要的因素? 所有这些混淆发生在这样的一个案件中,即认真阅读这

---

① 110 S. Ct. at 2650.
② 110 S. Ct. at 2654.
③ 110 S. Ct. at 2650, n. 14.
④ 110 S. Ct. at 2650.

些意见会发现九名大法官中的八名同意应当存在米兰达判例的"登记问题"例外,只是他们没有确定这个例外什么时候适用。正如本书主张的那样,最高法院的意见并没有提供关于刑事诉讼规则的足够指导。但是多个大法官的意见比根本没有指导还要糟糕,因为就像穆尼兹案件那样他们经常提供相互矛盾的建议。很容易看出,无论采取什么样的结论,用制定法的方法可以用一两行就解决登记询问问题。

多数意见的专制

当最高法院大法官加入一个意见,他最多能够期望的就是同意该意见的结果和大体框架。有时候,正如上面讨论的那样,一名大法官可能感觉一个要点是如此的重要以至于把在多数意见中加入该要点作为投票的交换条件。然而,更加常见的是,与作者写出的每一个观点进行争论是不礼貌的或者是不可能的,尽管加入的大法官几乎总是不能同意其全部观点。在一些反对意见中,例如伦奎斯特曾经表达过这样的观点,即一案一判地考虑"合理性"的方法,是处理第四修正案案件的最佳方法。① 然而,在奥利弗诉美国判例中,他加入了一个意见,该意见中包含一个段落极力地谴责这样的方法。② 可能的原因是,他更支持多数人的决定而不支持反对意见,并且不能或者不愿或者没有时间来说服执笔者删除该有问题的段落。

因而,虽然多数意见声称是五名或者更多大法官的"声音",意见中的某些特定陈述并不代表所有大法官的意见。当加入的大法官中的一名有机会在另一个案件中论述这个问题时,该大法官可能会在一定程度上以自己的观点解释,而不会承认这是对先前判决的偏离。而且,与上面讨论的原因一样,原始意见的作者可能会

---

① 例如,伦奎斯特大法官在 Florida v. Royer 460 U.S. 491, 528—529 (1983) 案件的反对意见中指出:"我们必须决定的问题是,这些警察在这一天、在迈阿密机场、针对这个嫌疑人所采取的步骤中,不合理的地方在哪里。"

② 466 U.S. 170, 181—182 (1984).

同意这种偏离,如果不是太严重的话。显然,在这个过程中不确定性的可能性很大。

在《最高法院:过去和现在》一书中,伦奎斯特大法官从他作为杰克逊(Jackson)大法官的法律书记官的视角结合钢铁扣押案对这个现象进行了讨论:"当一个人阅读杰克逊、法兰克福特、道格拉斯和伯顿(Burton)大法官的单独意见时,显然这些意见和多数意见中写明的观点并不完全相同,但是他们还是加入了多数意见。似乎原因仅仅是他们没有时间去协商法院意见草稿中的细微部分,但是却同意判决的结果,最后因某种妥协而加入多数大法官的意见。"①

据笔者作为伦奎斯特大法官的法律书记官的观察,这在很大程度上与他的经历相一致。通常,一名大法官对多数意见中的一个要点足够关注以至于要单独写一个意见,通常都会首先试图协商在多数意见中进行修改,正如伦奎斯特所说的那样(导致了上面论述的委员会问题)。然而,有很多事项,一个加入的大法官并不强烈反对,或者没有注意到,或者试图改变的努力没有成功,于是没有加以评论就加入多数人的意见(与钢铁扣押案不同),虽然并不完全同意。

案件或者争议

案件或者争议的限制是一个宪法上的问题,根据的是《宪法》第3条的规定,"司法权应当扩展到"各种"案件"和"争议"。正如布雷尔梅耶(R. Lea Brilmayer)曾经指出的那样,"第3条的言语表述传统上被理解包括解决抽象法律问题的权力,包括宪法问题,但是只能是作为解决个人之间特定争议的必要的副产品。"②最高法

---

① William Rehnquist, The Supreme Court: How It Was, How It Is, 92.
② R. Lea Brilmayer, "The Jurisprudence of Article III: Perspectives on the 'Case or Controversy' Requirement", at 300. 例如,Chicago & G. T. Ry. V. Wellman 143 U. S. 339, 345 (1892) 判定,"只有作为最后的手段,并且是解决个人之间的真实存在的、认真的和重要的争议所必需的时候"(这里是赞同地引用 Muskrat v. United States 219 U. S. 346, 359 [1911]),法院系统把制定法的合宪性作为问题对待才是合法的。

院声称,它"遵守了解决宪法问题的严格的必要性政策"①(也就是说,它将仅仅解决这样的问题,如果这样的决定对于解决当事人之间的争议是绝对不可缺少的话)。

这是一个不同寻常的限制,考虑到批准调卷令的目的,正如最高法院已经指出的那样,不是为了解决当事人之间的争议,而是为了决定"联邦法律的一个重要问题,还没有被最高法院解决,但是应当由最高法院解决。"②批准调卷令的目的,换句话说,实质上就是立法——宣布宽泛的可以适用于全国的政策。正如达尔(Robert Dahl)指出的那样:"最高法院是一个政治制度,既然是一个制度,就是对于全国性政策的争议问题作出决定。"③因而最高法院,认为它自己主要是一个制定政策的机构,只能在解决当事人之间争议的时候附带制定政策。它必须坐等和希望双方当事人提出它想决定的问题。④ 解决这样的案件并不必然使它确立普遍性的原则,对普遍性原则的陈述受到该具体案件的限制。这种限制导致了几个可能的结果。

首先,当最高法院越权决定案件中没有提出的问题时,可能构成对案件或者争议原理的违背。例如,在美国诉利昂(United States v. Leon⑤)案件和马萨诸塞诉谢泼德(Massachusetts v. Sheppard⑥)案件中,最高法院判定,如果警察是基于"善意"而犯错误,那么违反宪法的搜查所获得的证据不应当被排除。然而,持反对意见的史蒂文斯大法官指出,至少在利昂⑦案件中的搜查,根据上一个开

---

① Rescue Army v. Municipal Court of Los Angeles 331 U.S. 549 (1947).
② 见 Sup. Ct. Rule 17.1 (c).
③ Robert Dahl, "Decision Making in a Democracy", at 106.
④ 见 John Hart Ely, Democracy and Distrust, 22, 讨论了"屠宰场组案"中的"案件或者争议"限制如何推动法院作出了去除特权与豁免条款任何含义的判决,而这样做反过来又迫使法院把第十四修正案的更不贴切的正当程序条款作为把权利法案中的权利扩展到各州的工具。
⑤ 468 U.S. 897 (1984).
⑥ 468 U.S. 981 (1984).
⑦ 468 U.S. (Sevens, J. dissenting).

庭期伊利诺伊诉盖茨(Illinois v. Gates①)判例中宣布的标准,是符合宪法的。因而,没有必要决定某些非法搜查是否属于"善意的例外",因为争议中的搜查是合法的。史蒂文斯大法官指责最高法院"伸出手去决定一个无疑是关于刑事司法活动的重要问题,而没有事先确认该问题是法院审理的案件中的事实所提出的并且是必须解决的。"通过这样做,最高法院必然制造了不确定性,不仅关于"案件或者争议"的限制范围,而且关于新的例外包含哪些种类的搜查。

除了决定未提出的问题以外,最高法院还可能会歪曲争议问题以便于使该案变得是正当的。例如,在泰勒诉路易斯安那(Taylor v. Louisiana②)案件中,一个叫泰勒的男人,对女人不能参加陪审团这一点提出了挑战。为了认定泰勒有资格,最高法院必须把第六修正案的陪审团审理的权利定义为陪审团的成员应当是"社区各个群体的代表"(泰勒显然没有得到这样的陪审团),而不是一个无偏见的且中立的陪审团(显然泰勒得到了这样的陪审团),这个定义引起了激烈的争议,正如伦奎斯特大法官在反对意见中指出的那样。③

通过对未提出的问题进行判决,或者通过曲解已经提出的问题,目的是避开案件或者争议原理的限制,最高法院使已经决定的问题变得令人迷惑,并且增加了这样的可能性,即将来的判决中可能对法院第一次判决时的意图作出不同的解释。在利昂和谢泼德之后,对于什么构成"善意"的错误就不明确:是仅仅包括根本就不是违法的错误(像在这些案件中那样),还是也包括警察违法行为的更加明显的例子? 如果未来的最高法院想要限制这些案件,它将很容易地说善意的错误的定义非常狭窄,虽然这似乎并不是利昂和谢泼德判决意见的意图。

---

① 462 U.S. 213 (1983).
② 419 U.S. 522 (1975).
③ 419 U.S. 522 (1975), at 538—543, (Rehnquist, J. dissenting)(讨论的是这种观点缺乏判例支持的问题)。

最后,最高法院可能会拒绝对需要解决的问题作出判定,仅仅因为当事人并没有提出该问题、因为该问题无实际意义或者因为当事人缺乏提出该问题的资格。例如,在德福尼斯诉奥迪加德(Defunis v. Odegaard①)判例中,最高法院拒绝对这个问题作出决定,即法学院优先招收黑人学生的政策是否构成了对白人平等保护权利的侵犯。最高法院判定,原告人的诉讼主张没有实际意义,因为原告人本人已经被法学院录取并且即将毕业。又过了4年,最高法院才收到关于这个问题它认为有理由作出判决的案件。②在其他案件中,例如上面讨论的密歇根诉莫斯利案件中,最高法院因该案的事实必须对一个狭窄的问题作出判决,而最高法院可能愿意解决一个更加宽泛的问题。在莫斯利案件中最高法院处理的问题是,一个嫌疑人在接受米兰达警告之后主张沉默权。他之后被讯问,在两个小时以后并且重新给予米兰达警告之后,由另一个警探针对另外一个罪行。最高法院认为再次讯问是合法的,但是这样做并没有解决更加常见的问题,即它批准调卷令可能是要解决的问题:在主张沉默权之后,警察能否针对同一罪行再次讯问嫌疑人。在米兰达判例25年后,这个讯问法中至关重要的问题仍然未被最高法院解决。

对未提出的问题进行判决的必要性,就像谢泼德和利昂案件那样,或者回避正当性问题,像在泰勒案件那样,或者因为正当性问题而不对一个案件或者问题进行判决,像在德福尼斯和莫斯利案件那样,影响了最高法院解决关于联邦法律重要问题的争议的能力。然而,一案一判方法的最大问题,是它并不预见未来的问题。它并不允许最高法院像一个通常的规则制定机构那样,预见将来的案件,并且在考虑这些案件的情况下制定规则及那些规则的例外。这样,最高法院一直处于宣布不完整规则的位置,例如,

---

① 416 U. S. 312 (1974)。四名大法官争论说该案并不是没有实际意义的。见该案中第348—350页的布伦南大法官的反对意见。

② 见University of California Regents v. Bakke 438 U. S. 265, 272—281 (1978)。

米兰达规则以及莫斯利案件中关于在嫌疑人主张沉默权的时候讯问必须停止,这样就未能充分地解决将来遇到相关问题的案件中的绝大部分。再加上由于最高法院除了解决刑事诉讼法问题以外还有别的工作,在它进一步考虑一个问题的时候可能已经过去了几十年。

遵循先例

当一个立法机关打算颁布新的法律,或者改变旧的法律,它可以直接这样做。没有必要考虑已经通过的类似的法律从而对新的法律进行解释,或者解释为什么新的法律与以前的法律是相一致的。但是,最高法院就不是这样了。当最高法院制定法律的时候,要遵守"遵循先例"原则。遵循先例被认为是赋予司法过程稳定性和合法性的原理,正如卡多佐大法官指出的那样:"法官的工作将会增加到不可忍受的程度,如果每一个过去作出的判决都可以在每一个案件中被重新争论,就像一个人不能在前人打下的稳固的地基上垒上自己的砖的话。"① 当然,法官和律师们知道遵循先例原则受到如上所述的尊重,但是,正如戈德堡大法官曾经谦逊地指出的那样,这个原则至少"通过给出显得无私、一贯和说理的判决意见,增强了公众对法院系统的信心和公众对单个判决的接受。"②

无论遵循先例的必要性或者价值是什么,它无疑影响了最高法院解决联邦法的重要问题这一明示的目标。在宪法性判决中更是如此,在这种情况下最高法院必须考虑制宪者的意图,同时在某些情况下要考虑两百年来的判例。随着最高法院不断增加判例的数量,问题变得越来越严重。特别是在刑事诉讼领域,明确固定的法律是最为重要的,遵循先例原则使这种明确固定变得完全不可能。史蒂文斯大法官指出:"判例的数量每年都在增长,原理上的

---

① Benjamin N. Cardozo, The Nature of the Judicial Process, at 149.
② Arthur J. Goldberg, Equal Justice: The Warren Era of the Supreme Court, at 75.

不一致可能会迫使最高法院偏向一个判例而拒绝另一个判例的可能性必然相应的增大。"①

然而问题比史蒂文斯大法官承认的还要严重。不仅仅是原理上的不一致会迫使最高法院拒绝一个判例而接受另一个判例,而且这还有可能导致根本无法确立任何明确的规则。因为一个"新"规则必须使用先前判例中那些不明确且经常冲突的词语,在一开始该规则就是不精确的。这些因素进一步加大了起草明确规则的困难。

考虑一下上面讨论过的米兰达系列判例。米兰达判例中的反对意见可能是有道理的,即"那种认为反对自证其罪的特权禁止未经多数意见中所写明的警告对处于羁押状态的人进行讯问的观点……在该特权的历史中或者第五修正案的语言表述中都找不到有力的支持。"②无论如何,多数意见根据先前的一系列案件作出了这个决定。③ 根据最高法院的意见,米兰达"并不是我们法学理论中的创新,而是对一些长期被承认并且已经适用于其他场合的原则的适用。"④之后最高法院列举了一些通常的先例——英国的权利法案、科恩斯诉弗吉尼亚(Cohens v. Virginia)以及更近的判例中节选的段落——来支持这样的主张,即米兰达是先前判例的直接的、几乎是不可避免的结果。持反对意见的大法官引用了同样令人印象深刻的一系列判例来证明米兰达判决是对先前判例的激进背离。

在米兰达判决作出几年后,最高法院的人员构成发生了改变,这时多数大法官不同意米兰达中的判定。如果他们不受遵循先例的限制,他们可能会已经推翻了该判例,但是这种情况并没有发

---

① John Paul Stevens, "The Life-Span of a Judge-Made Rule", 1 and n. 1.

② Miranda v. Arizona 384 U.S. 436, 526 (1966) (White, J., dissenting). 相似地,Stephen Saltzburg 把米兰达判决称为对先例的"突然背离"。Saltzburg, "Foreword: The Flow and Ebb of Constitutional Criminal Procedure in the Warren and Burger Courts", at 200.

③ 384 U.S. at 441—442.

④ 384 U.S. at 442.

生,斯通(Geoffrey Stone)分析了其中的原因:"当最高法院的多数大法官认为一个先前判例是严重地被误导或者存在更加严重的问题时,法院的任务永远都是困难的。当该先前判例是最近作出的、高度争议的并且深深扎根于公众的意识中的时候,这种困难大大增大。在这种情况下,简单地直接推翻似乎不是一个好办法,因为这样做不可避免地会引起对司法程序的廉正性和稳定性的强烈怀疑。面对这样的难题,法院可以试图避免或者推迟对该不喜欢的判例的直接推翻。然而,这种冲突的存在本身,可能会对法院正确处理该判例带来的问题的努力,产生相当大的限制。这似乎就是伯格法院在关于米兰达判例问题的目前的困境。"①

因而,最高法院没有推翻米兰达,而是在一系列的案件中对它进行狭义地"解释"。在哈里斯诉纽约(Harris v. New York②)中最高法院判定,尽管米兰达判决中的语言清楚地表明相反的观点③,被告人未经恰当警告而作出的陈述可以被用来反驳他在审理中的证言。米兰达判决中的相反表述被视为法官附带意见而非法院判定。④ 然而,哈里斯法庭因遵循先例原则,被迫承认"米兰达判决禁止控方在主诉中使用这样的陈述,如果该陈述是被羁押的被告人在获得律师帮助或者有效地放弃律师帮助权之前作出的话。"⑤在密歇根诉塔克(Michigan v. Tucker⑥)判例中,最高法院认定,尽管米兰达判决中明确有相反的判定,未能给予应当给予的警告并不违反第五修正案,而仅仅是违反"为了保护该权利而发展出来的预

---

① Geoffrey Stone, "The Miranda Doctrine in the Burger Court", at 99.
② 401 U.S. 222 (1970).
③ "本来只是旨在说明自己无罪的被告人的陈述,经常被用来在审理中反驳他的证言……这些陈述在所有意义上都是证明有罪的,因而未经全面的警告不得使用……"Miranda 384 U.S. at 477.
④ Harris, 401 U.S. at 224. 见 Alan M. Dershowitz and John Hart Ely, "Harris v. New York: Some Anxious Observations on the Candor and Logic of the Emerging Nixon Majority"(详细讨论了最高法院对判例的"误导性"使用)。
⑤ Harris, 401 U.S. at 224.
⑥ 417 U.S. 433 (1974).

防性规则"。最高法院的判决清楚地表明,这个判定并不是因为对米兰达判决的错误理解,而是根据最高法院对第五修正案和米兰达判决以前的判例的看法。

遵循先例原则是如何导致米兰达判决之后的案件的不确定性的呢?哈里斯判决是一个简短的法庭判决意见,主要是根据两个先前判例,米兰达判例和沃尔德诉美国(Walder v. United States①)判决。为了得出哈里斯判决这样的结果,最高法院发现必须把米兰达判决的一部分视为法官附带意见而不予遵循。这就引发了这样的问题,米兰达那个宽泛的判决意见,或者其他的判决意见,哪些部分属于附带意见。这些问题不仅指向这个特定问题的核心,而且涉及遵循先例原则本身的范围问题。如果米兰达判决中如此至关重要的一个方面,即法院指出"警告的要求对于第五修正案来说是基础性的"②,都可以被作为附带意见而不顾,那么人们就会疑惑"判定"中还剩下了什么。③ 这样,遵循先例原则引发了一系列多余的且无休止的关于遵循先例原则本身的争论问题。

作为好律师,认识到一个论点不能基于一个根据(见上面的"律师思维模式"部分),哈里斯法庭还讨论了沃尔德判决。沃尔德判决判定,虽然非法扣押的证据不能被用来反驳被告人对罪责的笼统否认,但是针对被告人所说的积极性谎言则可以。因为哈里斯只是在主讯问中对有罪进行否认,那么看起来沃尔德的例外是不适用的,因而哈里斯的陈述不能够被适用。最高法院得出了相反的结论,实际上正如斯通(Dean Stone)所说的那样,"把沃尔德解释成判定了这一点,即违宪获得的证据永远可以被用来反驳"。④ 哈里斯忽略了阿格尼洛诉美国(Agnello v. United States⑤)判决中

---

① 347 U.S. 62 (1954).
② 384 U.S. at 476.
③ Geoffrey Stone, "The Miranda Doctrine in the Burger Court", at 107: "对米兰达判决的技术性解读,诸如在 Harris 案件中所进行的那样,将会使最高法院能够把该判决中很多至关重要的方面划入到附带意见里面去。"
④ Geoffrey Stone, "The Miranda Doctrine in the Burger Court", at 109.
⑤ 269 U.S. 20, 34—35 (1925).

的相反规则,沃尔德只是该规则的一个狭窄的例外而已。

由于哈里斯判决只限于当时最高法院所审理的事实情景,并且由于该判决显然是试图削弱米兰达规则因而需要判例上的支持,最高法院在哈里斯案件中提出了遵循先例的范围问题和米兰达、阿格尼洛以及沃尔德判例的含义问题。当哈里斯法庭的附带论述被放在宪法背景下时,将来的最高法院显然无法精确地说出哈里斯判决究竟是什么意思。通过声称依赖而非推翻米兰达、阿格尼洛以及沃尔德,最高法院在哈里斯案件中作出了一个不明确的判决。事实上,时间已经证明,哈里斯远没有"解决"米兰达判例导致的问题,而是导致了关于哈里斯判例本身范围的一系列新案件。什么样的证言(主询问还是反询问,直接说谎还是一般否认),可以被在讯问的何种阶段(警告前还是警告后)获得的哪一种(非法扣押的证据、不自愿的供述或者沉默)证据反驳?自从最高法院作出哈里斯判决后的几年中,最高法院已经判决了九个案件试图回答哈里斯判决引发的各种各样的问题。[①] 自然地,这些案件将会引发进一步的问题。

塔克案件中的判决意见是伦奎斯特大法官执笔的,比哈里斯判决更加复杂,因而也引起了更多的问题。全部列举这些问题将是非常冗长的,但是指出其中的一些将清楚地说明遵循先例原则的影响。塔克法庭在讨论了先前判例和制宪者的意图之后,指出米兰达是第一个判定被告人自愿供述可以在审理中被排除的判决。这有什么关系呢?当然,这对米兰达判决中的判定部分包括哪些内容并没有影响。无论米兰达是第一个还是第十二个这样判定的判决,与塔克判决是否应当遵循该判决没有关系。显然,塔克判决中的这个观点是对遵循先例原则的尊重。实际上最高法院是在说,"我们可以限制米兰达判决,因为该判决与先前判例不一致,我们现在这样判反而是与先前判例是一致的。"这种态度可能是合理的,因为米兰达的多数意

---

① 见 Yale Kamisar, Wayne LaFave, and Jerold Israel, Modern Criminal Procedure, 773—780(包括 1990 年的补充)中讨论的判例。

见声称他们的判决并没有遵循先前判例。

在塔克案件中,最高法院认定了与米兰达判决相反的观点,即警告并不是宪法的强制要求,因而判定"毒树之果"原理将不会禁止违反米兰达规则而找到的一名证人的证言。然而,最高法院的该判决部分地基于这样的一个事实,即塔克案件中的讯问是在米兰达判决作出以前进行的。这样,塔克并没有解决在米兰达判决作出以后的案件中的"毒树之果"问题。显然,警察不可能在米兰达判决之前的讯问中遵循米兰达判决中写明的那些具体要求。在讨论排除规则的震慑效果时,最高法院指出:"当官员的行为是以完全的善意进行的……震慑原理就在很大程度上失去了威力。"①无论如何,最高法院指出,被告人自己的陈述(与证人证言相对而言)必须被排除,因为在约翰逊诉新泽西(Johnson v. New Jersey②)判例中已经宣告了米兰达具有追溯力。布伦南大法官在塔克案件的判决中写出了赞同意见,争论说约翰逊判决——米兰达判例适用于米兰达判决作出后开始的审理——"并不必然适用于我们的判决"(即属于附带意见)并且不应当适用于"毒树之果"案件因为这将给法律的实施施加太大的压力。

保守派大法官伦奎斯特为什么会同意对约翰逊判决进行宽泛的解读,从而导致米兰达判定更加有力,而自由派大法官布伦南却争论说米兰达应当进行限制因为其构成了法律实施的负担?其原因是遵循先例原则,不是像哈里斯判例等大多数案件那样回顾历史"根据先例",而是面向未来"确立先例"。伦奎斯特无疑承认,到了1974年作出塔克判决的时候,判定1966年的米兰达判定具有追溯力(但随即拒绝给予被告人救济)将是不重要的,因为很多另外的米兰达判决作出以前的案件出现的可能性不大。另一方面,塔克是一个完美的确立先例的机会,对于后来对沃伦法院的刑事诉讼规则的修改而言。这样,塔克判定米兰达不是一个宪法性判例

---

① 417 U.S. at 447.
② 384 U.S. 719 (1966).

而仅仅是预防性规则。这一点并没有阻止最高法院判定米兰达判决要求排除被告人未经恰当警告的陈述,但是通过剥夺米兰达判决的宪法性基础,最高法院"似乎当然地为推翻米兰达打下了基础"①(虽然事后证明这并没有发生)。

至少,塔克为这样的判定打下了一个基础,即违反米兰达规则的行为的附带后果将是不严重的。也许同样重要的是,塔克案件中的这一论断,即警察善意的违法行为不应当成为证据排除的基础,在美国诉佩尔蒂埃(United States v. Peltier②)案件中被最高法院重申并且扩展。反过来,佩尔蒂埃判决,为最高法院在十年后的美国诉利昂(United States v. Leon③)判决提供了一个有力的先前判例基础。正如上面讨论过的那样,利昂判决判定,排除规则有一个例外,即当非法搜查是根据令状"善意"地进行的时候。只有在最高法院首先认定存在对米兰达规则的违反的情况下,塔克案件中的这些打基础的工作才是可能的——这样就解释了为什么伦奎斯特大法官和布伦南大法官站在似乎不合理的立场上。

虽然伦奎斯特大法官在塔克案件中证明他可以随意操纵遵循先例原则,但他并没有改变米兰达原理。相反地,正是最高法院对遵循先例原则的坚持,以及对在未来的案件中继续坚持的期望,致使它歪曲了其本来要推翻米兰达的目的。这也导致最高法院歪曲它所依赖的先例,导致在下一个案件中增加更多的困惑。

正如19世纪法院声称"发现"不明确的判例和宪法规定的"真实意思"一样,最高法院实际上是对先例进行操纵以便于符合其目的。这个神秘的过程在今天导致了和1938年一样的愤世嫉俗与混淆,那时最高法院在埃里克铁路诉汤普金斯(Eric Railroad v. Tompkins)案件中,宣布放弃法律可以被"发现"这个说法,而承认法律是"制定"出来的。现在最高法院承认制定法律,但是声称这

---

① Geoffrey Stone, "The Miranda Doctrine in the Burger Court", at 123.
② 422 U.S. 531, 539, 542 (1975).
③ 468 U.S. 897 (1984).

样做的基础是根据先例,而先例与旧的法律观念一样容易被操纵。结果是,试图善意地了解法律上规定的行为的人们,认为通过查阅或者雇用律师查阅最高法院的判例并找到支持其打算提起的诉讼原因的判例的方法能够了解法律,这是一个幻觉。但是,他们依赖先前的判例是有风险的。正如一代又一代的州最高法院、联邦上诉法院法官们以及联邦最高法院诉讼当事人已经发现的那样,如果该案是联邦最高法院判决的,一个判例支持一方当事人的观点这一事实,没有多大的价值。最高法院并不把判例看做指路明灯,而是看做模糊判决的政治基础的烟幕。但是,正如上面所讨论的那样,对遵循先例原则的尊重过程,虽然实际上从来都无法决定案件的最终结果,但可能会对判决意见的细节产生重大影响,就像在哈里斯诉纽约案中那样,最高法院既没有遵循米兰达,也没有推翻米兰达。

笔者并不必然反对这个趋势。显然最高法院不能完全受先例约束,否则法律就永远不会改变,并且那种认为对宪法文本的认真阅读就能回答最高法院所面临的种种难题的主张是愚蠢的。笔者个人倾向于这样的主张,最高法院在没有遵循先例的时候应当更加坦白地承认这一点。与戈德堡大法官的观点相反,笔者相信,最高法院在假装只是在每一个案件中适用宪法和判例来形成判决结果的时候,没有人会被愚弄。但是,无论如何,只要最高法院继续徒劳地像平时那样一直声称遵循了先例而不管事实上是否遵循了先例,那么其判决的一个不可避免的副作用就是不确定性。虽然这种不确定性在某些产生诉讼和争论的宪法领域可能是需要的,但是在刑事诉讼领域则非常不需要,因为它会使个人的权利受到侵犯,案件败诉,并且罪犯可能会被释放。

明确规则和灵活反应

除了在重大问题上解决争议以外,最高法院另外一个经常明示或者默示的目标,是法律的明确性。如果最高法院能够制定明确的规则供警察遵循,那么警察违反规则的情况就会更少,并且当证据因警察违反这些规则而被排除时抱怨也会更少。正如上面讨

第四章　失败的原因　　**83**

论的那样,最高法院确立明确的规则来规范所有将来的案件是不可能的,因为案件或者争议的限制、遵循先例的限制以及任何"明确规则"都将有不明确的界限这个明显的问题。无论如何,虽然有的案件中的争议问题由于先前判例中的原则而变得无可争议,但这种案件还是会经常出现。人们可能会假设这些案件不会引起问题,但是这并不总是正确的。把明确规则适用于未能预见的事实场景,有时会导致不公正的结果。

最高法院在民事诉讼领域发现了这一点,几年前,它努力确立一个"一旦确定就不变"的标准,关于汽车司机通过未设标志的铁路道口时"合理"行为的标准——即"停、看、听规则"。① 这个努力失败了,因为这个规则适用于各种不同的事实场景时会导致不公正的结果。在八年之中审理的案件中,"停、看、听"没有增加司机的安全性,最高法院放弃了这个努力。② 它强调"在制定关于行为标准的法律规则时需要谨慎……符合普通或者正常情况的标准或者规定,如果适用于非同寻常的场景,就将是不明智的或者不公平的。"③普罗瑟(William Lloyd Prosser)对这个问题进行了详细的论述:"上诉法院根据特定情形判决某一特定种类的行为是显然有过失或者显然没有过失……为其他案件确立了先例,当事实完全一致或者在实质上一致时。在那个范围内它可能确定了社区所需要的合理行为的标准。不幸的是,有一个不可避免的趋势,就是把法律当作普遍适用的机械的规则。几乎不变地,该规则在显然需要把该标准建立在特定的情形、明显的危险和行为人处理该情景的机会的基础之上时,规则就被打破。"④

正如上面讨论过的那样,在刑事诉讼领域,制定"明确规则"的需要特别强烈,因为需要为警察提供如何行事的准则。考虑一下

---

① Baltimore & O. R. R. v. Goodman 275 U.S. 66, 70 (1927).
② Pokora v. Wabash Ry. 292 U.S. 98, 106 (1934).
③ Pokora v. Wabash Ry. 292 U.S. 98, 105—106 (1934).
④ William Lloyd Prosser, Handbook of the Law of Torts, 188.

最高法院在美国诉奥利弗(United States v. Oliver①)案件中成功地创制了明确规则,该案中涉及对一个离被告人的农舍有一英里远的、围有栅栏并且设有标志的场地的搜查,被告人在该场地里面种植大麻。被告人争论说不存在固定的"露天场地理论",该理论通常认为露天场地不受第四修正案的保护。被告人的主张是,嫌疑人对隐私权的合理预期应当在每一个具体的案件中进行具体分析。最高法院的回答是:"一案一判的方法,将不会为法律实施的需要与第四修正案保护的利益之间提供一个行得通的解决办法。使用这样的方法,警官将不得不在每一次搜查之前猜测土地所有人树立的栅栏是否足够高,是否设置了足够多数量的警告标志,或者在一个充分隔离从而确立了隐私权的区域是否存放了违禁品。每一次搜查的合法性将取决于'高度复杂的一套规则,受所有种类的如果、而且和但是的限制,并且要求规定细微的差别和细小的区分'。"②

相似地,在达纳韦诉纽约(Dunaway v. New York)案件中,最高法院坚称:"一个单一的熟悉的标准,对于指导警官来说是至关重要的,他们只有有限的时间和专业知识来思考他们面对的具体情形中所涉及的社会利益和个人利益之间的平衡。"③

最高法院并不是一直持这个观点。在刑事诉讼革命之前,正如第二章所讨论的那样,它经常强调"在确定合理性的时候没有公式。每一个案件都应当根据它本身的事实和情形进行决定。"④然而,正如我们讨论的那样,一旦它宣布违反宪法获得的证据在州的审理中将被排除,那么对于什么样的行为会构成"违宪"应当更加具体明确的压力,导致了方法上的变化。

刑事诉讼中最为基础性的"明确规则"是搜查令状要求:"第四修正案禁止所有的不合理搜查和扣押,一个基本的原则就是'在法院

---

① 466 U.S. 170 (1984).
② 466 U.S. 170, 181 (1984).
③ 442 U.S. 200, 213—214 (1979).
④ Go-Bart Importing Co. v. United States 282 U.S. 344, 357 (1931). 另见 United States v. Rabinowitz 339 U.S. 56, 66 (1950).

程序以外进行的搜查,如果没有法官或者治安法官事先的批准,其本身就是不合理的',只存在一些特别确立的且具体界定的例外。"①

第四修正案令状要求的那些"特别确立的且具体界定的例外",已经扩展到了一共 23 项例外。② 理由很简单:一直要求令状这个"明确规则"是行不通的,从一开始就不得不承认例外。开始时,唯一的例外是获得令状不可行的情况。③ 这一概括性的例外逐渐被"法典化"成为一系列更加具体的例外,例如,汽车例外、逮捕附带的搜查的例外以及紧追不舍的例外。一旦这些例外的界限被划定,就会出现不符合这些例外的事实场景,而在最高法院看来如果排除证据将是不公正的。这样的案件导致了新的例外被创制,例如,"临时截停和拍身搜查"的例外和扩大了的汽车例外。

正如萨尔茨伯格(Stephen Saltzburg)曾经指出的那样:"因为法院系统不能确定性地认定关于证据采纳的法院裁决对政府官员行为的影响,并且由于撤销定罪要付出很高的社会成本,上诉法院法官自然地试图维持一项定罪,经常是潜意识地……这种努力就容易产生对超出容许范围的警察行为予以批准的判例。经常地,这种批准是以说理性很差的判决意见的形式进行的。法律实施官员依赖这个已经扩展到极限的宪法原则的判例,于是后来会出现要求进一步扩展这些宪法原则的案件。"④

汽车案件是这种趋势的例证。在卡罗尔诉美国(Carroll v. United States⑤)案件中,最高法院批准了对一辆小汽车的搜查,在该案中,在密歇根州 Grand Rapids 之外 16 英里的地方,半夜时分,在

---

① United States v. Ross 456 U. S. 798, 825 (1982).

② 列举这些例外的文章如 Craig Bradley, "Two Models of the Fourth Amendment", at 1468, 1473—1474.

③ 见 Trupiano v. United States 334 U. S. 699, 708 (1948):"没有令状而进行的搜查扣押……一直都是……严格限制的"; Carroll v. United States 267 U. S. 132, 156 (1925):如果"具有合理的可行性",必须获得令状。

④ Saltzburg, "Foreword: The Flow and Ebb of Constitutional Criminal Procedure in the Warren and Burger Courts", at 154—155.

⑤ 267 U. S. 132 (1925).

没有可成立的理由的情况下警察拦住了该汽车。最高法院承认，与房屋或者商店不同，车辆的流动性使得"获得令状是不可行的，因为车辆可以迅速驶离寻求令状的地区或者管辖区。"①然而，最高法院接着说："在获得令状是合理的可行的情况下，必须使用令状。"②这样，对卡罗尔的合理解读将得出这样的结论，如果该汽车是在 Grand Rapids 的市中心且是在中午拦住的，这样一个警察可以容易地去获得令状而另一名警察看守汽车，这将是要求他们行事的方式。

在钱伯斯诉马罗尼(Chambers v. Maroney③)案中，最高法院审理的案件是关于一辆小汽车被警察扣押，里面的乘客被逮捕，并且该车被开到警察局，在那里在没有令状的情况下进行了搜查。虽然钱伯斯案件中的事实表明获得令状当然是"可行的"，最高法院显然认为警察的行为是合理的。因而，它根据卡罗尔判决中的"汽车和房屋是不同的"这句话，忽视了"合理的可行"这个限制，创制了在涉及汽车搜查案件中的令状要求的例外。④ 这样，"汽车例外"扩展成为包括这样的警察行为，虽然违反了普遍的令状要求和卡罗尔判决中判定明确的"可行性"，在最高法院看来似乎是合理的。事实上，相反的判定将会导致对最高法院激烈的批评，因为排除证据仅仅是由于技术性问题。随后的几个其他案件中，最高法院批准了似乎是合理的警察行为，把汽车例外扩展到包括在汽车的外表面刮下油漆⑤，由于缺乏在大街上进行立即搜查所必需的紧急情况(与钱伯斯案件不同)而在警察局对汽车的搜查⑥，以及对因违规停车而被拖走的汽车进行全面的物品登记搜查。⑦

---

① 267 U. S. 132, at 153 (1925).
② 267 U. S. 132, at 156 (1925).
③ 399 U. S. 42 (1970).
④ 399 U. S. 42, at 48—49 (1970).
⑤ Cardwell v. Lewis 417 U. S. 583 (1974).
⑥ Texas v. White 423 U. S. 67 (1975) (per curiam).
⑦ South Dakota v. Opperman 428 U. S. 364 (1976).

在 1982 年的美国诉罗斯(United States v. Ross①)案件中,最高法院进一步扩展了汽车例外,判定不仅汽车可以在没有令状的情况下根据可成立的理由进行搜查,无论获得令状是否可行②,而且里面发现的箱包,包括锁上的行李箱,也可以被搜查。通过这样判定,最高法院推翻或者修正了先前的判例,以前对行李箱给予与房屋同样的保护,即使是在汽车里找到的,因为行李箱是用来装私人财产的。③

这样,最高法院必须不断地修改它自己的规则,在它面临两个选择的时候:或者因"技术性问题"排除证据,或者批准未能遵守这些规则的警察的行为。在罗斯案件中最高法院找到了解决这个难题的方法:创制令状要求的另外一项例外。但是这样的部分努力导致了两个问题:第一,罗斯判决留下了很多没有回答的问题,这样就有把最高法院拖回混乱的危险。例如,用来住人的房车,既具有住宅的隐私特点,又具有汽车的流动特点,是否属于汽车例外的范围④?当一个人在汽车内被逮捕,逮捕附带的搜查的范围是否大于在家里被逮捕⑤?基于"比可成立的理由低"的标准而对汽车的

---

① 456 U.S. 798 (1982).

② Coolidge v. New Hampshire 403 U.S. 443, 461 (1971)(多个大法官的意见)中的这个训诫,"'汽车'一词并不是一出现就能够使第四修正案淡化和消失的法宝",对于停在私人地产上的汽车可能仍然是有效的。见 Cardwell v. Lewis 417 U.S. 583, 593 (1974). 然而,Wayne LaFave 曾经指出:"考虑到这样的事实,罗斯案件中的多数派所强调的'实际的考虑'或者历史上的根据,都不限于就在警察干预之前车辆实际上处于运动之中,那么,对罗斯案件做如此限制性的解释是不大可能的。"Wayne LaFave, Search and Seizure: A Treatise on the Fourth Amendment, §7.2. p. 235 (citation ommitted).

③ 见 Robbins v. California 453 U.S. 420 (1981); Arkansas v. Sanders 442 U.S. 753 (1979); United States v. Chadwick 433 U.S. 1 (1977) (distinguished in Ross).

④ 最高法院最近对这个问题进行了回答。在 California v. Carney 105 S. Ct. 2066 (1985) 案件中,最高法院判定,汽车例外适用于对停在城市中心的停车场上的移动汽车房屋的合理搜查。通过推理说汽车房屋随时都可以移动,有在公共大街上行驶的执照,需要遵守大量的法规,"其状态致使一个客观的观察者会得出结论说它并没有被用作住宅,而是作为车辆"(该案第 2070 页),最高法院判定该无证搜查并没有侵犯第四修正案。它注意到:"如果不把对车辆的例外适用于汽车房屋,是对这样的事实的忽视,即汽车房屋很容易被用作非法贩卖毒品和其他非法活动的工具。"(同上)

⑤ 在 New York v. Belton 453 U.S. 454 (1981) 案中最高法院作出了维持原判的判决,从而回答了这个问题。

搜查(例如物品登记搜查)的范围多大①?最高法院不得不在罗斯案件以后批准一系列案件的调卷令来回答这些问题。

　　罗斯判决带来的第二个问题是,在抛弃令状要求的时候,最高法院采纳的新规则在其他案件中会导致不公正的结果。在美国诉查德威克(United States v. Chadwick)案件中,最高法院承认:"一个人把个人财产锁进床头柜,与他锁上自家的房门防止他人闯入相比,受到第四修正案令状条款的保护并不少。"②这样的一个行李箱或者柜子在汽车中找到这个事实,并不降低其隐私权保护。③ 现在,在汽车中找到的每一个这样的箱包都将受到搜查④,虽然查德威克判例中承认这种没有令状的侵入构成了对个人隐私权的严重侵犯,因为最高法院感到在这个领域明确规则是必需的,即使付出"隐私权合理预期"的代价,而隐私权合理预期以前曾经是第四修正案保护的基础(但是很麻烦地具有灵活性)。

　　这样,汽车例外最初的发展是当警察的行为似乎是合理的时候允许对令状要求机制进行灵活反应,现在已经发展为其本身成为一种机制。即使在一个具体案件中,没有令状而搜查一辆汽车及其里面的物品似乎是合理的,汽车例外已经创制了一个新规则,可以被机械地使根据第四修正案本来不合理的行为变成"合理的"。⑤ 假设警察怀疑甲在某一日实施了犯罪,他们有可成立的理

---

① 见 Colorado v. Bertine 479 U. S. 367 (1987); Florida v. Wells 58 L. W. 4454 (1990).

② 433 U.S. 1, 11 (1977).

③ 见 Arkansas v. Sanders 442 U.S. 753 (1979) (后来被罗斯判决所修正)。

④ California v. Acevedo 59 LW 4559 (1991).

⑤ 正如 James Haddad 曾经指出的那样:"如果根据所有的事实一项搜查是不合理的,那么不应当仅仅以这些事实符合已经广泛承认的例外就认定搜查合法。然而,美国联邦最高法院却没有遵循这样的逻辑。" James B. Haddad, "Well-Delineated Exceptions, Claims of Sham, and Fourfold Probable Cause," 203. 另外,对于实质上合理的搜查或者扣押,因为未能符合第四修正案例外之一的严格语句就宣布非法,伦奎斯特大法官已经对最高法院的这个做法提出了批评。见 Florida v. Royer 460 U.S. 491, 520 (1983) 中伦奎斯特大法官的反对意见:"简单地按照第四修正案中使用的'合理性'一词来分析,侦查人员针对 Royer 的行为能够通过所有能思考的、文明的人的审查,只要他没有过分地深入最高法院第四修正案理论的神秘之中。"

由相信一个行李箱属于乙，该行李箱锁在乙的汽车后备箱中，汽车停在乙的房子前面，行李箱里面装着乙的上了锁的日记本，里面记载着在那一天甲在哪里。① 根据汽车例外，警察只需要有可成立的理由，就可以对该汽车进行搜查以找到行李箱，并且在行李箱中找到日记本，虽然他们没有理由相信该汽车可能会被开走。② 然而，一本上了锁的日记本放在一个上了锁的行李箱中，放在上了锁的自己的汽车的后备箱中，而且该汽车停在自己房子的前面，很少有比这种情况还大的隐私权预期了。③

---

① 停在这样的一个"公共地点"的小汽车适用汽车例外，这一点是明确的。见 Cardwell v. Lewis 417 U.S. 583，593—594（1974）。

② 在 Texas v. White 423 U.S. 67（1975）（per curiam）之后，我们必须假定根据可成立的理由对汽车的无证搜查是被允许的，即使该汽车就在警察局和法院所在的楼房外面被临时截停，即使该车辆的唯一乘客被逮捕，并且即使一名治安法官可以（立即）见到。James B. Haddad, "Well-Delineated Exceptions, Claims of Sham, and Fourfold Probable Cause," 203. 这个结果还可以得到 Zurcher v. Stanford Daily 436 U.S. 547（1978）中判定的支持，即无辜的第三人并不能免除受到寻找证据的搜查。

③ 同时考虑 Chimel v. California 395 U.S. 752（1969）一案，在该案中最高法院对逮捕附带搜查的范围做出了界定："当执行逮捕的时候，执行逮捕的警官搜查被逮捕的人以便于拿走被逮捕人可能试图用来反抗或者实施逃跑的武器。否则，警官的安全将受到威胁，并且逮捕本身将受到阻碍。另外，执行搜查的警官在被逮捕人身上搜查和扣押所有的证据以便于防止其被隐匿或者毁灭，也是完全合理的。被逮捕人能够伸手可及的区域，即能够伸手拿到武器或者证据，当然也必须适用同样的规则。放在被逮捕人面前桌子上的或者抽屉中的枪，与藏在被逮捕人衣服里面的枪支一样能够对执行逮捕的警官构成威胁。所以，对被逮捕人人身以及'他能够立即控制的范围'区域的搜查是存在足够的正当理由的，'他能够立即控制的范围'这个短语应当被解释为他可能拿到武器或毁灭证据的区域。然而，对执行逮捕的房间以外的任何房间的常规搜查——或者对执行逮捕的房间内的所有桌子的抽屉或者其他封闭或隐藏的区域进行搜查，都不存在相类似的正当理由。"395 U.S. at 762—763.

在 New York v. Belton 453 U.S. 454（1981）案件中，最高法院判定"汽车的乘客区里面相对狭窄的空间中的物品，通常实际上，甚至不可避免地，处于'被逮捕人能够抓起武器或者证据的区域'之内"（453 U.S. at 460, quoting Chimel 395 U.S. at 763）。这样，为了提供一个"单一的熟悉的标准……以便于指引警察"（453 U.S. at 458, quoting Dunaway v. New York 442 U.S. 200, 213—14 [1979]），最高法院支持了对一件在搜查时被告人无法拿到的上衣的搜查，并总体上批准在逮捕汽车里的人的时候可以附带搜查汽车乘客区，无论该乘客区是否属于被逮捕人"立即控制的区域之内"。453 U.S. at 462—63. 对于针对 Belton 的详细批评，见 LaFave, Search and Seizure: A Treatise on the Fourth Amendment, §7.1（Pocket Part, 1985）。

当然,这个问题——明确规则可能会在未预见的案件中导致不正义从而可能会诱使法院修改规则或者不修改规则从而接受一个不正义的结果——不仅在法院创制的规则中会出现,在立法机关制定的规则中也会出现。然而,在制定规则方面,立法机关与法院相比拥有一个显著的优势。立法过程是一个面向未来的方式,而法院程序是处理一个已经存在的案件,因而法院并不采用面向未来的方法。立法机关可以事先考虑假设的案件,并且在起草规则的时候考虑这些情况。利益群体可以对规则草案发表评论,并要求制定规则的人进行修改。与之相对比,最高法院的"规则"是由一个大法官和一个法律书记官制定的,他们两个通常都没有刑事司法的任何经验。这些规则不受公众或者专家的审查,并且受到上面讨论的不确定性原则的影响。

保守派的两难

直到现在,所有这些倾向于致使最高法院判决不稳定的因素是一直存在的,它们将在任何一届最高法院中发挥作用,无论其意识形态的构成如何;最后一个因素则独特地影响伯格和伦奎斯特法院,因为它们在意识形态上的倾向性,这就是"保守派的两难"。一个保守派,从定义上看,试图保留以前的东西——抵制在原理上的变化。因此,一个保守派大法官,特别有可能感觉到受到遵循先例原则的约束。这个难题自从20世纪70年代早期尼克松总统任命的四名大法官就职之后就一直呈现在占多数的保守派大法官面前,即如何既限制沃伦法院在刑事诉讼上的革新,同时仍然坚持遵循先例的原则——即确定了的法律通常不应当进行更改。这样,除了需要依赖先例带来的困难以外(即遵循先例),后沃伦时代最高法院的大法官还面临着额外的问题,即不想依赖先例。一个可能的方法就是无奈地忍受但是拒绝扩展沃伦法院的革新。正如卡米萨论述的那样,这样的方法确实是伯格法院刑事诉讼法的很大的一个特点。① 但是保守派大法官并不都是对这样的消极方法感到满意。例如,伦奎斯特大法官有一次在访谈中说,当他就任最高法院大法官时,他的首要目标之一就是改变他认为刑事诉讼中偏爱被告人的这种倾向。②

上面讨论的案件提供了20世纪70年代新的保守多数派是怎样对待沃伦法院判例的例证。例如,在哈里斯③案件中,在决定违反米兰达规则获得的陈述能够被用来反驳审理中被告人的证言时,多数大法官直接把米兰达判决中相反的语句说成是"附带意见"。在塔克④案件中,多数大法官判定,对米兰达规则的违反根本不是违宪,仅仅是对"预防性规则"的违反。最后,在柯比诉伊利诺伊(Kirby v. Illinois⑤)案件中,多数大法官根据的事实是,在美国诉韦德(United States v. Wade⑥)案件中,沃伦法院已经宣布在列队辨认的时候享有第六修正案的律师帮助权,该列队辨认是在被告人被起诉之后进行的。在柯比案件中,最高法院宣称,韦德只限于起诉后的列队辨认,在起诉前没有律师帮助权,尽管事实上韦德判决里面并没有表明其判定应当这样进行限制。这些就是保守派大法官认为他们为了限制沃伦法院的革新而不得不用的手段,但是同时宣称他们严格地遵守遵循先例原则。尽管自由派曾经有过担心,但沃伦法院在刑事诉讼方面的重大革新没有一项被伯格和伦

---

① Yale Kamisar, "The Warren Court (Was It Really So Defense-Minded?), The Burger Court (Is It Really So Prosecution-Oriented?) and Police Investigatory Practice", at 62.
② John A. Jenkins, "The Partisan", p. 35.
③ 401 U.S. 222 (1970).
④ 417 U.S. 433 (1974).
⑤ 406 U.S. 682 (1972).
⑥ 388 U.S. 218 (1967).

奎斯特法院真正地予以推翻。① 但是这样做带来了很高的原理上的代价,因为这样埋下了混淆的种子。

最近,斯卡利亚(Antonin Scalia)大法官采取了一个更加直接的遵循先例的方法,虽然在一个狭窄的情景中。正如斯卡利亚指出的那样,在死刑法律中和刑事诉讼一样,"最高法院充当了各州死刑量刑的规则制定的角色"。② 而且,在死刑法律中和刑事诉讼一样,"最高法院偷梁换柱,结果是立法机关、审理法院和上诉法院必须依赖的那种合理的可预见性被彻底地牺牲了。"③ 特别是,斯卡利亚指出弗曼诉佐治亚(Furman v. Georgia④)系列案件,要求"对量刑者'判处'死刑的自由裁量权进行限制",与洛基特诉俄亥俄(Lockett v. Ohio⑤)系列案件中禁止"对量刑者'拒绝判处死刑'的自由裁量权进行限制"的判定直接相矛盾。⑥ 按照斯卡利亚大法官的观点,由于弗曼系列案件与洛基特系列案件相比,更接近第八修正案的文本,他得出结论说他没有别的选择,只能拒绝遵循洛基特系列案件,虽然存在遵循先例原则。⑦

斯卡利亚在沃尔顿(Walton)判例中的立场代表了遵循先例原则的一个非常狭窄的例外,但是对于重视明确性的人来说,他的观点是正确的。如果最高法院打算限制先例,那么它应当推翻它,而

---

① 例如,Silas Wasserstrom,"The Incredible Shrinking Fourth Amendment":"之后,最高法院已经开始肢解沃伦法院发展出来的第四修正案法律体系。然而,直到现在,伯格法院没有推翻任何一个沃伦法院作出的第四修正案的判决。"Yale Kamisar,"The Warren Court (Was It Really So Defense-Minded?), The Burger Court (Is It Really So Prosecution-Oriented?) and Police Investigatory Practice", p.68:"对于伯格法院会废除沃伦法院的工作(或者权利法案本身)的担心,以及这种废除已经在进行的说法,看起来是有相当程度的夸张的。"

② Walton v. Arizona 58 L.W. 4992, 4996 (1990) (Scalia 大法官部分赞同、部分反对的意见)。

③ Walton v. Arizona 58 L.W. 4992, 4999 (1990) (引用的是伦奎斯特大法官在 Lockett v. Ohio 438 U.S. 586, 629 (1978)中的反对意见)。

④ 408 U.S. 238 (1972)。

⑤ Lockett v. Ohio 438 U.S. 586, 629 (1978)。

⑥ 58 LW at 4997。

⑦ 58 LW at 5001。

不是声称在遵循它。但是最高法院并不会改变其写作判决的方式：遵循先例的幻觉是如此强烈地根深蒂固。如果三十年来的刑事诉讼法律的革命和反革命有任何意义的话，整个法律作为一个整体应当进行重新思考，采纳沃伦法院的有用的革新，抛弃那些经过时间检验不能站住脚的方面（以及被更新的最高法院判决改变的方面），建立一个整体上的体系，在法律实施的需要与公民自由保护之间寻找一个合理的平衡。

因而，案件或者争议的要求限制了对争议问题的挑选；灵活反应的需要迫使最高法院忽视或者改变明确规则。遵循先例、多数意见的专制、律师思维模式、委员会问题以及保守派难题，使得新规则和它所根据的先例变得模糊，不确定性是不可避免的。虽然不确定性在制定法中也是不可避免的，立法机关有能力制定简洁的、面向未来的规则，而不需要受先例的约束，将大大地减少规则不明确的情况。

不完整性

除了不确定性，最高法院规则制定还存在不完整性的问题。使用对权利法案进行直接解释的方法来宣布刑事诉讼规则，带来的一个问题就是权利法案经常不含有直接适用于被规范的行为的内容。沃伦法院感到，因为立法机关未能对警察进行规范[1]，它被迫采取行动，于是在米兰达案件中对第五修正案的语言使劲地进行扩展。[2] 米兰达判决判定，禁止一个人"在任何刑事案件中被强迫作为不利于己的证人"这个条款，要求警察在要求嫌疑人作出自

---

[1] 见 Francis Allen, "The Judicial Quest for Penal Justice: The Warren Court and the Criminal Cases", p.525。

[2] 然而，正如怀特大法官在米兰达案件的反对意见中指出的那样，"最高法院今天的判定，既不是第五修正案语言的强制要求，也不是建议性要求，并且与美国和英国的法律史不相符，并且背离了很多的一系列判例，这并没有证明属于最高法院超越权限，或者最高法院在对第五修正案作出今天这样的重新解释时是错误的或者不明智的。"384 U.S. 436, at 531—532.

愿的、非强迫的陈述之前,告知嫌疑人沉默权和律师帮助权,尽管讯问发生在该刑事"案件"开始之前。① 在法院规则中这种方法损害了最高法院的声望,这一点人们都是承认的。②

在其他案件中,最高法院更加紧密地坚持宪法文本,被迫得出不满意的结果。在韦德③案件中就能找到一个很好的例子。在韦德案件中,最高法院显然决心规范列队辨认程序中的权力滥用。当然,列队辨认与第四修正案没有关系④,并且,由于不想不正当地损害警察的侦查,最高法院不得不判定,在列队辨认中要求被告人出现甚至要求说话,都不违反第五修正案。这就只给最高法院留下了第六修正案的律师帮助权,作为列队辨认改革的唯一途径。

该案判定,第六修正案要求"在所有的刑事起诉中"有律师帮助权,包括在列队辨认中的律师帮助权。但是,正如每一个参加过列队辨认的人都知道的那样,这个程序中没有律师发挥作用的地方。没有对证人的询问、没有辩论,也不提出证据。律师如果想提出反对意见也可以,但是警察完全可以自由地忽视这类反对意见。⑤

最高法院真正想要的是,确保列队辨认是公正的;达到这个目

---

① 当然,在最高法院对第五修正案做扩张解释之前,它必须对第十四修正案做扩张解释以便于使第五修正案适用于各州。这个结果也没有历史上的支持。例如,Henry Friendly,"The Bill of Rights as a Code of Criminal Procedure," 934. 承认米兰达判决需要对第五修正案的歪曲,并不必然不同意该判决的结果。米兰达作为一个立法类型的规则,确实为警察提供了相对明确的指引。比较下面两个资料:U. S. Dept. of Justice, Office of Legal Policy, "Report to the Attorney General on the Law of Pre-Trial Interrogation" (米兰达没有宪法上的正当根据),以及 Stephen Schulhofer, "Reconsider Miranda", (米兰达在宪法上有正当根据)。
② 见 Fred Graham, The Self-Inflicted Wound.
③ 488 U.S. 218 (1967).
④ 当然,为了使其成为被辨认人而把一名被告人从大街上抓来,那么他可以根据第四修正案的理由对该扣押提出挑战,但这是一个另外的问题。通常地,如果需要一个未被逮捕的嫌疑人作为被辨认人出现,必须获得法院的命令。
⑤ 见 Leon Polsky, Richard Uviller, Vincent Ziccordi & Davis, "The Role of the Defense Counsel at a Lineup in Light of the Wade, Gillbert, and Stovall Decisions", pp. 278,285—286。

的最简单的办法就是要求进行照相并录音(或者录像),并且这些记录在法庭上提出来。然而,即使是沃伦法院,也显然无法找到一项修正案能够牵强地解释成这样的结果。因而,它根据一个不稳固的宪法基础设计了一个不完全的规则。它是脆弱的,以至于在柯比诉伊利诺伊(Kirby v. Illinois①)案件中被多数派有效地推翻,在该案中判定在"对抗式法院程序"开始之前,"律师帮助权"并不发生效力。② 这就是说,在正式的法院程序,例如,初次聆讯或者起诉之前,第六修正案所指的"刑事起诉"并没有开始。由于列队辨认一般是在"对抗制法院程序"开始之前进行的,韦德法院试图为列队辨认制定规则的努力在很大程度上被否决了。

即使在米兰达判决中,最高法院可能已经感觉到受到其权力有限性的限制。为什么米兰达采纳了这样令人好奇的要求,即刑事被告人,他们中很多人不可能听懂那些建议,必须被相当详细地告知其宪法上的权利?正如在列队辨认案件中那样,解决"逼供"问题的一个更加直接的方法,应当是要求对供述和讯问过程进行录音(或者录像)。但是,虽然最高法院可能感觉到它的职责可以扩展到要求警察告知嫌疑人其宪法上的权利,它也可能不会感觉到有权要求更加实用的解决问题的方法,仅仅因为这样的解决方法离宪法文本过于遥远。

最高法院不断地割裂记忆和欲望:它的记忆是,正如在莫兰诉伯宾(Moran v. Burbine)案件中所重申的那样,"宪法中并没有赋予我们这样的权力,即为州的官员制定行为的准则"③,而其欲望是,保护刑事被告人的权利或者确立供警察遵守的明确规则。结果是,这种拼凑的方法使最高法院过分地干预刑事嫌疑人的某些权益的细节——例如被告知权利的需要——但是却遗忘了其他同样

---

① 406 U.S. 682 (1972).
② 406 U.S. 682, at 688—691 (1972).
③ Moran v. Burbine 475 U.S. 412, 425 (1986).

重要的权益。①

最高法院在供述领域的工作,很好地说明了这一点。自从宣布米兰达规则之后,最高法院在大约20年期间,满足于对该判决的解释和重新解释。什么是"羁押"?什么是"讯问"?如果被告人主张沉默权或者律师帮助权应当如何处理②?但是,通过把焦点集中在警告上,最高法院忽视了讯问程序中同样重要的其他方面:如何防止警察编造供述;如果警察通过伎俩引诱供述怎么办③;如果在警告被告人之后,警察进行了米兰达判例中探讨的心理手段,例如"好警察坏警察"的技巧④;以及讯问可以持续多长时间。

虽然与讯问法律相比,最高法院更加努力地试图涵盖第四修正案法律的全部方面,在这个领域仍然存在很多未解决的问题,例如什么时候夜间搜查是合适的⑤,什么时候可以"不敲门"就进入⑥,警察在等待搜查令状到达的时候,可以采取哪些步骤对现场

---

① Francis Allen, "The Judicial Quest for Penal Justice: The Warren Court and the Criminal Cases"中曾经表达过对"刑事诉讼革命"类似的担心:"这些评论并不是攻击最高法院扩展刑事案件中被告人权利的努力,而是表明这样的观点,如果把注意力局限在权利法案上,会导致无法站在法院的角度在这个过程中对刑事程序问题作为整体看待。在保障刑事程序的公正性中未能质疑法院的角色,可能会导致对被告人权利的限制更加容易,而且可能比导致这些权利的扩展的结果更加容易。"

John E. Nowak, "Due Process Methodology in the Postincorporation World", 401(讨论了Allen文章第540页的内容),相同的观点还有Sanford Kadish, "Methodology and Criteria in Due Process Adjudication-A Survey and Criticism"。

② 见 Craig Bradley, Yale Kamisar, Joseph D. Grano, and James Brian Haddad, Sum and Substance: Criminal Procedure §§6.6200, 6.6300, 6.7000。

③ 在 Oregon v. Mathiason 429 U.S. 492, 493 (1977)一案中,最高法院忽视了这样的伎俩。

④ 最高法院在米兰达判决中谴责了"好警察坏警察"技巧,即一个讯问人员对被告人特别敌视,然后换成一名对被告人表示同情的讯问人员。Miranda v. Arizona, 384 U.S. 436, 452—453 (1966)。

⑤ 见 Gooding v. United States 416 U.S. 430 (1974),维持了一项联邦制定法,该制定法允许在令状没有特别写明的情况下进行夜间搜查,但是并没有解决宪法性问题。

⑥ 见 Ker v. California 374 U.S. 23 (1963),在该案中最高法院存在分歧。

进行保护①,以及在执行搜查令状的时候,除了房屋的主人以外,还有哪些人可以被扣留和(或)拍身搜查。②

在米兰达判决中,最高法院"鼓励国会和各州继续努力寻找更加有效的方式,以便于在促进有效的法律实施的同时,保护个人的权利。"③但是最高法院已经占据了这个领域。要想在刑事诉讼书籍④中找到任何关于某一特定领域的制定法(或者任何州法律,无论是制定法还是法院创制的法律)资料,这种努力是徒劳的,而所有的其他国家,该领域被认为通过制定法来处理是妥当的,包括我们的普通法原型英国。⑤ 正如助理总检察长马克曼(Stephen Mark-

---

① 在 Segurra v. United States 468 U.S. 796 (1984)中,下级法院已经排除了这样的证据,即警察在等待搜查令状到达的时候,等了19个小时,其间警察不当地进入一套房间并且"保护"了现场,之后获得的证据。最高法院不赞成警察的这个行为,但是没有决定下级法院对证据的排除是否正确。在 Murray v. United States 108 S.Ct. 2529 (1988)中,最高法院排除这样的证据,即警察在有可成立的理由但没有令状而非法进入一个仓库时,看到了证据但是没有扣押,然后在未使用获得的信息作为申请令状的根据的情况下获得了令状。未解决的问题是,在非法进入期间实际扣押的证据是否可采,在何种情况下在等待令状到达时进入房屋进行现场保护是恰当的,以及如果不允许进入的话警察有权采取哪些措施。

② 见 Michigan v. Summers 452 U.S. 692 (1981)中判定,房屋的主人可以被扣留。在 Ybarra v. Illinois 444 U.S. 85 (1979)中,最高法院判定,仅仅因为警察在酒吧执行搜查令状,酒吧里面的顾客并不自动可以被拍身搜查,如果没有证据表明他们持有武器。未解决的问题是,汽车里面的一个乘客,或者房子里面的一个客人,可以受到这样的拍身搜查,因为这样的人显然与被逮捕人或者被搜查人的关系更加紧密。

③ Miranda v. Arizona, 384 U.S. 436, 467 (1966).

④ 例如见 Kamisar 等人的 Modern Criminal Procedure. 只有在被告人的合并审理和分开审理这样的比较次要的问题上,才有对《联邦刑事诉讼规则》的探讨,并且联邦制定法仅仅在搭线窃听一章中发挥重大作用。当然,州的制定法根本未被提及。

⑤ 英国的 Police and Criminal Evidence Act, 1984, 第60条。在澳大利亚,"需要一部综合的法典来尽可能具体地规定警察、嫌疑人以及刑事侦查程序中的其他利害关系人的权利和义务,这一点也是普遍接受的。" P. Sallman and John Willis, Criminal Justice in Australia, 23. 当然,大陆法系国家制定这样的法典已经有几十年的时间了。例如,美国刑法典系列中的德国刑事诉讼法典。根据 Friendly, "The Bill of Rights as a Code of Criminal Procedure", 930 的论述,"这个问题的复杂性以及妥协的需要,导致应当开始制定法律而不是永远通过宪法性判决来肯定或者否定。"另见 American Law Institute, Code of Criminal Procedure.

man)曾经对这个问题进行总结的那样,"米兰达判决有效地阻止了更好的预防措施的采用,例如对讯问的电子录音录像。"①

虽然这个原因使马克曼得出结论说米兰达必须被推翻,但米兰达警告本身并不是问题,它们可以轻易地与要求对所有供述进行录像的制度共存。问题在于,最高法院受到受案数量的限制、遵循先例的限制以及需要用一项具体的权利法案的规定来作为每一项刑事诉讼革新的理由,更不用说它经常说不愿意"为州的官员制定行为准则"②了,这都导致了最高法院进行革新的能力是受到限制的。

最高法院仅仅是没有机会判决诸如在搜查中对第三人的扣留问题,但这个难题能够容易地由一个规则制定的机构解决,因为它不受案件或者争议的限制,可以事先预见并解决这样的问题。然而,权利法案显然并不包含足够的宪法语言来使政府要求某些措施的问题,例如列队辨认必须被录像,似乎不仅对于最高法院存在,对于国会的规则制定机构来说同样存在。但是,正如在第六章中将详细论述的那样,这并不必然是一个严重的问题,原因很简单,就是历史上最高法院已经赋予了国会很大的余地,来决定其自己的根据第十四修正案的权力的范围。例如,如果国会任命的规则制定机构决定"正当程序"总体上要求对列队辨认和(或)供述进行录像,最高法院推翻这个决定的可能性非常小。

因而,虽然从现实考虑这一点可能是正确的,即经过足够长的

---

① Stephen Markman, "The Fifth Amendment and Custodial Questioning: A Response to Reconsidering Miranda", at 949. Mark Berger 在 "Legislating Confession Law in Great Britain: A Statutory Approach to Police Interrogations", at 1, 3:"美国供述法律争论中的宪法焦点,已经把注意力偏离了社会应当解决的实质性的警察讯问问题。不去考虑警察讯问犯罪嫌疑人时哪些能做哪些不能做,而是去思考在监督警察局内的活动时法院系统哪些能做哪些不能做。……把焦点集中在宪法上,也阻止了立法机关对警察讯问程序进行控制的努力。……通过重复和详细列举必须给予的警告,以及详细规范有效放弃权利的特征,该判决表明最高法院除了米兰达判决要求的程序以外,对其他任何措施表示满意的可能性都不大。"

② Moran v. Burbine 475 U.S. 412, 425 (1986).

时间,最高法院可能最终有机会填补警察程序法中的很多空白(受到上面讨论的不确定性问题以及下面讨论的不完整性的原因的限制),最高法院似乎对于自己创制这样的一部综合法典的宪法上的权力持有相当的怀疑,并且可能在一些情况下不愿意扩展其"规则"的适用范围。在我看来,最高法院不大可能对于国会这样做的权力表达同样的怀疑。

除了所根据的宪法文本限制了最高法院宣布规则的权限以外,因为最高法院的规则制定是由排除规则驱动的,这也会导致不完整性。最高法院制定的所有规则,毫无例外地都是以证据排除作为后盾的。这样,很多领域,例如上面探讨的警告后讯问问题,未予规范的原因在于,即使最高法院的多数大法官可能会感到需要规则,他们不愿意给被告人创制新的排除证据的可能性。再一次地,证据排除更加灵活的方法,将是允许制定更加完全的规则供警察遵守,而不必然增加排除证据的数量。

相似地,对于不以获得证据为目的的警察行为,例如给被逮捕人带戒具,可能永远不会被提交给最高法院制定规则。但是,这些领域可以通过制定法的规定来规范。

这样,立法机关制定规则拥有下列优点:因为讨论的各种原因,能够立即解决最高法院尚未触及的问题;能够预见未来的问题并事先确立例外;能够避免某些(虽然不是全部)法院制定的规则所固有的不确定性问题。

第五章 其他国家的做法

在刑事诉讼领域研究其他国家的法律特别有用。虽然美国的律师们以及法律制定者们基本上不了解外国的法律,特别是非英语国家,反过来却不是这样。很多外国律师都在美国的法学院读过书,并敏锐地知道美国法律的发展。因此,这些国家在制定它们的刑事诉讼规则时,已经采纳了它们认为合理的美国革新,并且摒弃了它们认为不合理的。这样,虽然最高法院占据这个领域导致美国无法成为检验新思想的"实验室",外国可以发挥相同的作用。然而,必须谨慎。本章研究的其他国家都没有美国这样高的犯罪率,也没有这样高的种族、民族和经济上的多样化。因此,仅仅因为某件事在意大利或者澳大利亚行得通,并不必然意味着也在美国行得通。然而,如果某一特定方法被大多数世界主要国家所接受或者拒绝,它就需要美国的法律制定者对其进行关注。

在本章中,将考察六个国家的刑事诉讼制度。包括西欧的四个最大的国家——英国、法国、德国和意大利,加上加拿大和澳大利亚。正如在概述中指出的那样,所有的这些国家都有一部议会制定的刑事诉讼法典。① 除了澳大利亚以外,其他五个国家的法典都是全国性法典,适用于全国。在澳大利亚,宪法不允许这样做,某些州有法典,另外一些州则更加依赖普通法(正如在下一章中讨论的那样,与大家的信念相反,美国《宪法》并不禁止国会为美国制定单一的、适用于全国的刑事诉讼法典)。然而,即使在澳大利亚,由一部联邦法典作为各州法典的范本是最好的途径这一点,也很

---

① 前苏联和日本也是如此。然而,对于这两个国家的做法,由于英文资料不足,无法进行全面的讨论。

少有争议。

但是,虽然考察的所有其他主要国家相信,立法机关制定的法典是颁布刑事诉讼法的最合理的方法,并不是所有国家都有一部对警察活动的所有重要领域予以规定的发达法典。特别是法国,虽然它有相当发达的法典,但与美国人认为合适的程度相比,似乎对警察合法地行事赋予更大的信任。而且,其他国家都没有适用于所有违反法典的行为的强制排除规则,虽然新的意大利法典显得与此接近。特别是加拿大和英国,以及意大利和近来的德国,趋势是更多地使用自由裁量的排除来震慑警察的非法行为。

下面是对上面提到的六个国家的刑事诉讼法的讨论,特别强调英国,它在1984年为了解决几个世纪以来发展起来的拼凑的体系的不足,制定了一部综合性的全国性刑事诉讼法典,应当作为美国类似努力的起点。这个讨论不仅仅是论证本书中心思想——即法典是颁布刑事诉讼法的最佳方法——而且也是为美国的法典的可能发展方向提出建议。

英格兰和威尔士[①]

1984年《警察与刑事证据法》的主导评论者,贝文(Vaughan Bevan)和利德斯通(Ken Lidstone)指出:"在该法之前,对警察侦查犯罪的权力进行规范的法律是不明确的和陈旧的。这些法律是自从19世纪建立职业警察队伍开始零散地发展而来的。议会对有限的一些普通法原则进行补充。这些各种各样的且不充分的法律,由以下内容作为补充:(1)关于供述的可采性,由首席大法官与法院系统协商后提供的指引规则;(2)以内政部通知的方式提供的全国性行政性指引;(3)地方的行政性规则。结果是警察的

---

① 本章讨论中所称的"英国"法,适用于英格兰和威尔士。苏格兰适用另外的规则,体现在1980年《刑事司法法(苏格兰)》之中。北爱尔兰适用与英格兰类似的规则,体现在1989年的《警察与刑事证据法(北爱尔兰)》,于1990年1月在北爱尔兰生效。

职责和权力是零散的,并且在权力上各地存在差异……对这个体系的大规模改造已经酝酿了很多年。警察所承受的新的和更重的压力,以及更加具有批判性的公众舆论,要求警察的权力建立在现代制定法的基础上。"①

1981 年,皇家委员会(the Phillips Commission)发表了一份报告,建议对警察活动进行综合的制定法改革。② 在议会激烈辩论后,1984 年通过了《警察与刑事证据法》。该法是本书中考察的最为全面的法典③,包括七个主要的部分:(1)临时截停和搜查的权力;(2)进入、搜查和扣押的权力;(3)逮捕;(4)羁押;(5)警察对人的讯问和对待;(6)刑事程序中的文书证据;(7)刑事程序中的证据,加上关于其他杂项的具体规定的四个部分。该法由内政部颁布的执行守则对其进行补充,这些守则规定诸如讯问、辨认程序以及对财产的搜查和扣押。该法引发了"左派"和右派两个方面的对于其实质性规定的批评④,但是对于这一点似乎存在普遍的一致,即该项立法成功地"对一个缺乏明确性并且变得名声越来越不好的领域进行了法典化和规范。"⑤

由于英国的法典可以作为美国法典化运动的一个有用的起点,尽管它过分的长度和复杂性,对其规定的思考比所考察的其他国家的法典要更加深入。⑥ 该法和执行守则中的相关部分收入本书后面的附录。

---

① Vaughan Bevan and Ken Lidstone, The Investigation of Crime: A Guide to Police Powers, p.1.
② Report of the Royal Commission on Criminal Procedure.
③ 由于意大利法典还没有被翻译为英文,笔者无法在这个方面对其进行评价。该法典确实显得特别广泛。
④ 比较这两篇文章:Leslie Curtis, "Policing the Streets", at 95(对法律实施限制太严)和 David Ashby, "Safeguarding the Suspect", at 183.
⑤ David Ashby, "Safeguarding the Suspect", at 188.
⑥ 本书中所表达的对英国制度结构的总体上的热情,不应当被理解为对英国警察活动的赞同,因为其警察活动的缺陷已经导致创制另外一个皇家委员会来研究这些问题。见 Marion McKeon, "Lawyers Urge Interim Criminal Procedure Reform", at 20.

临时截停和搜查

1984年《警察与刑事证据法》第1条规定,警察基于合理的根据怀疑能够找到赃物或者违禁物品(即武器或者犯罪工具)时,可以对任何人或者车辆进行临时截停和搜查。① 这种权力适用于公共场所以及"公众能够进入"的场所,但是不适用于住宅或者私人建筑。②"合理根据的怀疑"与逮捕所根据的要求是一样的。③《执行守则 A》具体规定:"怀疑的合理根据是否存在,取决于每个案件的具体情况,但是必须存在某些客观基础……[例子省略]。合理怀疑永远不能单独地以个人因素作为支持的基础。例如,一个人的肤色、年龄、发式或者衣着,或者已经知道他先前因持有违禁品被定罪这样的事实,不能单独地或者相互结合地作为搜查那个人的唯一基础。合理怀疑也不能基于某个人或者某个团体更有可能实施犯罪行为这样的一成不变的形象作为基础。"④

执行守则明确规定,在公共场所的搜查必须"被限制为只能对外衣进行表面的检查"⑤,但是,如果存在进一步搜查的"合理根据",可以在附近的警车或者警察局进行更加详细的搜查。人或者车辆被扣留的时间长度,限于执行这样的搜查所需要的合理时间。⑥ 搜查限于怀疑的性质,这样,如果一名警察怀疑甲在外衣口

---

① 英国人区分"合理的根据怀疑"和"合理的根据相信",前者类似于美国的"合理的怀疑"标准,后者是"接近确定地相信的很高的标准",似乎比美国的"可成立的理由"更高一些,但在实践中可能是相同的。见 Vaughan Bevan and Ken Lidstone, A Guide to the Police and Criminal Evidence Act, 1984, §§2.03—2.06,其中有对两者区别的讨论。

② PACE, §1(见本书附录一); Richard Stone, "Police Powers After the Act", at 54.

③ Code of Practice for the Exercise by Police Officers of Statutory Powers of Stop and Search, para 1.5(见本书附录二,以下简称 Stop and Search Code)。

④ Stop and Search Code, para 1.6—1.7.

⑤ Stop and Search Code, para 3.5

⑥ PACE, §§2(8), 2(9). Richard Stone, "Police Powers After the Act", at 57.

袋里有一把枪,那么只能对那个衣袋进行搜查。① 每一次这样的搜查都必须被记录,并且告知嫌疑人将制作这样的笔录。② 另外一个条款规定了设置路障对汽车进行临时截停,但是除此之外没有对汽车搜查作出特别的规定。③

与美国法的区别是令人吃惊的。英国并没有对拍身搜查和对人身的全面搜查进行任何区别,虽然"在公共场所"搜查实际上和美国的"拍身搜查"是一样的。这样,搜查的地点,而不是证据的数量,决定搜查的强度。而且,对人身的搜查限于犯罪的果实和工具,而不仅仅是证据。这样,英国的"搜查"比美国的"拍身搜查"要宽泛,因为美国的拍身搜查要求对被搜查人持有武器和具有危险性存在怀疑;同时又比美国的"搜查"要窄,因为美国的搜查要求可成立的理由,但是目的可以是任何证据。而且,在英国,逮捕并不像在美国那样自动附带对人身的搜查。而是,搜查受到"合理根据的怀疑"的限制,无论是启动还是范围。④ 然而,一旦嫌疑人真的被带到警察局,羁押官员必须对他进行全面的物品登记搜查,和美国一样。⑤

在警察与刑事证据法关于"临时截停和搜查"法的条文中,英国成功地制定出美国最高法院花费了30年才发展起来的规则。而且,美国法律中很多尚不清楚的问题,已经被警察与刑事证据法解决了。例如,警察与刑事证据法中明确规定,对在房屋内的人的搜查,只有看起来他或者她不住在那里或者未经所有人的同意而在那里。⑥ 对于停在私人地产上的汽车的搜查,有相类似的限制。⑦

---

① Stop and Search Code, para 3.3. Richard Stone, "Police Powers After the Act", at 57.
② PACE, §2(3). Richard Stone, "Police Powers After the Act", at 57.
③ PACE, §4.
④ PACE, §1(3).
⑤ PACE, §54.
⑥ PACE, §1(4).
⑦ PACE, §1(5).

而且，在特里诉俄亥俄(Terry v. Ohio①)判决中首次授权为了侦查而临时截停将近 25 年后，在美国，在缺少"犯罪活动正在进行"证据时能否进行拍身搜查，这一点仍然不清楚。也就是说，如果携带武器不是非法或者不是犯罪行为存在的独立证据的时候，警察怀疑一个人携带枪支，能否进行拍身搜查②？而且，警察能否因不严重、不危险的犯罪，例如，持有毒品而临时截停或者拍身搜查一个人③？一个相关的问题是，警察获得临时截停和拍身搜查所必要的怀疑后，拍身搜查是立即进行，还是警察必须在拍身搜查之前试图消除这种怀疑。特里判例暗示，正确的方法应当是后者，虽然常识暗示一个相反的结论。法院系统在这个问题上存在分歧。④

警察与刑事证据法比较容易地解决了这些问题（虽然并不必然是正确地），允许在警察合理地相信嫌疑人持有"赃物或者违禁品"（违禁品包括武器和毒品）的时候对其进行临时截停和搜查。执行守则明确规定："警官没有权力为了找到搜查的根据而违背一个人的意志地临时截停或者扣留一个人"⑤，但是，"本守则并不影响警官的下列能力……（不存在合理怀疑的时候），不经扣留一个人或者使用任何强制因素，而向一个人说话或者提出问题。"⑥这样，在英国，只要合理地怀疑武器或者违禁品，一名嫌疑人可以在任何时候被临时截停和拍身搜查，在进行拍身搜查之前不要求进行初步的侦查，拍身搜查的目的不得是为了发现仅仅是犯罪证据的物品，并且拍身搜查以外的为了侦查的目的而进行强制临时截

---

① 392 U.S. 1 (1968).
② 见 Wayne LaFave, Search and Seizure: A Treatise on the Fourth Amendment §9.4(a)，讨论了这个问题。
③ 见 Wayne LaFave, Search and Seizure: A Treatise on the Fourth Amendment §9.2(c)，讨论了对这一点的争论。
④ Wayne LaFave, Search and Seizure: A Treatise on the Fourth Amendment §9.2(c).
⑤ Stop and Search Code, para 2.1.
⑥ Stop and Search Code, para 1, Notes for Guidance 1B.

停是不允许的。①

进入、搜查和扣押

警察与刑事证据法规定,根据警察的书面申请:

(1)……有合理的根据相信一项严重的可捕罪已经发生,并且申请中写明的房屋存在的材料,可能对犯罪的侦查具有实质性价值(无论是其本身还是与其他材料相结合),并且该材料可能是相关证据,并且它不属于或者包括受法律特权保护的项目,并且符合下面第三款规定的条件,(治安法官)可以签发令状授权警察进入房屋进行搜查(令状必须明确地写明要搜查的地点,以及在可能的情况下写明要扣押的人或者物品)。②

* * * *

(3)第一款中提到的条件是——

(a)与有权准许进入该房屋的人进行联系是不可行的;

* * * *

(c)除非拿出令状,否则不会被准许进入该房屋;

(d)除非到达该房屋的警察能够确保立即进入,否则搜查的目的会受到阻碍或者严重损害③(笔者不认为这个条文是有效立法的范本)。

* * * *

---

① 敏锐的读者可能已经发现,本段中引用的执行守则的两个条文,并不直接支持这句话中的拍身搜查之外为了侦查的目的而进行的强制临时截停是不允许的说法。这表明了制定法与法院判决相比具有的进一步的优点。当法典的起草者列明了允许某一特定行为的有限情形时,就可以合理地推出列举的情形以外的这种行为是不正确的。与之相对比,当法院根据某一特定案件的事实宣布一项行为是正确的,在事实发生变化时规则应当是怎样的这一点永远不清楚。即使法院试图把该规则扩展到其他假设的案件中也是如此,因为这样的扩展通常可以被视为附带意见。
② PACE, §17.
③ PACE, §8.

可以在没有搜查令状的情况下进入的场合包括两种情况:一是根据逮捕令状进行逮捕时;二是因某些列明的犯罪(通常是可能判处5年有期徒刑以上刑罚的[1])在没有令状的情况下进行逮捕时,条件是警官有合理的根据相信嫌疑人在里面。[2] 这样的进入也可以发生在紧追不舍的情况下,或者进入的目的是"为防止生命、身体受到伤害或者财产受到严重损坏",或者为了防止破坏安宁。[3] 如果警察有合理的根据相信能够在里面找到现行犯罪或者相关犯罪的证据,在室外逮捕后,也可以进入被逮捕人"控制或者占有的任何房屋"[4]。

不幸的是,要想理解英国搜查方面的立法,警察与刑事证据法的这些规定并不是搜查权的唯一法律渊源。在这个领域,该法是对以前法律的补充,特别是1968年《盗窃法》和1971年的《毒品滥用法》,这些法律已经授权了对某些物品的搜查令状(通常是毒品犯罪和盗窃犯罪的果实或者工具,与"仅仅证据"相对而言)[5]。警察与刑事证据法在"严重的可捕罪"(即最为严重的重罪,例如谋杀、强奸、绑架以及导致"重伤"或"重大财产损失"的其他犯罪)情况下把搜查权扩展到赃物、违禁品以外的"仅仅证据"。[6] 相应地,对某些物品的搜查,特别是毒品和赃物,并不受到警察与刑事证据法中规定的对为了发现"严重可捕罪"证据而搜查的相同限制。无论如何,正如贝文和利德斯通报告的那样,英国绝大多数的搜查是无证搜查,通常是通过同意(占32%)或者逮捕附带的搜查(占

---

[1] PACE, §24.
[2] PACE, §17.
[3] PACE, §§17(1)(d), (e); §17(6)
[4] PACE, §18.
[5] 例如,1968年《盗窃法》第26条(1)规定,在表明了合理的理由时,治安法官可以签发搜查令状,搜查和扣押被盗窃的赃物。第26条(2)规定,如果在过去的5年中嫌疑人曾经被判定犯有盗窃罪,警长可以签发这样的令状。
[6] PACE, §116.

55%)。12%的搜查是根据治安法官的令状。①

另外,与美国法也有许多不同之处。根据警察与刑事证据法,要想获得一份搜查令状,英国警察不仅要证明合理根据,而且必须实质性地证明同意已经被或者即将被拒绝,或者寻求同意会损害搜查的目的。而且,对房屋的搜查限于严重的可捕罪(以及根据其他制定法针对毒品和赃物),并且不能针对受特权保护的材料进行。仅仅由于相信证据将被毁灭,显然不能无证进入。② 所有这些限制在美国法中都没有。

英国允许逮捕附带对房屋的搜查,即使当嫌疑人并不是在房屋内被逮捕的。③ 而且,当嫌疑人在房屋内被逮捕的时候,逮捕附带的搜查并不限于逮捕"直接相连"的范围,而美国法在奇迈尔诉加利佛尼亚中就是这样要求的。④ 另外,对逮捕附带的对房屋的搜查,只能基于"有合理根据相信"进行,而不能像美国法那样是自动的。

经同意的搜查

《执行守则 B》规定,如果可行,对房屋搜查的同意,应当在居住人被告知有权拒绝同意以及被扣押的所有物品可能被用作证据后,以书面的形式获得。⑤ 这一规定实质性地提供了比美国联邦最高法院在施纳克鲁斯诉巴斯塔曼特(Schneckloth v. Bustamonte⑥)案件中更多的保护,在该案中关于同意搜查的宽松规则

---

① Vaughan Bevan and Ken Lidstone, The Investigation of Crime: A Guide to Police Powers, §4.06.
② 所谓"防止重大财产损失",显然是指警察的保护功能,而不是指警察的证据收集功能。关于警察根据本条能够进入的案件的例子,见 Vaughan Bevan and Ken Lidstone, The Investigation of Crime: A Guide to Police Powers, pp.74—75.
③ 美国法是相反的。Vale v. Louisiana 399 U.S. 30 (1970).
④ Vaughan Bevan and Ken Lidstone, The Investigation of Crime: A Guide to Police Powers, §4.16.
⑤ Code of Practice for the Searching of Premises by Police Officers, para. 4 (见附录二)。
⑥ 412 U.S. 218 (1973).

为警察提供了一个很大的漏洞,用来规避有时过于严格的并且一直令人困惑的第四修正案要求。尽管存在这个更加严格的要求,正如上面提到的那样,在英国经同意的搜查仍然是相当普遍的。

与之相对比,对人身搜查的同意,不需要事先予以警告,也不需要以书面形式。而且,守则中关于制作搜查笔录的要求也不适用。唯一的限制是:"警官应当一直清楚地说明,他是在寻求相关人的合作。"①

逮捕和羁押

逮捕只需要基于"怀疑的合理根据",不需要逮捕令状。② 正如上面讨论的那样,对被逮捕人人身的搜查,只能在"警察有合理根据相信被逮捕人可能会对他自己或者其他人构成危险"③,或者持有"他可能用来帮助其逃脱合法羁押的"或者"可能是与某一罪行相关的证据"时。④ 正如上面讨论的那样,逮捕还带有这样的权力,即基于合理根据的相信,"进入和搜查任何被逮捕人逮捕时或者逮捕前立即所在的房屋,以寻找与他被逮捕的罪行有关的证据。"⑤

在逮捕之后,每个警察局警长以上级别的不参与该犯罪侦查的"羁押警官",必须决定是否存在充分的证据起诉嫌疑人⑥,并且进行全面的物品登记搜查⑦。如果没有充分的根据羁押,嫌疑人必须被释放。如果没有被起诉,被逮捕人自到达警察局之时起被羁押的时间不得超过 24 小时。⑧ 然而,对他的羁押可以延长 12 个小

---

① Stop and Search Code, Notes for Guidance 1D.
② PACE, §24 (4).
③ PACE, §32 (1).
④ PACE, §32 (2), (5).
⑤ PACE, §32 (2)(b).
⑥ PACE, §37 (2).
⑦ PACE, §54.
⑧ PACE, §41 (2)(a).

时，如果负责该警察局的警司认定这是"获得或者保存其被逮捕的罪行的证据，或者通过讯问他获得这样的证据"所必需的，并且该罪行属于"严重的可捕罪"，并且"该案的侦查在勤勉和快速地进行"。① 如果属于"获得证据所必需"的以及上面列举的那些条件，治安法院在进行了嫌疑人有律师代理的听审之后，可以授权再羁押36个小时。② 该令状可以被治安法院延长至总共羁押时间不超过96个小时。③ 嫌疑人有权在这个羁押期间与外界联系并且向律师咨询④，但存在下面讨论的某些限制。

《执行守则》还规定了关于羁押的条件、嫌疑人的医疗待遇、少年人和精神缺陷的人的特殊待遇等方面的详细规则。⑤ 这个领域是美国制度中最明显的缺失。虽然在1957年，在马洛里诉美国（Mallory v. United States⑥）一案中，最高法院判定，延长了的讯问（7个小时）违反了《联邦刑事诉讼规则》（该规则禁止在把嫌疑人带到治安法官面前时有"不必要的延误"），但是这个规则从来没有被扩展到各州，并且大多数州并没有规定类似的规则。⑦ 由于某些原因，最高法院已经假定，一旦嫌疑人受到了米兰达警告，就不需要对在警察局发生的事情予以担心了。在这个领域，英国的制度更好，不仅由于其具有规定，而且由于它具有的规定的种类。

---

① PACE, §42 (1).
② PACE, §43 (1).
③ PACE, §44 (3)(b).
④ Code of Practice for the Detention, Treatment, and Questioning of Persons by the Police, para.5（见附录二，以下简称 Interrogation Code）。
⑤ Interrogation Code, paras. 8, 9, 13.
⑥ 354 U.S. 449 (1957).
⑦ Yale Kamisar, Wayne LaFave, and Jerold Israel, Modern Criminal Procedure, at 429.

讯问

警察告知嫌疑人权利的义务，英国当局是这样归纳的①：

在进行讯问之前必须警告嫌疑人。警告必须明确地表达清楚,没有义务说任何话或者回答任何问题(并且所说的任何话将被用作证据)。②

向嫌疑人提出每一组问题之前,都必须给予进一步的警告,无论一个人被讯问的地点是他的家里,还是被逮捕后在前往警察局的警车中提出进一步的问题。③

羁押警官必须告知嫌疑人其被捕的原因……他必须被告知他有权通知警察局之外的某个人他在哪里……他必须被告知他有权获得法律帮助(包括从"值班律师"那里获得免费的法律帮助)。④

他必须还被告知他有权复制羁押笔录。向嫌疑人提供的

---

① 熟悉美国米兰达规则的读者在发现下面这一点的时候不会感到奇怪,即警察经常能够避免这些严厉的讯问规则可能带来的影响,即"利用被羁押人慌乱状态,快速地进行权利告知,以至于被羁押人显然几乎没有机会深入理解这些警告"。然而,要求嫌疑人亲笔写出律师帮助权的放弃决定,已经被国会拒绝,目前的制度——无论是要求律师还是拒绝律师都是在一个框里打钩——得到了保留。David Wolchover and Anthony Heaton-Armstrong, "The Questioning Code Revamped", at 236.

执行守则进一步规定了写明这些权利的海报,必要时还要有外语的海报,"在每一个警察局必须在显著位置张贴这样的海报。"Interrogation Code, para 6.3.

② Interrogation Code, para. 10.4. 然而,与美国的做法相反,见 Doyle v. Ohio 426 U.S. 610 (1976);虽然控方不能"建议被告人的沉默是令人怀疑的,控方可以告知陪审团被告人是沉默的。如果陪审团选择从沉默这一事实作出不利推论,没有什么东西能够阻止陪审团这样做。"M. Zander, The Police and Criminal Evidence Act, 1984, 144.

③ David Feldman, "Regulating Treatment of Suspect in Police Stations: Judicial Interpretation of Detention Provision in the Police and Criminal Evidence Act 1984", at 463, citing Interrogation Code, paras 10.4, 11.2.

④ Interrogation Code, para. 6:"被逮捕人应当被书面告知这些选择,以及第二个选项即值班律师将永远是免费的。"

信息必须不仅口头……而且是以书面形式。①

嫌疑人告知他人其所在地点以及向律师咨询的权利,在"严重的可捕罪"案件中可以延迟至 36 个小时,如果警司以上级别的警官有合理根据相信这些权利的行使会:

(1) 将会导致对证据构成干扰或者损害……或者对其他人构成干扰或身体伤害;或者

(2) 将会导致惊动被怀疑实施了这样的犯罪但尚未被逮捕的其他人;或者

(3) 将会阻碍找回通过这样的犯罪获得的财产。

* * *

会见律师,不得基于律师可能会建议嫌疑人不回答任何问题而被延迟。……②

主张沉默权并不能使讯问停止③(但是接下来的讯问不得是"强迫性"的)。然而,如果请求会见一名律师,就不能继续进行讯问,除非存在紧急情况和某些其他的例外。④

在警察局进行的任何讯问必须被同步录音⑤,除非这样做不可行,在这种情况下必须制作不可行原因的笔录。(新的执行守则现在要求录像)。⑥ 进行同步录音不可行的情况,例如,嫌疑人如果对谈话进行录音就拒绝说话。然而,警官经常抱

---

① Michael Zander, "The Act in the Station", at 126.
② Interrogation Code, 附录二。
③ 见 Mark Berger, Legislating Confession Law in Great Britain: A Statutory Approach to Police Interrogations, 39.
④ Interrogation Code, para. 6.6. 见 David Wolchover and Anthony Heaton-Armstrong, "The Questioning Code Revamped", at 238, 非常详细地讨论了这个问题。
⑤ 1991 年的执行守则要求对所有的讯问进行同步录音,无论是在警察局内还是警察局外,除非这样做不可行。见《讯问守则》para 11.5 (a)。
⑥ Code of Practice on Tape Recording (见附录二)。对英国警察与刑事证据法中讯问方面的规定的全面讨论,包括对录音录像要求的讨论,见 Mark Berger, Legislating Confession Law in Great Britain: A Statutory Approach to Police Interrogations, pp. 56—57。

怨说记笔记会使讯问变慢,给予嫌疑人更多的准备时间并且导致对话冗长。这些问题在使用录像的方法的时候就不存在了,但是对于未被录像的讯问而言仍然存在。到目前为止的决定表明,保持讯问的无暇思索性的需要并不是未能进行同步录像的充分理由。……①

在讯问的过程中,通过施加心理上的压力引诱供述这种策略,通常并没有达到导致供述不可采的强迫的程度,[但是这些策略可能会达到这种程度,取决于嫌疑人的生理和心理状态,或者如果警察积极地误导嫌疑人和有义务为嫌疑人提供建议的律师]。②

救济

美国读者对这种对英国规则的叙述的反应可能是,"这些规则都很好,但是人人都知道英国并不通过排除这种救济方法来实施其规则。"传统上,英国法院的政策是对警察违反规则的行为视而不见。只有不自愿的供述会被排除,理由是这种供述不可靠。除此以外,如果证据是相关的,"你怎么得到的都没有关系,即使是偷的,也是可采的。"③实际上,这句格言,与那个过时的(因警察与刑事证据法的通过)说法,即英国的"规则不要求在任何时候就律师帮助权给予警告"一样,在1986年被司法部法律政策办公室引用,作为美国的保守派把美国的米兰达警告和排除规则描述成不正常的持续努力的一部分。④ 正如上面讨论的那样,警察与刑事证据法

---

① David Feldman, "Regulating Treatment of Suspect in Police Stations: Judicial Interpretation of Detention Provision in the Police and Criminal Evidence Act 1984", at 463.
② Ibid., 464 and cases cited therein.
③ R. v. Leathan 121 E. R. 589 (1861).
④ U. S. Department of Justice, Office of Legal Policy, "Report to the Attorney General on The Law of Pretrial Investigation" and "The Search and Seizure Exclusionary Rule"。

明确要求就律师帮助权进行警告,更加重要的是,事实上给予嫌疑人向律师咨询的权利,而不是像米兰达判决那样仅仅要求警察停止讯问,并且将事实上提供一名律师如果嫌疑人付不起费用(存在上面提到的一个重要的"紧急情况"的例外)。美国联邦最高法院从来没有走得这样远。

《警察与刑事证据法》也已经彻底改变了英国法院对把证据排除作为实施规则的方法这一点的态度。费尔德曼(David Feldman)对新的方法进行了总结:"刑事法院和上诉法院的法官们似乎已经背离了这样的传统观念,即对警察进行纪律约束不是法院的任务。他们把对警察行为的规范,当作至少与审理本身的程序公正一样重要的目标。这似乎反映了一种不断增长的关于警察的职业化和自我约束能力幻想的破灭,一种达到警察与刑事证据法所确定的平衡的决心,一种重新强调的法院系统对法律原则和警察权在法律上负责地行使的理想的决心,以及对警察进行法律控制的其他改革的失败。"①

根据《警察与刑事证据法》,证据排除有四个根据。第76条(2)规定,对下面两种供述强制性排除:(a)"通过强迫"获得的;或者(b)因任何人说的话或者做的事而可能已经致使"不可靠的"。"强迫包括刑讯、不人道或者有辱人格的待遇,以及使用或者威胁使用暴力……"②一旦主张存在强迫,证明责任由控方承担,需要排除合理怀疑地反驳这种指控。③ 在这些强制排除的规定之外,第78(1)规定:"法院可以拒绝允许控方提出打算依赖的证据……如果认为……该项证据的采纳将会对程序的公正性具有如此的不利影响以至于法院不应当采纳它。"最后,第82条(3)规定:"保留以前存在的普通法的排除证据的权力,当证据的偏见效果超过其证明

---

① David Feldman, "Regulating Treatment of Suspect in Police Stations: Judicial Interpretation of Detention Provision in the Police and Criminal Evidence Act 1984", at 452 and 468.
② PACE, §76 (8).
③ Michael Zander, "The Act in the Station", at 189.

价值的时候。"①

表面上看,这些排除证据的根据似乎与旧的制度没有多大差别,虽然把"不可靠"的根据扩展到警察以外的人②所做的事是一个重要的增加规定。③ 但是,通过把注意力集中在警察行为的"强迫性",无论供述的可靠性如何,警察与刑事证据法已经明确地要求法院系统去"约束警察"。自从该法生效以后,"法官们把自己视为拥有纪律性和规范性的地位,在保持警察权与嫌疑人保护之间的平衡方面。这种平衡是皇家委员会审议以及议会成员在辩论该法草案的各个不同版本时考虑的基础性因素之一。……考虑到议会在确定正确的平衡方面所花的时间,法院系统严肃地对待最终形成的制定法是合理的也是正确的,并且寻找能够确保警察也这样做的方法。"④

例如,由于《警察与刑事证据法》中规定的权利在逮捕并且到达警察局之前并不生效⑤,警察可能会试图延迟对嫌疑人的逮捕,以便于不经警告而讯问他们。然而,在伊斯梅尔(R. v. Ismail)案件中,审理法官排除了被告人所做的陈述,因为延迟逮捕的决定的

---

① David Feldman, "Regulating Treatment of Suspect in Police Stations: Judicial Interpretation of Detention Provision in the Police and Criminal Evidence Act 1984", at 453.

② 在 R. v. Harvey (1988) Crim. L. R. 241 (Central Criminal Court) "对于一名心理上有缺陷的低智商的妇女而言,听到她的爱人供述谋杀的经历,可能已经足以诱使她为了保护她的爱人而作出虚假供述。"§76(2)(b)被用来排除她的陈述。

③ Birch, "The PACE Hots Up: Confessions and Confusions Under the 1984 Act": "第2(b)款的规定,代表着与过去的决裂……法院现在有责任在说了任何话或者做了任何事会导致供述可能不可靠时排除证据;不管是谁说的或者做的。"

④ David Feldman, "Regulating Treatment of Suspect in Police Stations: Judicial Interpretation of Detention Provision in the Police and Criminal Evidence Act 1984", at 469.

⑤ 在到达警察局之前,不必告知嫌疑人其享有的权利。然而,执行守则禁止在警告前进行任何讯问,除非存在"非常例外的情形"。Wolchover and Heaton-Armstrong, at 240.《讯问守则》,para. 11.1。

目的是为了规避那些保护性的规则。① 另一方面,在拉加库鲁纳(R. v. Rajakuruna②)案件中,嫌疑人没有被正确地警告关于他是嫌疑人这一点,但是"完全知道这一事实"并且放弃了律师的帮助,他的陈述没有被排除。

英国法院对于嫌疑人的权利给予特别保护的领域,是警察延迟与律师的会见或者延迟与第三人的交流。费尔德曼(David Feldman)是这样解释的:"根据制定法上规定的延迟的正当理由,必须能够被已知事实合理地支持。这样,警察不能在下面的这些情形中主张可能会惊动一名尚未抓获的共犯并且可能会逃跑,如果逮捕已经被公众所知,例如一名被羁押人是在认识他的人中当众逮捕的并且他的房子已经当着他母亲的面被搜查了③,或者在延迟会见律师的决定作出几个小时之前已经电话告知了嫌疑人母亲他被逮捕。④ ……延迟会见律师,警察必须有合理根据相信该特定的律师有可能是不诚实的,或者可能被操纵或者欺骗把信息传递给被羁押人的共同犯罪人。⑤"

沃尔乔沃(David Wolchover)和阿姆斯特朗(Anthony Heaton-

---

① David Feldman, "Regulating Treatment of Suspect in Police Stations: Judicial Interpretation of Detention Provision in the Police and Criminal Evidence Act 1984", at 454, discussing R. v. Ismail (1990) Crim. L. R. 109. 相似地,在 R. v. Sparks (1991) Crim. L. R. 128 案件中,上诉法院判定,嫌疑人和一个在逮捕前就认识的警察之间就犯罪进行的"友好的交谈"属于"讯问",嫌疑人有权受到警告并且警察应当制作笔录。尽管事实上那个警察并没有故意要规避警察与刑事证据法的要求,这个案件的判决也是如此。

② (1991) Crim. L. R. 458. 根据是 R. v. Dunford (1991) Crim. L. R. 370 and cases cited in Commentary。

③ David Feldman, "Regulating Treatment of Suspect in Police Stations: Judicial Interpretation of Detention Provision in the Police and Criminal Evidence Act 1984", at 458, citing R. v. Alladice (1988) 87 Cr. App. R. 380 (C. A.).

④ David Feldman, "Regulating Treatment of Suspect in Police Stations: Judicial Interpretation of Detention Provision in the Police and Criminal Evidence Act 1984", at 458, citing R. v. Samuel (1988) Q. B. 615 (C. A.).

⑤ David Feldman, "Regulating Treatment of Suspect in Police Stations: Judicial Interpretation of Detention Provision in the Police and Criminal Evidence Act 1984", at 458, citing R. v. Davision (1988) Crim. L. R. 442 (Central Criminal Court).

Armstrong)的结论是:"责任的压力是如此之大,以至于除了某些种类的犯罪以外,现在警察在任何阶段防止会见律师要想被正当化实际上已经不可能了。"①

同样,在下列情形下已经命令排除证据:警察未能全面告知嫌疑人权利的②,误导嫌疑人认为获得法律咨询是不正常的③,在警察掌握的证据的强度方面误导嫌疑人和(或)律师④,因先前未经警告的供述而获得的供述⑤,或者未能对讯问制作同步笔录⑥。首席大法官莱恩(Lane)勋爵在后来的案件中总结了法院系统的态度:"如果警察像我们发现的很难相信的那样,仍然不理解警察与刑事证据法及其守则的重要性,那么现在是他们理解的时候了。"⑦

证据排除并不限于对羁押和讯问规则的违反。在马托(Matto v. Wolverhampton Crown Court⑧)一案中,嫌疑人的呼吸样本被排

---

① David Wolchover and Anthony Heaton-Armstrong, "The Questioning Code Revamped", at 232,234.
② Ibid., 455, and cases cited therein.
③ Ibid.
④ R. v. Beals (1991) Crim. L. R. 118 (嫌疑人单独被警察误导); R. v. Blake (1991) Crim. L. R. 119; R. v. Mason (1987) 3 All E. R. 481(嫌疑人和律师一起被警察误导)。
⑤ R. v. McGovern (1991) Crim. L. R. 124. 与美国的 Oregon v. Elstad 470 U. S. 298 (1985)相比较。在 Elstad 案中,基于比较相似的事实,美国联邦最高法院得出了相反的结论。在 McGovern 一案中,初次供述是在没有律师在场的情况下,由一名智商只有 73 且情绪冲动的妇女作出的。上诉法院判定,律师不在场有可能导致初次供述不可靠。第二次供述虽然经过了全面的警告并且律师在场,由于它是初次供述的结果,也必须被排除。法院似乎并不是依赖本案被告人独特的智力状况,但是指出,初次讯问"违反规则""这一事实","有可能对第二次讯问中的人产生影响。"(1991) Crim. L. R. 125.
⑥ R. v. Canale (1990) Crim. L. R. 329. 另见 R. v. Scott (1991) Crim. L. R. 56, 在该案中上诉法院排除了一份有罪供述,理由是警察未能依照 para. 12 (12)的要求让被告人阅读讯问笔录并在笔录上签字。
⑦ R. v. Canale (1990) Crim. L. R. 329.
⑧ (1987) R. T. R. 337 (D. C.).

除,理由是先前对他的非法逮捕。① 在高尔(R. v. Gall②)一案中,上诉法院"撤销了一项定罪,因为审理法官错误地拒绝排除一份列队辨认的证据,在该辨认中一名警官向被辨认人们所在的房间看了,并且可能在证人们试图观察嫌疑人之前向证人说话了。"③相似地,在康韦(R. v. Conway④)案件中,上诉法院撤销了一项定罪,因为没有进行执行守则中要求的列队辨认,并且没有说明列队辨认不可行的理由。⑤

在泰勒(R. v. Taylor⑥)案件中,审理法官排除了文书证据,理由是,该案是关于金融不法行为的,但是在申请传票的时候警察误导法官相信该侦查是关于贩卖毒品的。该证据被排除的理由是警察的非法行为,并不考虑其可靠性。⑦ 在芬内利(R. v. Fennelley⑧)案件中,审理的是以贩卖为目的持有毒品案件,审理法官排除了毒品,因为嫌疑人未被告知被临时截停的原因以及警察将要对他进行搜查,而警察与刑事证据法§2(3)是这样要求的。⑨ 最后,在查普曼(Chapman v. D. P. P.⑩)案件中,一份袭击警察的定罪被撤销,在该案中警察在追捕一名逃跑的嫌疑人的过程中进入了

---

① 关于美国联邦最高法院的"非法逮捕的污染"原理,见 Brown v. Illinois 422 U. S. 590 (1975)。

② 转引自 David Feldman, "Regulating Treatment of Suspect in Police Stations: Judicial Interpretation of Detention Provision in the Police and Criminal Evidence Act 1984", at 468。

③ Ibid.

④ (1990) Crim. L. R. 402.

⑤ 根据是 R. v. Britton and Richards (1989) Crim. L. R. 144 以及那里引用的判例。

⑥ 转引自 David Feldman, "Regulating Treatment of Suspect in Police Stations: Judicial Interpretation of Detention Provision in the Police and Criminal Evidence Act 1984", at 468—469, citing The Independent, January 19, 1990, p.1.

⑦ Ibid.

⑧ (1989) Crim. L. R. 142.

⑨ 费尔德曼指出,芬内利"根据新的执行守则可能会作出不同的判决,因为该案件可能被认为已经同意了搜查,因而放弃了被告知原因的权利。"写给笔者的信,1991年12月17日。

⑩ (1988) Crim. L. R. 843.

被告人的套房,而警察对于该嫌疑人实施了一项可捕罪没有合理怀疑。

考虑到英国法院系统长期忽视警察在证据收集过程中违法行为,自警察与刑事证据法之后排除规则方面的发展确实是超常的。正如上面所引的费尔德曼的分析和莱恩勋爵的评论那样,认为英国法院系统已经开始使用证据排除的措施,部分原因是该法典给了它们新的权力,更为简单的部分原因是现在明确规定了规则,那么警察就能够被期待遵守规则。

特别引人注目的是,这场英国的"刑事诉讼革命"是发生在自由裁量的排除规则的背景下,而不是强制排除规则。英国的经验强烈地暗示,如果美国的规则要以制定法的形式明确地规定,那么在一定程度上放松强制排除规则是可能的,因为强制排除规则在美国已经导致了如此多的困难。反过来,这种放松将使扩展规则所规范的领域成为可能,例如,羁押和讯问程序,美国最高法院不愿意涉及这些领域的原因在于最高法院承诺任何对宪法所要求的"规则"的违反都必将导致证据排除。

笔者对《警察与刑事证据法》的推崇并不是完全无条件的。首先,一部制定法伴随着单独的、但经常重复的执行守则这种制度,过于复杂。笔者将在某种程度上寻求平衡,倾向于简洁明了,然后在正式法律之外制定立法说明,就像第六章所演示的那样,但是不通过单独的诸如执行守则这样的方式。另外,正如上面提到的那样,该法有的时候不容易遵守,因为它包含对其他制定法规定的引用。最后,笔者当然并不一定同意该法每个条文的实质内容。除了这些,无论是从警察、被告人、律师还是法官的角度看,与以前英国曾经存在的规则的拼凑物相比,该法都代表着一个巨大的进步,而这种拼凑物在美国仍然继续存在。

澳大利亚

在1989年,笔者在澳大利亚首都堪培拉花了8个月研究刑事诉讼制度。澳大利亚和美国一样,是一个幅员辽阔的讲英语的前英国殖民地,目前的人口由多种民族和种族组成。其法律制度是从英国普通法发展而来的,并且实行与美国类似的联邦制。而且,澳大利亚人通常显示出至少与美国人同样的对警察的不信任。因而,对澳大利亚刑事诉讼制度的研究,似乎是解决美国问题的理想的建设性方法。

不幸的是,现行的澳大利亚刑事诉讼法并不能满足这种期望。在大多数方面,它处于20世纪50年代中期的美国法状态,虽然近期的发展预示着更好的将来。① 直到1991年,强制性证据排除的唯一根据是对供述的"自愿性"标准,高等法院对州的诉讼程序很少控制,警察通常"行使个人权力而从来不会想到其权力的行使是需要负责任的。"② 而且,"在关乎基础性个人自由的活动的一些方面,规范的规则是不明确的、不确定的、过时的、难以找到的且难以理解的,因而已经相当不适合我们所生活的时代。"③

正如上面提到的,在下面要讨论的1991年的制定法之前,强制排除证据的规则仅仅适用于"不自愿"的供述,并且这种供述也不是在所有的州都是自动排除的。④ 而且,虽然这个强制规则经常在法院判决中被提及,但规则很少被启用。⑤ 除了这个强制性的规则,审理法官自由裁量地排除证据有三个可能的理由:(1)争议中的证据将是不正当地具有偏见性;(2)被告人作出的供述显示出

---

① 本节关于澳大利亚法律的讨论,是以笔者的一篇论文为基础的,Craig Bradley, "Criminal Procedure from the Land of Oz: Lessons for America".

② Report of the Board of Inquiry into the Enforcement of Criminal Law in Queensland, at 91 (下简称为 Lucas Report)。

③ Peter Sallman and John Willis, Criminal Justice in Australia, Chap. 20.

④ 在新南威尔士,对于通过故意的虚假陈述而获得的供述也自动排除。1990年《犯罪法》第410条。在Victoria和Australian Capital Territory,并不自动排除所有的非自愿供述。Crimes Act 1958 (Vic), §149, Evidence Act, 1971 (A. C. T.) §68.

⑤ Craig Bradley, "Criminal Procedure from the Land of Oz: Lessons for America", at 107.

是不可靠的;以及(3)证据是警察不公正或者不合法行为的结果。① 这些自由裁量地排除证据的理由,有时候被审理法官用来排除其认为不可靠的供述,或者通过警察越权获得的供述。②

大多数澳大利亚的州都有详细的制定法规则规范搜查和逮捕。例如,1985年《新南威尔士州搜查令状法》规定,搜查房屋以寻找证据的搜查令状的签发,应当根据对"合理根据"的证明,并且要求那些令状是具体明确的。③ 然而,这些规则并没有被警察认真对待,因为直到1990年,在已经公布的判例中从来没有因为非法搜查而排除证据④,虽然有充分的证据证明搜查是非法的甚至是残忍的⑤。尽管在1978年的邦宁(Bunning v. Cross⑥)案件中高等法院明确表示放弃"证据永远不能因非法搜查而被排除"这一英国普通法规则⑦,情况仍然如此。

在邦宁案件中,高等法院判定,在因警察不当行为而行使排除证据的自由裁量权时,审理法官应当考虑下列因素:(1)警察的该"非法或者不当行为",是故意或者过失的,还是意外或者"无意的";(2)"遵守该法律规定是否容易";(3)"指控的犯罪的性质";以及(4)是否有证据表明被违反的规则,反映了"立法机关限制警察的深思熟虑的意图"。在邦宁案件本身,高等法院判定,呼气酒精分析仪证据在醉酒驾车案件中是可采的,尽管没有按照制定法的要求,在没有合理怀疑的情况下进行的检测,并且没有预先进行

---

① Craig Bradley, "Criminal Procedure from the Land of Oz: Lessons for America", at 107—110.

② "这种'警察非法行为'的自由裁量权实际上时不时地使用,至少在关于供述的案件中,虽然不是按照惯常的或者一致的逻辑。"Craig Bradley, "Criminal Procedure from the Land of Oz: Lessons for America", at 112 and cases discussed therein.

③ Search Warrant Act of 1985, N. S. W. Stat. §§5, 6.

④ Craig Bradley, "Criminal Procedure from the Land of Oz: Lessons for America", at 116.

⑤ Ibid., at 119—120.

⑥ 141 CLR 54 (Australia 1978).

⑦ 141 CLR 54 (Australia 1978), at 569 (Stephan and Aickin, JJ.).

路边检测。①

然而，在1990年的乔治诉罗基特（George v. Rockett②）案件中，高等法院终于因非法搜查而排除了证据。在该案中，昆士兰的警察获得了一份搜查令状，令状根据的是一份结论性的附誓证词，只是简单地说警察有"怀疑的合理根据"，但是没有写明根据是什么。高等法院作为昆士兰州最高法院开庭，判定该令状无效并且证据必须被排除。高等法院判定，昆士兰州的制定法要求"合理根据"的含义是，这种合理根据必须在附誓证词中写明，这样治安法官才能亲自认定这种根据的存在。③ 很有可能这个判决，特别是它反复强调制定法的规定必须被遵守，将导致审理法官在很大程度上更加接受这样的一种可能性，即在将来的涉及非法搜查的案件中自由裁量地排除证据。

在供述领域，与搜查相比，各州都没有制定法来规范讯问，并且该领域的法律已经极端模糊。然而，最近制定的联邦制定法，即1991年《犯罪（联邦犯罪侦查）法》，可能也会给州的程序的完善提供基础（如果各州选择以联邦制定法作为范本通过它们自己的制定法的话）。该项新的制定法规定，联邦程序中的被逮捕人必须在逮捕后的4个小时之内带到法官面前，例外是在重罪案件中法官可以把羁押时间延长到8个小时。④ 这就把高等法院1986年在威廉姆斯（R. v. Williams⑤）案件中的判定法典化和强制化了，在该案中高等法院维持了审理法官自由裁量地排除一个夜盗罪嫌疑人的供述的决定，该嫌疑人是在某一天的早晨6点钟被逮捕的，但是直到第二天上午10点钟才被带到治安法官面前。威廉姆斯判决并没有在这样的一个案件中强制排除，它只是批准了审理法官的

---

① Craig Bradley, "Criminal Procedure from the Land of Oz: Lessons for America", at 110—111 and citations therein.
② 64 A. L. J. R. 384 (1990).
③ 64 A. L. J. R. 384 (1990), at 386—387.
④ Parliamentary Research Service, Digest of Crimes (Investigation of Commonwealth Offenses) Amendment Bill 1990 (now "Act 1991").
⑤ 161 CLR 278 (Australia 1986).

自由裁量的排除。与以前的情况相比,威廉姆斯判例和该制定法相结合,无疑会导致在州法院中因这个理由更多地排除证据。

该制定法接下来要求,嫌疑人必须被告知下列权利:与一名亲友以及一名律师交流,并且在合理的时间内允许这样做,并且在讯问时嫌疑人的律师必须被允许在场。① (这是对普通法"法官规则"的增加,该规则要求嫌疑人被告知沉默权以及他们所说的话可能会被用作不利于他们的证据)②然而,与英国和加拿大的情况不同,警察不必告知嫌疑人可以获得公设辩护人的帮助,或者告知其存在免费律师制度。这项制定法超出了美国的规则,因为要求如果一名亲友或者律师询问关于被逮捕的人的情况,就必须告知被逮捕人,并且除非被逮捕人反对,这些信息必须提供给亲友或者律师。③ 最后,联邦机构进行的所有讯问必须被录音,除非这样做不具有合理的可行性,并且如果不符合这个例外,未经录音的讯问是不可采的。④

1991 年,高等法院向各州施加了很大的压力,要求它们采纳录音的要求。在麦金尼(McKinney v. R.⑤)案件中,高等法院以 4∶3 的表决判定,如果州的公诉人试图使用未经录音的供述证据,审理法官必须警告陪审团,警察编造一个未经"可靠地佐证"的陈述可能是很容易的。⑥ 在这个警告中,法院应当"强调仔细审查该证据

---

① Parliamentary Research Service, Digest of Crimes (Investigation of Commonwealth Offenses) Amendment Bill 1990, at 3.

② Craig Bradley, "Criminal Procedure from the Land of Oz: Lessons for America", at 103. 在该制定法之前,这个要求似乎更多地被违反而不是被遵守。例如, Van der Meer v. R. 62 A. L. J. R. 656 (1988)案件中,被告人在被给予警告之前,被讯问了 11 个小时,并且高等法院仍然判定不需要更早时间的警告。

③ Parliamentary Research Service, Digest of Crimes (Investigation of Commonwealth Offenses) Amendment Bill 1990, 4. 比较 Moran v. Burbine 475 U. S. 412 (1986).

④ Parliamentary Research Service, Digest of Crimes (Investigation of Commonwealth Offenses) Amendment Bill 1990, at 4.

⑤ 65 A. L. J. R. 241 (1991).

⑥ 65 A. L. J. R. 241 (1991), 243.

的需要,以及提醒注意这一事实,即警察证人通常是职业证人,确定一个职业证人是否在说真话是一件不容易的事情。"①这样,似乎澳大利亚高等法院,受到不断的警察"编造"(即编造供述)指控的压力,决定使用一切它能够使用的手段来制止这样的做法。韦特(Peter Waight)指出,这个判例"已经具有这样的效果,即向所有的警察队伍施加压力以便于对讯问嫌疑人进行录音或者录像,并且警察队伍似乎在整个澳大利亚通常这样做。"②

1991年的另外一个重要的发展,是高等法院判定,无论在警察讯问还是审理中的沉默,都不能作为不利于被告人的证据。③

近年来的发展表明,澳大利亚正在参与到这样的一个现代国际趋势中来,即使用制定法规则来规范警察,并在警察违反制定法的时候通过强制排除证据和自由裁量排除证据的混合方法来保障制定法的实施。具体地,澳大利亚现在要求,搜查的根据必须事先以书面的形式写明,然后才能签发搜查令状,在讯问前必须全面告知被逮捕人的权利,并且要想在法庭上采纳,警察讯问必须被录音。

澳大利亚的经验与本书的主题有关,有两个原因。首先,它表明在一个(部分地)普通法体系中,规则通常并没有精确地写出来,"自由裁量"的证据排除规则很有可能是失败的。这个结论与新的英国模式相比更加明显,在英国,尽管在历史上长期不排除,法院系统实际上使用自由裁量的排除规则来震慑警察的违法行为。正如英国法院已经明确表明的那样,一旦警察的职责被制定法明确地规定,法院系统将不再像过去那样容忍对规则的违反。但是,像在美国和澳大利亚那样,规则本身不明确,即使像美国那样的强制排除规则,也将经常导致法院系统对警察违法假装看不见,就像在第三章中讨论的那样。

---

① 65 A.L.J.R. 241 (1991), 243.
② Peter Waight 于1992年6月25日写给笔者的信。
③ Petty v. R. 65 A.L.J.R. 625 (1991).

关于澳大利亚的第二个重要方面,正如澳大利亚法律改革委员会宣称的那样:"人们普遍同意,需要一部综合法典尽可能具体地规定各方的权利和义务,包括警察、嫌疑人以及与刑事侦查程序有关的其他人。"①这样,澳大利亚尽管其普通法历史和联邦制,接受了除美国以外都接受的观点,即规范警察程序的规则,在可能的情况下应当通过立法机关制定的法典来宣布,而不是通过一案一判的形式来发展。

最后,如已经提到的那样,在对警察搜查和讯问施加基础性限制方面,澳大利亚似乎与国际上的共识将是一致的。

加拿大

加拿大刑事诉讼法的基本原则被概括性地规定在1982年宪法的《权利与自由宪章》中,并且由一部详细的法典作为补充。宪章与警察程序相关的规定有:

  人人享有生命、人身自由和安全的权利,并且该权利除非根据基础性正义的原则,不被剥夺。②
  人人享有不受不合理搜查和扣押的权利。③
  人人享有不被任意拘禁或者监禁的权利。④
  任何人在被逮捕或者羁押时,享有下列权利:(1)被迅速告知被逮捕或者羁押的理由;(2)无迟延地获得并指挥律师,并被告知此项权利;(3)通过人身保护令方式审查羁押的有效性,并且如果羁押不合法即应被释放。⑤

最后,该宪章宣布了一项排除规则:

---

① (Australian) Law Reform Commission, Report No.2, at 23.
② Constitution Act, 1982, §7.
③ Constitution Act, 1982, §8.
④ Constitution Act, 1982, §9.
⑤ Constitution Act, 1982, §10.

"当……法院发现一项证据是以侵犯或者否定本宪章保障的任何权利或者自由的方式获得的,如果已经证明在考虑了所有的情形后,在程序中采纳它将会导致司法活动丧失名誉,那么证据应当被排除。"①

注意到这一点当然是很有趣的,即通过制定新的权利宪章,加拿大人不仅选择了几乎逐字照抄美国的宪法第四修正案,而且也作为宪法上的要求采纳了非常有害的排除规则,虽然是以更加有限的形式。

现行的《刑法典》(是一部同时规定刑法和刑事诉讼法的法典)是1970年通过的,在1985年进行了实质性的修订。② 自那以后又有几次各种方法的修正。③ 在加拿大,所有的犯罪都是联邦罪,所以只有一部单一的法典适用于整个国家。

关于搜查,该法典规定,法官签发搜查令状,必须是"附誓证词"足以说服法官,存在合理的根据相信,"在一栋建筑、一个容器或者地点"存在犯罪的果实、工具或者证据。④ "如果可行"⑤必须

---

① Constitution Act, 1982, §24(2). 笔者认为这是一个自由裁量的排除规则,因为并不像美国那样发现了违反宪法的行为就自动排除。然而,加拿大最高法院坚持说,该款"并不是授权审理法官自由裁量,而是在查明丧失名誉这一点后必须排除。"R. v. Collins 56 C.R. (3rd) 193, 204 (1987). 即便已经认定了存在违反宪章的行为,证明"丧失名誉"的责任,也要由被告人承担。上引第208页。见 Y.-M. Morissette, "The Exclusion of Evidence Under the Canadian Charter of Rights and Freedoms: What to Do and What Not to Do", at 538, cited with approval in Collins at 209。

排除证据的自由裁量,取决于"所有情形",包括证据的性质,被侵犯的宪章权利,违宪行为是严重的还是技术性的,故意的还是非故意的,是否是在紧急情况下发生的,证据是否属于无论如何都会被发现的,罪行是否严重,证据对于起诉来说是否属于至关重要的证据。Collins at 210—211。

在 Collins 案件中,最高法院选择了宪法文本的法文版的"较低的标准",即"可能会导致司法活动丧失名誉",而不是"将会导致……" Collins at 213。

② Revised Statutes of Canada R.S.C. 1970, c. C-34; R.S.C. 1985, ch. C-46.

③ R.S.C. 1985, ch. 11 (1st Supp.). 见 Martin's Annual Criminal Code 1991, p. CC-1.

④ Martin's Annual Criminal Code §487.

⑤ Martin's Annual Criminal Code, Annotation p. CC-540.

获得这种事先授权,但是可以通过无线电或者电话获得。① 令状必须在白天执行,除非该法官授权在夜间执行。② 如果警察有合理根据相信发生了涉及武器的犯罪,搜查"人身、车辆或者住宅以外的地点"时不需要令状。③

警察因"可诉罪"进行逮捕时不需要令状(除了某些盗窃和赌博犯罪以外,这些犯罪必须使用令状)。④ 进入私人房屋进行逮捕时不需要令状⑤,如果有"合理根据怀疑车辆中装有违禁品"的话,对该车辆的搜查也不需要令状。⑥ 警察在逮捕时可以附带搜查被告人的人身以及"直接相邻"的范围,除了逮捕本身以外不需要证明其他理由的存在。⑦ 在搜查之后,以及执行令状搜查或者经同意的搜查之前,嫌疑人必须被告知拒绝同意权以及律师帮助权。⑧

这样,与美国法相比,加拿大法律在搜查问题上采纳了一个更加有利于警察的方法,允许对涉及武器的犯罪无证搜查,以及无证进入逮捕,虽然在加拿大经同意的搜查的规则更加严格一些。⑨ 与美国相比,加拿大法在讯问的某些方面对警察施加了更严格的

---

① Martin's Annual Criminal Code §487.1(1).
② Martin's Annual Criminal Code §488.
③ Martin's Annual Criminal Code §101(1).
④ Martin's Annual Criminal Code §495.
⑤ Martin's Annual Criminal Code, Annotations to §495, p. CC-568.
⑥ Martin's Annual Criminal Code Annotation, pp. CH-15-16 and cases cited therein. 这种把车辆搜查限制为"违禁品"而非犯罪的全部证据,仅仅出现在条文释义中,而不是在法典本身,并且仅仅反映一个具体案件的判定。没有理由假设,如果审理一个这样的案件,加拿大法院不会把车辆搜查也适用于其他证据。
⑦ Martin's Annual Criminal Code, Annotation, pp. CH-15-16 and cases cited therein.
⑧ Ibid. 在经同意的搜查前未能告知被告人律师帮助权,可能会导致该搜查根据《宪章》第8条构成不合理搜查。上引文 CH-16 页。在其他搜查中违反律师帮助权不会导致这样的后果。上引。另见 Scott Hutchinson and James Morton, Search and Seizure Law in Canada, 7-2.
⑨ 虽然美国联邦最高法院已经承认了令状主义要求的二十多项例外,涉及武器的搜查并不属于例外之一。见 Craig Bradley,1474. 在 Payton v. New York 445 U.S. 573(1980)案件中,最高法院判定,在一个人的家里逮捕他,需要有逮捕令状。

限制。

在"逮捕或者羁押"时,嫌疑人必须被告知律师帮助权。"警察不得试图从被羁押人那里引出证据,直到被羁押人有合理的机会获得并指挥律师。"① "被羁押人必须被告知……在该管辖区存在值班律师或者法律援助制度,并且可以利用这些制度……"② 当一个人"主动接受或者默许对自由的剥夺并且合理地相信不存在其他的选择"的时候,"羁押"就发生了。这样,对道路上的车辆的临时截停构成了"羁押",但是仍然不需要警告,如果授权这种临时截停的各省立法允许不进行警告。这种立法被认为是"法律规定的合理限制",而这是《宪章》第1条③所规定的。④ 当一名嫌疑人被"一名怀疑他携带毒品的海关官员带入讯问室"的时候,"羁押"确实发生了,并且需要进行警告。⑤ 然而,与美国的爱德华兹(Edwards)规则不同,加拿大的规则并没有给予被告人讯问时律师在场的权利(在允许与律师咨询之后进行的讯问)。加拿大最高法院明确地允许警察试图"说服"一名与律师咨询后的嫌疑人供认,"只要不存在否定嫌疑人选择权或者剥夺其思考的能力的情形。"⑥

加拿大警察经常给予英国法官规则中的警告,即嫌疑人有权保持沉默并且"你所说的话将来可能被作为证据",这些话出现在发给警察的标准表格上。⑦ 在1990年的赫伯特(R. v. Hebert⑧)案件中,加拿大最高法院假定沉默权包含对该权利的告知,判定"羁押时的法律建议的最为重要的功能,就是确保被告人理解他的权

---

① Martin's Annual Criminal Code, Annotation, CH-21 and cases cited therein.
② Ibid.
③ 《宪章》第1条规定:"加拿大人权与自由宪章中保障其中规定的自由和权利,只受在一个自由民主社会被证明为正当的法律规定的合理限制。"
④ Martin's Annual Criminal Code, Annotation, CH-20.
⑤ Ibid., p. CH-20 and cases cited therein.
⑥ R. v. Hebert 77 C.R. (3rd) 145, 147; 57 C.C.C. (3rd) 1 (1990).
⑦ 例如,R. v. Manninen 58 C.R. (3rd) 97, 100 (1987)。
⑧ 77 C.R. (3rd) 145.

利,其中就包括沉默权。"①最高法院接下来判定,在一名嫌疑人主张沉默权之后,由一名假装是同监被羁押人的警官从嫌疑人那里诱骗得来的有罪陈述必须被排除(该法院进一步指出,向一名消极的便衣警察或者真正的被羁押人所做的陈述,或者通过监听设备听到的陈述,将仍然是可采的)。②

因此,加拿大和英国一样超过了美国的标准,因为这两个国家要求警察告知被羁押人可以利用免费律师,并且试图在被羁押人要求律师的时候实际上得到律师的帮助,而不是仅仅要求讯问必须停止。③ 而且,加拿大要求在任何逮捕或者羁押的一开始就进行警告(除了上面提到的对道路上的车辆的临时截停的例外),而不是仅仅在羁押性讯问之前。④ 然而,加拿大和英国都没有美国这一规则的对应物,即在嫌疑人要求获得律师的帮助后禁止讯问。

正如上面提到的,宪章规定了自由裁量的排除规则,适用于当采纳该证据将会导致司法活动丧失名誉的情况。加拿大最高法院在柯林斯(Collins v. R.⑤)案件中,判定这种排除权力应当"很少"适用于实物证据,与供述证据相对而言,但是确实在柯林斯案件中做出了排除的决定,该案中警察在搜查毒品的时候使用了从后面勒住脖子的方法。最高法院强调,该规则的目的不是为了对警察进行纪律约束,而是像宪章所要求的那样是为了避免丧失名誉。在戴门特(R. v. Dyment⑥)案件中,最高法院撤销了一项定罪,理由是不合理的搜查。在该案中,嫌疑人因交通事故而在医院接受治疗,该医院的一名医生从嫌疑人流出的血液中提取了样本,在没有令状也未经嫌疑人同意的情况下,该样本被用来证明醉酒驾车。

---

① 77 C. R. (3rd) 145, at 146.
② 77 C. R. (3rd) 145, at 147.
③ Miranda v. Arizona 384 U. S. 436 (1966).
④ 与这个相比较,United States v. Gouveia 467 U. S. 180 (1984)案中美国联邦最高法院判定,在对同监犯人被谋杀的侦查中,对囚犯进行的长达 19 个月的行政性羁押,没有律师帮助权。
⑤ 33 C. C. C. (3rd) 1 (1987).
⑥ 66 C. R. (3rd) 348 (1988).

最高法院指出:"对一个人身体尊严的侵犯,比对他的办公室甚至家的侵犯要严重得多。"①

1989 年的吉尼斯特(Genest v. R.②)案件,是一个特别有趣的案件。在该案中,根据一份有缺陷的令状,警察非法地未经敲门就进入了嫌疑人的家,该令状的缺陷之一是没有写明要搜查的物品。最高法院判定该搜查是不合理的,并且该证据被排除。虽然采纳该证据并没有致使审理不公正,令状本身以及其执行中的非技术性缺陷到了这样的程度,即该证据的使用将导致司法活动丧失名誉。③ 尽管加拿大最高法院宣称排除证据的目的并不是为了对警察进行纪律约束,这个案件似乎具有约束警察的效果。具有同样效果的还有科克施(Kokesch v. R.④)案件,在该案中最高法院以 4∶3 的表决排除了大麻作为证据,理由是,搜查令状的根据是通过非法侵入嫌疑人的院子获得的(其中包括大麻的气味)。⑤ 由于警察的行为构成了对明确的制定法规则的违反,多数派认为这种行为是"过分的",尽管警察并没有任何恶意或者使用暴力。

对于违反讯问的要求,加拿大法院更加严格。其理由是,"在违反宪章之后,被告人被要求作出不利于己的供述或者其他证据,这种证据的使用将致使审理不公正,因为在违法行为之前该证据并不存在,并且违背了公正审判的一项基础性原则即反对自我归

---

① 66 C. R. (3rd) 348 (1988), 367, quoting Pohoretsky v. R. 58 C. R. (3rd) 113, 116 (1987), 在该案中基于相似的事实得出了相同的结论。与美国的这个案件相比较, Schmerber v. Cal 384 U. S. 757 (1966), 根据"紧急情况"原理, 允许没有令状而从醉酒驾车嫌疑人身上抽取血样。
② 67 C. R. (3rd) 224 (1989).
③ 67 C. R. (3rd) 224 (1989), 225. (对用法文写作的判决的英文阐释)
④ 1 C. R. (4th) 62 (1990).
⑤ 但是, 在 R. v. Debot 73 C. R. (3rd) 129 (1989)案件中, 在拍身搜查中发现的证据没有被最高法院排除, 尽管警察未能在拍身搜查之前告知被告人律师帮助权。正如 Sopinka 大法官在赞同意见中指出的那样, 告知被告人律师帮助权将是一个空的许诺, 因为多数派的结论是, 即使被告人主张该项权利, 警察也没有必要停止搜查。上引, p. 158。

罪的权利。"①这似乎是一个奇怪的区分,除非它真正地建立在可靠性的考虑上。为什么不合理搜查获得的证据被采纳,而通过并非更不合理的讯问技巧获得的证据就不可采②?似乎只有一个解释,就是后者被怀疑是不可靠的。然而,加拿大最高法院并没有宣称这是二者之间区别的理由。无论是否具有正当理由,对在供述领域警察违法行为采取坚决的态度,最高法院明确说出来的根据就是这个区分。

例如,在曼宁恩(R. v. Manninen③)案中,最高法院维持了下级法院撤销一项定罪的决定,该案中一名嫌疑人在被告知了沉默权和律师帮助权之后说:"没有我的律师我什么也不说。"④之后警察进一步讯问了他,引出了证明有罪的回答。最高法院判定,权利《宪章》第10条(b)规定了警察的一项职责,即赋予嫌疑人合理的机会与律师联系,并且"直到他有合理的机会获得并指挥律师之前,停止讯问或者其他试图从被羁押人那里获得证据的活动。"⑤

在布莱克(R. v. Black⑥)案中,嫌疑人在第一次被讯问时要求律师,并且与律师进行了电话交谈。之后,当嫌疑人用刀伤害的被害人死亡时,嫌疑人再次被告知了律师帮助权并且说她想要和她的律师交谈。警察几次尝试与她的律师联系,但是都没有联系上,嫌疑人拒绝尝试与其他律师联系。之后,警察就该项犯罪对她进行了讯问。她作出了供述并带领警察找到了那把刀。最高法院

---

① R. v. Collins 56 C. R. (3rd) 193 (1987). 另见 Roger Salhany, Canadian Criminal Procedure, pp. 69—70。

② 根据是 R. v. Meddoui 2 C. R. (4th) 316 (1990),在该案中 Alberta 上诉法院排除了非法搜查获得的证据。"根据被告人个人的介入程度来界定宪章的保护范围,这样的企图必然导致令人惊奇的甚至荒诞的结果。"上引,336.

③ R. v. Manninen, 58 C. R. (3rd) 97 (1987).

④ Ibid., 100.

⑤ Ibid., 104. 与美国具有相同效果的 Edwards v. Arizona 451 U. S. 477 (1981)相比较。另见 R. v. Duguay 67 C. R. (3rd) 252 (1987),在该案中最高法院排除了一项实物证据,因为该证据是通过被告人未经告知律师帮助权被讯问作出的陈述找到的。

⑥ 70 C. R. 97 (1989).

排除了该供述以及找到那把刀的过程(但是不包括刀本身,因为刀是"实物"证据),理由和在曼宁恩案件中的一样。①

在阿米欧(Amyot v. R.②)案件中,嫌疑人被给予正确的警告并被要求接受测谎检查。未经与他的律师协商,他同意这样做。在测谎之后,他被告知他未能通过测谎,经过进一步的谈话,他做出了证明有罪的陈述。魁北克上诉法院撤销了定罪,命令排除该项陈述,判定由测谎者在告知他未能通过测谎之后进行的讯问,属于"破坏信任……一个威胁、强迫和不正当压力的例子。"③它也违反了嫌疑人的律师帮助权,因为他在成为嫌疑人之后没有被再次警告。

最后,在罗斯(R. v. Ross④)案件中,一个列队辨认被最高法院排除。在该案中,未经告知他有机会向律师咨询(律师可能会告诉他,他没有参加被辨认的法律上的义务),被告人被要求参加被辨认。最高法院判定,该辨认程序属于柯林斯判决中所说的被告人提供的证据。⑤

在某种意义上,加拿大的制度是美国制度的镜像。在美国,规则是模糊的但是排除的规则是明确的,即一旦规则被违

---

① 70 C.R. 97 (1989), p.117. 该法院还指出:"那把刀无疑是警察在没有违反宪章的情况下找到的……"。最高法院认为有必要启动"必然发现"理论这一事实,表明可以进一步怀疑最高法院在不存在特殊情形时采纳实物证据的决心。比较 Oregon v. Elstad 470 U.S. 298 (1985), 同样地拒绝把"毒树之果"原则适用于对米兰达规则的违反。
② 78 C.R. (3rd) 129 (1990).
③ 78 C.R. (3rd) 129 (1990), pp.129—130.
④ (1989) 67 CR (ed) 209. 比较 Kirby v. Illinois 406 U.S. 682, 692 (1972), 判定在起诉前的列队辨认中没有律师帮助权。关于加拿大和美国刑事诉讼的全面比较分析,见 Robert Harvie and Hamar Foster, "Ties That Bind? The Supreme Court of Canada, American Jurisprudence and the Revision of the Canadian Criminal Law Under the Chater."
⑤ (1989) 67 CR (ed) 209.

反证据一直被排除。① 在加拿大,规则是相对明确的(至少在存在法典化规则的法律领域),但是排除的要求则被故意设置为模糊的。是否排除的决定留给审理法院。然而,与德国和澳大利亚的做法不同,自由裁量的排除规则是经常启用的,因此,即使其目的不是为了震慑警察的不法行为,但无论如何它确实具有那样的效果。

加拿大法典本身倾向于使用比英国警察与刑事证据法更加技术化的语言。因此,对于美国的仿效而言用处较小一些。更加麻烦的是,它并不是综合的。相反,加拿大的制度处于英国和美国的制度之间,即由法典规定一些问题,例如搜查令状的要求②,同时把其他一些问题交给法院系统对宪章进行解释,例如逮捕附带的搜查③。这样,加拿大作为被关注的国家,不是因为它特定的法典,而是因为它至少部分地接受了这些原则:法典是应当采用的方法;规则可以事先制定而不是一案一判;自由裁量但是经常适用的排除规则是对警察非法行为的正确制约方法。加拿大采纳与米兰达警告相类似的警告也是值得关注的。

法国

法国法规定了三种程度的犯罪:重罪,可以判处 5 年以上有期徒刑的;轻罪,可以判处 2 个月至 5 年有期徒刑的;违警罪,可以判处 2 个月以下监禁的。④ "现行犯"的重罪或者轻罪,是指在犯罪过

---

① 几乎一直。见 United States v. Leon 468 U. S. 897 (1984)中在搜查令状案件中的排除规则的善意的例外;Illinois v. Krull 480 U. S. 340 (1987)中依赖后来被宣布违宪的制定法。

② Martin's Annual Criminal Code §487.

③ 见 Martin's Annual Criminal Code §495, p. CC-568, "Search Incident to Arrest"。

④ Richard S. Frase, "Introduction" to The French Code of Criminal Procedure, at 1 (下简称 Introduction)。

程中,或者犯罪刚刚实施完毕。① 法国法典的翻译者弗雷兹(Richard Frase)论述说,在这种"现行犯"的案件中,该法典允许当局:

(1)搜查犯罪现场并且扣押所有找到的证据;(2)搜查所有显示出参与了犯罪或者持有证据的人的住宅,并扣押"对查明事实有用的"所有证据;(3)指定专家进行科学的或者技术的检验;(4)将现场的人扣留至调查完成;(5)传唤(必要时拘传)并讯问(不宣誓)能够提供证据的任何人;并且(6)对证人和嫌疑人采取侦查性羁押,最长24小时(经公诉人批准可以延长至48小时)。②

一方面,这些搜查和羁押的权力受到一系列程序保障的限制。例如,房屋搜查必须尊重职业秘密和"辩护方的权利",并且必须有独立于搜查机构的人在场见证;侦查性羁押报告必须包含讯问、休息和释放的时间,并且记明被羁押人被告知有权获得医学检查。另一方面,显然不存在具体的法律标准(与普通法的可成立的理由相类似的)来规范警官可以在哪里寻找犯罪证据。③ 在警察讯问中也没有律师帮助权(甚至沉默权警告),警察讯问通常发生在侦查性羁押(或者列队辨认)时。④ 而且,对这种羁押时间期限或者其他限制的违反,并没有发现要求排除通过羁押获得的供述⑤,(但是在其他场合对辩护权的侵犯可能会导致排除)。⑥

在不存在"现行犯"的犯罪时,在理论上,侦查由一名独立的预审法官进行⑦,警察只限于进行预备性的、非强制性的侦查,在这种

---

① Frase, Introduction, 9.
② Frase, Introduction, 10.
③ 但是,正如下面讨论的那样,对住宅的搜查不能基于仅仅怀疑而进行。
④ Richard S. Frase, "Comparative Criminal Justice as a Guide to American Law Reform: How Do the French Do it, How Can We Find Out and Why Should We Care?"(以下简称 Comparative Justice)。
⑤ Frase, Introduction, 10.
⑥ Frase, Introduction, 16, n. 105. 特别是,"违反第63条和第64条关于侦查性羁押的规定,如果被表明'真实查明受到根本性污染',可能会导致排除。"
⑦ Frase, Introduction, 16.

侦查中对证据的搜查扣押只能根据被影响的当事人的书面同意进行,并且为了讯问而羁押是不允许的①。然而,魏根特(Thomas Weigand)报告说,在某一年,只有14%的符合条件的案件被移送给预审法官。在其他案件中,警察能够获得嫌疑人的"自愿"合作,因为人们没有意识到他们的权利,或者不愿意"犹豫或者拒绝回答问题,或者以其他方式阻碍警察侦查,以免他们制造对他们的怀疑及其理由。"②在那些由预审法官侦查的案件中,治安法官拥有"广泛的自由裁量权,可以签发逮捕和羁押令,并且进行'他认为对于查明真实有用的一切侦查行为(包括电子监控)'。"③而且,预审法官有权,并且经常这样做,将一些侦查权力委托给警察行使④(不包括签发逮捕令状和讯问嫌疑人的权力)。⑤

在讯问时,必须由预审法官进行,被告人必须被告知律师帮助权和沉默权。⑥ 未能给予警告通常会导致排除作出的所有陈述,但并不必然排除陈述的结果。⑦

最后,法国法规定了身份检查,即人们被要求提出身份证件,而且身份检查不需要基于个别化的怀疑,在对武器的拍身搜查时不需要对危险的怀疑,并且可以持续长达 4 个小时。⑧

---

① 然而,"自愿地"出现在警察局的嫌疑人,或者因其他原因已经在那里的,可以和"现行犯"的案件一样,对其进行长达 24 小时或者 48 小时的侦查性羁押。Richard Frase, "Introduction" to The French Code of Criminal Procedure, 11. "随意地提及这种羁押的可能性,似乎经常能够致使嫌疑人和证人开口说话。" Thomas Weigand, "Constitutional Cures for American Ailments", at 381,391.

② Thomas Weigand, "Continental Cures for American Ailments: European Criminal Procedure as a Model for Law Reform", at 391.

③ Frase, Introduction 13, 引用的是《法国刑事诉讼法典》第 91 条第 1 款和第 82 条第 1 款。Frase 报告说,现在电子监控由 1991 年 7 月 1 日的第 91—646 号法律进行更详细的规范,该法对电子监控的持续时间以及其他方面进行了限制。1992 年 5 月 14 日寄给笔者的信。

④ Frase, Introduction, 15.

⑤ Frase, Introduction, 15.

⑥ Frase, Introduction, 14.

⑦ Frase, Introduction, 16. 以及 Frase 寄给笔者的信。

⑧ Frase, Comparative Justice, at 580.

即便是这些宽松的规则也经常被忽视,因为正如帕克特(Walter Pakter)报告的那样,这些规则通常并不通过排除的制裁予以实施:

> "法国警察经常忽视法典上关于旨在讯问的羁押的条件和期限的规定。大多数学者已经要求法院系统对违反法典的行为采取排除措施;然而,最高法院一直把救济限于针对警察提起的单独的刑事或者民事诉讼。这种救济是一种空想,因为对警察暴力的刑罚制裁已经被法院系统做了限制性解释。而且,针对警察的诉讼费时、费钱,并且难以追诉。
>
> * * * *
>
> 警察局内部的行政性控制,例如提职的刺激,可能会防止严重的对被羁押人的虐待。无论如何,警察的首要考虑是破案,因而他们不大可能比法院系统更注意公民自由。
>
> * * * *
>
> 在法国,被羁押人通常受到比美国或者德国的警察讯问所羁押的嫌疑人糟糕得多的待遇。"①

该法典对搜查的限制中只有很少的几条,诸如对律师办公室的搜查只能由预审法官执行②,以及搜查通常不能在夜间进行③,是通过强制排除的方式来实施的④。其他规则的违反,"只有当违反法典的'实质性'规定,特别是'辩护方的权利'时"⑤,才导致排除,

---

① Walter Pakter, "Exclusionary Rules in France, Germany, and Italy", 13—15. 又见 Frase, Comparative Justice, 586:"虽然某些美国观察者认为法国的权利通过行政性纪律约束就得到了有效的实施,但是法国人自己对这种救济持怀疑态度:'经验证明唯一正常的救济措施就是排除。'"(引用省略)
② French Code of Criminal Procedure Art. 56-1.
③ French Code of Criminal Procedure Art. 59(1).
④ French Code of Criminal Procedure Art. 59(3)规定"第56条、第57条和本条规定的程序,如果违反则行为无效。"第78-3条(11)规定了违反了人身识别而进行羁押的限制,会导致强制排除。
⑤ Frase, Introduction, 16.

这些权利只是被粗略地列明。①

在1980年,最高法院命令排除了一份供述,该供述是在一次仅仅根据怀疑而进行的无证搜查之后获得的,确立了这样一个原则,即这样的搜查"不能因搜查前的怀疑或者搜查后的证据而被正当化。"②在该判决之后,帕克特报告说:"最高法院已经再次维持了违法搜查和扣押的证据排除,并且下级法院已经排除了甚至是对法典善意违反获得的证据。"③未被授权的搭线窃听也可能导致证据排除。④

法国的人口比美国要单一得多,而且拥有一个训练精良、全国统一的警察队伍。⑤ 因此,它似乎建立了一个宽松结构的刑事诉讼制度。《法国刑事诉讼法典》是1958年制定的,之后进行过修正。法国的程序在这么多年之后是否适合于法国不好说,虽然很多法国学者认为它们不适合。⑥ 法国的程序显然没有跟上现代的国际趋势,即通过详细的法典来规定警察程序,同时用自由裁量的但是经常启用的排除规则来确保警察遵守这些规则。魏根特报告说:"刑事诉讼改革已经完全列入了法国的议事日程",并且一个"半官方"的委员会已经在1991年的报告中建议了重大改革。⑦

---

① 弗雷兹对"辩护方的权利"一词的定义是:"一个概念模糊的一组程序保障,通常不是基于法典的某一具体规定,被认为是公正和平等原则所暗含的权利。违法行为……并不必然导致对证据果实的排除,并且……通常要求有力地证明对被告人利益的损害。"Frase, "Comparative Criminal Justice as a Guide to American Law Reform", at 586 n. 254.

② Walter Pakter, "Exclusionary Rules in France, Germany, and Italy", at 36.

③ Ibid.

④ Ibid., at 38.

⑤ Frase, "Comparative Justice", at 554—557.

⑥ Frase 报告说,法国的学术界的观点,倾向于把证据排除作为警察非法行为的救济。Frase, "Comparative Justice", at 586.

⑦ Thomas Weigand 于1992年1月8日寄给笔者的信。

德国

《德国刑事诉讼法典》是 1877 年制定的,最近一次重新公布是 1975 年。① 与法国法典相比,该法典更加详细,对警察规定了更多的限制,但是与现代标准相比相对要求较低。②

例如,被"怀疑"犯罪的人的住宅和人身可以被警察搜查,"以便于抓获这样的人,或者可以假定这样的搜查会导致证据的发现。"③虽然德国《基本法》第 13 条规定,搜查只能由一名法官签发命令,该条文和法典规定,如果"延迟就有危险",允许"检察官及其辅助官员"(警察)签发搜查令状。④ 根据该法典,搜查令状不需要表现为某种特定的形式,不需要基于可成立的理由或者任何具体的证据表明(仅仅"怀疑"),并且可以口头作出,或者直接省略,如果延迟就有危险的话。

然而,在一个戏剧性的新发展中(依照德国的标准),(最高)宪法法院已经把法典"解释"为有更多的要求。要想搜查一名嫌疑人的家,如上提到的那样,法典只要求仅仅怀疑。⑤ 这是与搜查第三人的家相比,后者有一个更高的标准(听起来像美国的可成立的理由):"基于事实可以得出证据可能被找到的结论",必须被写明在令状上。⑥ 然而,在 1991 年 9 月 3 日的判决⑦中⑧,(最高)宪法法

---

① Thomas Weigand 于 1992 年 1 月 8 日寄给笔者的信。
② 参阅 Craig Bradley,"The Exclusionary Rule in Germany",本部分的大部分讨论是以这篇文章为基础的。另见 American Series of Penal Codes, The German Code of Criminal Procedure, §102。
③ Craig Bradley, "The Exclusionary Rule in Germany", 1038, quoting The German Code of Criminal Procedure, §102.
④ The German Code of Criminal Procedure, §105. Constitution Art 13(2).
⑤ The German Code of Criminal Procedure, §102.
⑥ The German Code of Criminal Procedure, §103.
⑦ Bundesverfassungsgericht (BVerfG) (2d Senate), Wista 1992, Heft 2, p.60.
⑧ 德国的案件是通过日期来引用,没有其他的名字,虽然有时候在后来的讨论中形成了一个非正式的名字,例如"日记案"。判决比"决定"具有更高的判例效果。

院拒绝了一份令状并命令排除证据,因为该令状简单地宣称因"怀疑谋杀"①警察想要搜查嫌疑人的家,而没有写明怀疑的根据(在这之前,这是令状申请的典型语言②)。该法院宣布,该令状不仅违反了上面讨论的第13条,而且违反了对"人格发展的自由决定权"③的宪法保护。具体地,该令状是有缺陷的,没有写明被怀疑的犯罪的细节,并且没有写明要寻找的证据的性质,或者足够狭窄地限制搜查的区域。④ 这种明确性是必需的,以便于治安法官能够独立地判断,搜查和扣押时对嫌疑人"隐私区域"的侵犯与被怀疑的犯罪是否成比例。⑤

虽然该判决否定了仅仅根据怀疑就进行搜查的合理性,其默示的含义是,现在要求类似于搜查非嫌疑人那种对事实进行的证明。在通常情况下,如果达不到这个要求,治安法官就很难作出一个"独立的"判断,宣称该搜查与宪法上的比例原则相一致。而且,由于宪法法院在本案中排除了证据,这表明它愿意使用有意义的救济来支持其观点。这种做法与过去经常发生的情况形成对比,过去宣布一次搜查是违法的,但还是采纳了证据。⑥

除了这个近来的发展,德国宪法对刑事司法制度规定了其他的限制。它"提供了由一个合法任命并且独立的法官进行的公正审理,审理中必须遵守宪法的保障;特别是人的尊严、人格发展的自由决定权、人身自由、法律面前的平等……以及禁止不人道的

---

① Bundesverfassungsgericht (BVerfG) (2d Senate), Wista 1992, Heft 2, p.60.
② 1992年6月16日与科尔大学 Heinz Wagner 的谈话。
③ 德国《基本法》第2条:(1)人人享有人格发展的自由决定权……(2)人人享有生命权和人身不受侵犯权……
④ Bundesverfassungsgericht (BVerfG) (2d Senate), Wista 1992, Heft 2, p.61.
⑤ Ibid.
⑥ Craig Bradley, "The Exclusionary Rule in Germany", at 1040—1041,1046. 与美国搜查和扣押法的比较差别是巨大的。在德国,搜查可以仅仅根据"怀疑"而不是可成立的理由,并且通常根本不使用书面搜查令。对于本书的目的而言更重要的是,违反要求搜查令这一点,或者未能提供所需的信息,并不导致搜查获得的证据的排除。

待遇。"①

另外,法治国家原则(与美国的正当程序要求类似)禁止警察残忍和欺骗,不仅在对证据的扣押领域②,而且在讯问领域③。

如果扣押本身违反了法治国家原则④,不管其证明价值大小或者侦查的犯罪的严重程度⑤,证据必须被排除,但是这种宽泛的排除受到这个事实的限制,即德国法院把搜查和扣押分别进行分析。这样,在一个案件中,搜查令违反了法治国家原则,因为它未能写明被侦查的犯罪和要寻找的证据,这一宪法上的缺陷不能单独导致根据该搜查令扣押的证据的排除。⑥ 相反地,该扣押被与非法搜查分离开进行衡量,来决定扣押是否是通过残忍或者欺骗完成的。⑦ 法院推理说,搜查本身的有效性问题不应当进行争议⑧,因为

---

① Theodor Kleinknecht, Strafprozessordnung, Einleitung 19(引注省略)。

② Judgment of Mar. 17, 1971, Bundesgerichtshof(BGH), W. Ger., 24 Entscheidungen des Bundesgerichtshof in Strafsachen(BGHSt)(联邦上诉法院刑庭判决), pp. 125, 131.

③ 禁止讯问中的残忍和欺骗是由制定法规定的(德国《刑事诉讼法》第136条a),但是该制定法是依据宪法原则制定的。Craig Bradley, "The Exclusionary Rule in Germany", at 1049—1050.

④ Theodor Kleinknecht, Strafprozessordnung, Einleitung para. 54.

⑤ Ibid. 与美国的 Rochin v. California 342 U.S. 165(1952)相比较,该案是在排除规则适用于各州之前作出的判决,当时是以正当程序为理由排除了以残忍获得的证据。

⑥ 见 Judgment of May 24, 1977, BVerfG, 44 BVerfG 353.

⑦ Judgment of May 24, 1977, BVerfG, 44 BVerfG 353, 371—372. 见 Craig Bradley, "The Exclusionary Rule in Germany", 1046. 在本案中,扣押被判定是违宪的,理由与搜查被判定违宪实质上是相同的:警察并没有在侦查一项具体的犯罪,而"大撒网"并不能成为如此具有侵犯性的行为的理由,即对毒品治疗中心的私人医疗档案的扣押。然而,警察找到的是非法麻醉品而非仅仅是医疗档案,有可能该证据将不会被排除,尽管搜查中存在缺陷;在决定排除时,法院着重强调了被扣押证据的隐私性质。

⑧ 另见 Judgment of May 24, 1977, BVerfG, 42 BVerfG 212, 218。在这个先前的案件中,法院并没有得出结论说它将永远不会因非法搜查排除证据,但是判定该问题还没有成熟。

扣押才是证据的真正来源。① 于是,违宪的扣押(即通过残忍或者欺骗进行的扣押)会直接导致证据的排除②,而违宪的搜查以及仅仅是违法的(那些仅仅违反刑事诉讼规定的)搜查将并不必然具有那样的效果。③

然而,正如上面提到的那样,1991年3月的判决,该案并不涉及通过残忍或者欺骗而进行的扣押,而是仅仅涉及一份有缺陷的搜查令状,似乎改变了德国的方法,即对于违法搜查或者违法扣押,都会以强制排除作为警察非法行为的救济。

第二个相关的宪法原则是比例原则。④ 根据这个原理,打击犯罪所用的方法,必须与"罪行的严重程度和怀疑的强烈程度"⑤以及处于风险之中的宪法上的利益成比例;这样,在某些案件中是正确的方法,在其他案件中未必是正当的。法院系统还适用了一种"最低限度的激烈手段"分析,在根据比例原则来衡量警察行为的时候:如果侵犯性更小的手段就足够的话,将不允许侵犯

---

① 见 Judgment of May 24, 1977, BVerfG, 44 BVerfG 353, 383—384。考虑到这样一个事实,即德国宪法保障住宅的不可侵犯性(德国《基本法》第13条,见 Judgment of May 26, 1976, BVerfG, BVerfG at 219),这种区别没什么道理。撞开一栋房屋的门去寻找证据,当然与从被告人手里抢走该证据是同样严重的侵犯。但是,由于德国制度提供了排除证据的其他理由,这种划分在德国并没有会像在美国那样导致太多的不幸。这一点在最高法院的 Irvien v. California 347 U. S. 128 (1954)判决中得到说明。该案中警察闯入被告人的家并安装了窃听器,最高法院认为警察的行为是对第四修正案的严重违反(上引132页),但是拒绝排除该证据(居住人的对话),因为最高法院尚未判定非法证据排除规则适用于各州。上引132—134;见 Wolf v. Colorado 228 U. S. 25 (1949), overruled by Mapp v. Ohio, 367 U.S. 643, 665 (1961)。在德国,法院排除这样的证据不会遇到困难,不是基于非法的警察行为,而是基于在家里的私人交谈通常是不可采的,无论是如何获得的。见 Craig Bradley, "The Exclusionary Rule in Germany", 1044—1046.(对录音带案的讨论)

② Judgment of May 24, 1977, BVerfG, 44 BVerfG 353, 383—384.

③ 这样,例如德国《刑事诉讼法》第104条禁止的夜间搜查,仍然可以产生可采的证据,除非使用该证据将违反比例原则。见 Craig Bradley, "The Exclusionary Rule in Germany", 1041.

④ 尽管比例原则也被认为是法治国家原则的组成部分,(见 K. Hesse, Grandzuge des Verfassungvechts der Bundesrepublik Deutschland, 77)在德国判决中它经常作为一个单独的原则被讨论。

⑤ Theodor Kleinknecht, Strafprozessordnung, Einleitung para. 20.

性更大的手段。① 这个方法在联邦宪法法院 1963 年 6 月 10 日的判决中得到了说明②,在该案中从一名嫌疑人身上提取了脊髓样本,以便于确定他是否精神正常,虽然这种做法是刑事诉讼法典授权的③,还是被判定与其被指控的轻罪不成比例④。1991 年案件中的令状申请程序也被判定违反了比例原则,因为它并没有给予治安法官足够的信息来确定搜查是否是一个合乎比例的措施。⑤

因而,在解决依据宪法提出的对证据使用的挑战时,德国法院系统进行了两个步骤的分析。首先,法院确定争议中的证据的扣押或者取得是否违反法治国家原则。如果违反,法院必须排除证据以便于维护法院程序的纯洁性。⑥ 如果证据在第一个步骤里没有被排除,法院接下来考虑比例原则。在权衡适当的因素后,法院确定是否使用争议中的证据。如果法院确定被告人的个人隐私权利超过提出所有相关证据这样的社会利益⑦,证据将被排除,扣押

---

① Judgment of Aug. 5, 1966, BverfG, 44 BverfG 162, 187;另见 James Carr, "Wiretapping in West Germany" 讨论这个原则在搭线窃听案中的适用。

② Judgment of June 10, 1963, BverfG, 16 BverfG 194.

③ 为了查明对于程序而言重要的事实,可以命令对被告人进行人身检查。为了这个目的提取血样以及对身体的其他侵入,由一名医生根据医学规范进行,可以不经被告人同意,如果不会导致损害其健康的担心的话。见德国《刑事诉讼法》第 81 条 a。

④ Judgment of June 10, 1963, BverfG, 16 BverfG 194, 202. 由于这个案件是针对授权检查的命令提出的上诉,证据尚未获得,因而排除的问题并没有被直接讨论。另见 Judgment of Aug. 5, 1966, BverfG, 44 BverfG 162, 187, 判定对新闻办公室的搜查要求比其他搜查更高标准的理由,这种搜查"必须确保能够成功地获得相关的证据",而不是仅仅根据怀疑。

⑤ Decision of Sept. 3, 1991, Bundesverfassungsgericht (BVerfG) (2d Senate), Wista 1992, Heft 2, p.61.

⑥ 但是见 Klaus Rogall, "Gegenwartiger Stand und Entwicklungstendenzen der Lehre von den Strafprozessualen Beweisverboten", pp.1,12, 讨论并批评了把程序纯洁性理论作为焦点。

⑦ 参阅 Ewald Lowe and Werner Rosenberg, Die Straprozessordnung und das Gerichtsverfassungsgesetz mit Nebengensetzemi: Grosskommentar, chap. 14, para.1, 认为刑事侦查中对真实的查明受到公正的要求的限制,公正的要求禁止下列侦查手段,即"不合理的、违反比例原则的、侵犯个人尊严的或者与发现真实无关的";并且,认为"排除规则的目的在于使这些利益得以实现"。

的合法性对这个问题并不起决定性作用。

德国制度的机制，可以在法院排除日记①、私下谈话的录音带②和一个戒毒诊所的档案③作为证据的三个案件中得到例证，根据是在法庭上使用这样的证据将侵犯被告人的隐私权。即便在前两个案件中法院已经承认了扣押的合法性，仍然得出了这样的结果。在日记案④中，联邦上诉法院考虑了被告人的日记能否在伪证罪审理中被采纳。日记是由被告人情人的妻子提供给警察的，是该妻子在自己家里发现的。根据比例原则所要求的平衡标准，法院撤销了被告人的定罪，理由是，在法庭上使用被告人的私人日记作为不利于她的证据，侵犯了《宪法》第1条和第2条规定的隐私权。⑤ 然而，法院强调说，仅仅是被告人隐私权被侵犯这一事实并不自动要求排除，并且强调在这个案件中排除是正确的，因为侵犯的严重程度超过了指控罪名的轻微性质。法院认为，犯罪人关于重罪的日记内容，或者外国特工关于间谍活动的日记内容，将不会受到保护⑥，因为追诉这些犯罪的国家利益将超过被告人的隐私利益⑦。相似地，没有暴露作者人格的商业文件将不会被排除，因为不存在隐私利益与这样的国家利益相权衡，即保证采纳所有的相

---

① Judgment of Feb. 21, 1964, BGH, 19 BGHSt 325.
② Judgment of Jan. 31, 1973, BverfG, 34 BverfG 238.
③ Judgment of May 24, 1977, BverfG, 44 BverfG 353.
④ Judgment of Feb. 21, 1964, BGH, 19 BGHSt 325.
⑤ Judgment of Feb. 21, 1964, BGH, 19 BGHSt 325, 326—27；德国《基本法》第2条第2款。日记案是第一个明确判定可以根据对宪法权利的侵犯排除证据的案件。尽管刑事诉讼法中的排除规定并不适用本案（例如第136条 a 关于排除强迫获得的供述的规定），法院仍然得出了这个结果，这样就以以后根据上面讨论的宽泛的宪法原则来扩展排除规则铺平的道路。然而，排除的基本观念在德国并不是新的，最初是在1903年被提出来的。Ernst Beling, Die Beweisverbote als Grenzen der Wakrheitserforschung im Strafprozess in Strafrechtlichen Abhandlungen, Heft 46 at 37.
⑥ 确实，在1989年，宪法法院以赞成和反对票数相等的表决维持了一项谋杀定罪，该案中合法取得的犯罪人的日记性质的笔记被用来不利于被告人。1989年9月14日判决，BVerfG, 2 BvR 1062。
⑦ Judgment of Feb. 21, 1964, BGH, 19 BGHSt 325, at 331.

关证据。①

　　这个案件表明,德国和美国在排除规则的适用方面存在一些差别。在美国,该日记将是可采的,因为它的获得过程不存在警察的非法行为②,而根据有缺陷的搜查令状获得的一把枪则将会被排除③。两者相比,在德国日记被排除,而非法获得的枪将是可采的,因为其使用不会干预被告人人格的自由发展。只有扣押是残忍的或者欺骗的,并且侵犯了被告人的最为基础性的法治国家宪法权利时,才会导致对枪的排除。然而,日记却受到不同对待,因为在法庭上对其的使用构成了对一个人个人隐私的侵犯,无论证据的取得是否合法。④

　　通过排除合法扣押的日记,但同时判定日记或者其他私人文件可以被用作指控更严重犯罪的证据,法院在日记案中并没有给予警察多少指导,当警察决定在何种时候这种文件应当被扣押的时候。正如该案表明的那样,所有证据的可采性——除非扣押违反了法治国家原则或者要求排除的制定法——是由法院来衡量的,法院基于一案一判的方式来确定究竟是采纳还是排除。这样,德国的排除规则就不是为了震慑警察的违法行为⑤,而是通过平

---

　　①　Judgment of Feb. 21, 1964, BGH, 19 BGHSt 325, at 331.

　　②　该日记在美国将是可采的,即使它是由一个翻遍被告人的家的小偷交给警察的。见 Burdeau v. McDowell 256 U.S. 465, 476 (1921)。在美国,问题的焦点是警察的非法行为,而不管是否发生了对被告人隐私权的实质侵犯。但是见 Craig Bradley, "Constitutional Protection for Private Papers",争论说过去的最高法院判决和宪法理论支持这样一个观点,即私人文件应当受到比枪支和毒品更大的宪法保护。

　　③　例如,见 Whiteley v. Warden 401 U.S. 560, 568—69 (1971)(排除工具和古老钱币)。

　　④　近来对日记案的确认,可以在 Saarbrucken 最高法院 1988 年 1 月 4 日的判决中(5 Qs 149)找到。在该案中,警察根据一份搜查令状,扣押了被告人"女朋友"的日记,在他们共同居住的房间里,警察并不知道他们已经结婚了。法院判定,该日记不能够被采纳来不利于他们两个中的任何一个,因为该扣押侵犯了"人格发展自由决定权"这一宪法原则。

　　⑤　例如,见 Karl-Heinz Gossel, "Kritische Bemerkungen zum gegenwartigen Seand der Lehre von den Beweisverboten im Strafverfahren", 651。但是,另见 F. Dencker, Verwertungsverbote im Strafprozess, 52 and n. 169。Dencker 指出,某些学者主张该规则应当具有震慑目的(上引文第 52 页,注释 169),但是得出结论说,"假定立法机关创设'证据使用禁止'是因为纪律约束的原因,这是不可能的。……"上引文,pp. 53, 55。

衡,该规则的适用在维护追诉严重犯罪的社会利益的同时,对隐私利益给予最大的保护。①

具有类似效果的是1973年1月31日的判决②,该案中联邦宪法法院(德国最高法院)排除了一份录音带,内容是准备进行诈骗,是由交易的一方当事人录制的,然后自愿地交给警察。该法院判定,在法庭上使用谈话录音,侵犯了该个人的"隐私区域",这种录音的采纳只能是在存在更为重大的公共利益的时候,而本案中并不存在。虽然法院判定该录音带在这个诈骗罪的起诉中不可采,它指出,如果该录音带是暴力犯罪的证据的话,结论可能会不同。③

最后,在1977年5月24日的判决中④,宪法法院判定,在警察没有令状的"大撒网"行动中获得的一个麻醉品治疗中心的档案,不能够被使用。然而,法院再一次地警告说,在严重犯罪的侦查中,或者在受到适当限制的针对具体毒品违法的搜查中,对这些档案的扣押和使用可能是正确的。⑤

在1985年的一篇关于德国排除法律的文章中,主要是针对1983年3月17日判决⑥的评论,该案中联邦上诉法院排除了证据,因为不仅使用了非法搭线窃听,而且使用了欺骗手段。帕克特得出结论说:"近年来的判决表明,联邦上诉法院现在承认警察非法搜查的存在,并且目前的趋势是扩大排除救济的使用,以便于震慑

---

① 司法的有效运行本身就是一项宪法保障的利益。Judgment of May 24, 1977, BverfG, 44 BverfG 353, 374.

② Judgment of Jan. 31, 1973, BverfG, 34 BverfG 238.

③ Judgment of Jan. 31, 1973, BverfG, 34 BverfG 238, 248. 在一个近期的案件中,联邦上诉法院确实采纳了一份不法的录音带来证明放火罪。1989 Neue Juristiche Wochenschrift 2760.

④ Judgment of May 24, 1977, BverfG, 44 BverfG 353.

⑤ Judgment of May 24, 1977, BverfG, 44 BverfG 353, 379. 相似地,在1972年5月8日的判决中,联邦宪法法院判定,医生档案中关于其对被告人治疗的信息,虽然是根据有效的令状扣押的,必须从被告人的敲诈勒索罪的审理中排除。32 BverfG 373, 379.

⑥ Judgment of March 17, 1983, BGH, 31 BGHSt 214, 304 (1983).

警察或者其他国家官员的非法行为。"①但是,虽然这可能是德国的"趋势",这种排除的判决仍然太少了以至于无法形成对警察行为的持续影响,并且对警察进行纪律约束被明确地表明不是证据排除的理论基础。② 这一点尤其明显,因为审理法院"排除"证据的决定,并不意味着事实审理者(职业法官和普通公民的混合庭)不了解被排除的证据。而是,知悉该项证据,但他们被要求忽略该证据,并且该证据不能够被用来作为判决中向上诉法院说明理由的根据。这种安排显然会冲淡任何排除规则的影响。③ 无论如何,1991年9月3日的判决确实看起来印证了帕克特的观点。

在供述领域,德国《刑事诉讼法》第136条规定,在法庭上讯问之前,"被告人应当被告知他被起诉的行为,以及可适用的刑法规定。应当向他指出,法律赋予他对起诉进行答辩的权利,或者不回答任何关于指控的问题,并且在任何时候,甚至是在讯问之前,都有权向其选择的辩护律师咨询。"

虽然这个条文在表面上并不适用于警察讯问,联邦上诉法院已经判定,要求警察给予这些警告。④ 然而,直到1992年,并没有要求审理法官对未能给予这些警告而获得的供述予以排除。⑤ 在1992年2月27日的重要判决⑥中,联邦上诉法院第五庭,在一份其他庭也副署⑦的判决意见中(这样显然就是这个话题的最终决定),改变了这一点。引用了米兰达判决,并注意到英国、法国⑧、丹麦、意大利和荷兰也存在对这种违法的强制排除规则,该法院宣布,如

---

① Walter Pakter, "Exclusionary Rules in France, Germany, and Italy", at 48.
② Craig Bradley, "The Exclusionary Rule in Germany", at 1044 and authorities cited therein.
③ Craig Bradley, "The Exclusionary Rule in Germany", 1063—1064 中对这个问题进行了更加详细的讨论。
④ Judgment of June 7, 1983, BGH, 31 BGHSt 395.
⑤ Judgment of June 7, 1983, BGH, 31 BGHSt 395, 400.
⑥ Decision of Feb. 27, 1992, 1992 Neue Juristiche Wochenschrift 2760.
⑦ 1992 Neue Juristiche Wochenschrift 1467.
⑧ 德国法院正确地指出,正如上面讨论的那样,在法国警告的要求仅仅适用于法院讯问,而不适用于警察讯问。

果一名被告人被警察讯问之前没有被给予第136条规定的警告，"该供述不能够被使用"①。只有很少的例外被讨论，诸如当被告人已经知悉自己的权利，因而该排除规则显得是强制的。而且，该警告要求适用于"嫌疑人被作为被告人讯问之前"②。这样，它比米兰达走得更远，适用于所有的讯问，不管嫌疑人是否"被羁押"。最后，还有一点比美国联邦最高法院走得更远，德国法典要求必须准确地告知嫌疑人其被指控的罪名。③

除了警告的要求之外，德国《刑事诉讼法》第136条a规定："对被告人决定和贯彻自己意志的自由，不能通过不良待遇、疲劳、折磨肉体、服用药物、刑讯、欺骗或者催眠的方式予以损害……违反这些禁止获得的陈述，不能够被使用，即使被告人同意这样的使用也是如此。"

因而，在1990年5月31日的判决④中，联邦最高法院排除了一份被告人的供述，该案中被告人被告知警察在调查一个"失踪人口"报案，而实际上警察已经找到了尸体并且在侦查该谋杀案。然而，在被告人被告知侦查的真正性质之后，被告人所做的陈述是可采的。相似地，先前案件中已经排除了这样的供述，即被告人在凌晨五点被逮捕并且连续30个小时不让睡觉⑤，并且被告人被带到他被指控谋杀的他的3岁儿子的尸体面前⑥，之后作出的供述。由此看来，根据帕克特的说法，"对逮捕的任意延长以及对嫌疑人的不当待遇，已经不再被认为是一个问题……任何在允许的24个小时的羁押期限⑦之后获得的陈述，将被根据第136条a予以排除。"⑧

---

① 1992 Neue Juristiche Wochenschrift 1463.
② 1992 Neue Juristiche Wochenschrift 1464.
③ 比较Colorado v. Spring 479 U. S. 564 (1987), 该案中联邦最高法院判定，准确地告知嫌疑人侦查的主题，并不是必需的。
④ Judgment of May 31, 1990, BGH, 4 StR 112.
⑤ Judgment of March 24, 1959, BGH, 13 BGHSt 60.
⑥ Judgment of Oct. 7, 1960, BGH, 15 BGHSt 187.
⑦ The German Code of Criminal Procedure, §128.
⑧ Walter Pakter, "Exclusionary Rules in France, Germany, and Italy", at 20.

148 刑事诉讼革命的失败

总之,德国与不断增长的国际趋势是相符的,有一部相当详细的程序法典,通常要求搜查令状和讯问前给予米兰达式的警告。而且,德国法院越来越多地使用证据排除作为实施法典要求的手段。

意大利

1989 年,意大利通过了一部新的《刑事诉讼法典》,用来替代原带有法西斯精神的法典,该《法典》历经多次修正已经实施 50 年了。① 新《法典》共 746 条,包含整个刑事诉讼程序的规定,从侦查一直到上诉。② 总体上,该《法典》已经把意大利刑事司法制度从审问制向对抗制转化,并把"美国联邦最高法院 20 世纪 60 年代的'刑事诉讼革命'中的很多方面"吸纳到法典中。③ 由于该《法典》显然还没有被翻译成英语,笔者不得不依赖学者的评论,特别是 1991 年法斯勒(Lawrence Fassler)在哥伦比亚转型法律杂志(Columbia Journal of Transnational Law)上的文章。④

关于警察程序,根据新《法典》,拍身搜查只能适用于现行犯被

---

① Codice di Procedura Penale, enacted by Presidential Decree-Law No. 477 of September 22, 1988, No.250 Gazz. Uff. (Oct. 24 1988)(1989 年 10 月 24 日生效)。对意大利法典修改背景的讨论,见 Note, "Plea Bargaining and Its Analogues Under the New Italian Criminal Procedure Code and in the United States: Toward a New Understanding of Comparative Criminal Procedure", pp.221—222.

② Note, "Plea Bargaining and Its Analogues Under the New Italian Criminal Procedure Code and in the United States: Toward a New Understanding of Comparative Criminal Procedure", p.223.

③ Lawrence Fassler, "The Italian Penal Procedure Code: An Adversarial System of Criminal Procedure in Continental Europe", p.246. 另见 Note 上引文,意大利改革有三个主要方面:第一,在公诉人和辩护律师之间创建更加当事人化的关系,法官在程序中处于更加中立的地位;(Note,224)第二,在旧的制度中审理是"侦查结束后简短的公开走形式",新的法典使审理更加重要;(Note,225)第三,引入诸如辩诉交易和简易审理等特别程序,使大部分案件在审理之前就能终结。(Note,226)特别是,现在在审理中被告人有律师帮助权、沉默权,以及与不利于他的证人对质并由他的律师进行反询问的权利。Fassler,267 页及以下。

④ Lawrence Fassler, "The Italian Penal Procedure Code: An Adversarial System of Criminal Procedure in Continental Europe", at 246.

抓获的情况，或者根据逮捕令状进行。① 对具体地点的无证搜查，只能在三种情形下进行：当一个人因现行犯被抓获，或者当逮捕令状被签发时，对犯罪现场进行搜查；或者当延误将损害该案件时，对其他地点进行搜查。② 然而，存在一个重要的例外，这个例外在很大程度上削弱了该规则：对被认为藏有武器的地方，警察可以对地点进行无证搜查。"在实践中，这个区别允许警察为了发现违禁品或者其他与武器无关的犯罪的证据而搜查住宅，只要该搜查表面上是为了寻找武器就行……"③（假设它也允许为了发现武器的拍身搜查，即使嫌疑人不是作为现行犯被抓获）然而，这个权力被限于"必需和紧急的情况"④，因此意大利法院系统可以，至少在理论上可以，当警察无法证明这一点的时候排除所发现的证据。

与搜查的限制相比，讯问规则是极端严格的：

"没有辩护律师在场讯问嫌疑人而获得的陈述，其本身不能在法院程序中被记录或者使用，虽然警察可以在紧接下来的侦查中根据这样的陈述采取行动。⑤

在未被正式作为侦查对象之前，如果一个人开始作出证明有罪的陈述，必须打断他并且警告他，这样的陈述可能会导致侦查的方向转向他，并且告知其可以提名一名律师。"⑥

---

① Lawrence Fassler 于 1991 年 12 月 3 日寄给笔者的信。

② Lawrence Fassler, "The Italian Penal Procedure Code: An Adversarial System of Criminal Procedure in Continental Europe", at 253.

③ Ibid., 256. 与加拿大的搜查令状要求的"武器例外"相比较，该例外并不适用于对住宅的搜查。

④ Lawrence Fassler, "The Italian Penal Procedure Code: An Adversarial System of Criminal Procedure in Continental Europe", at 255.

⑤ Ibid., 254. 另见 Ennio Amodio and Eugenio Selvaggi, "An Accusatorial System in a Civil Law Country: The 1988 Italian Code of Criminal Procedure", pp. 1222—1223.

⑥ Lawrence Fassler, "The Italian Penal Procedure Code: An Adversarial System of Criminal Procedure in Continental Europe", 256. "当存在'特殊和例外原因'时，该法典允许预审法官推迟被告人会见律师最长 7 日（但是未经与律师咨询的陈述仍然不能在审理中使用）。另外，当嫌疑人被逮捕后，检察官可以推迟该权利至嫌疑人第一次出庭，出庭至迟在逮捕后 5 日之内。"上引文 256—257. n. 70。

没有律师在场而作出的陈述,即使用作反驳也不行。① 嫌疑人的供述能够在控方主诉中使用的唯一情形,是在律师在场的情况下向检察官作出。② 这样,意大利不仅在实质上采纳了米兰达警告,而且完全禁止了没有律师在场的供述在审理中的使用。③ 这种情况看起来有些极端,并且让人担心,法院将找到办法避免这些规则的严格实施。如果意大利担心警察伪造或者强迫供述的行为,那么类似于澳大利亚的录音录像要求将在很大程度上减少伪造的情况,也有助于减少强迫的情况。

除了在任何讯问中都有律师帮助权以外,嫌疑人在下列活动中有权获得律师的帮助:"与证人或者共同被告人对质的时候、科学检验的时候,……以及最后一点,当需要进行身体检查、搜查或者扣押的时候。"④警察只有在一种情况下可以避开这项权利,即"正当紧急情况"要求他们在没有律师在场的情况下继续行动时。⑤

最后,也是最为重要的,该法典明确规定:"违反法律禁止性规定获得的证据不能够在法庭上使用。"⑥不幸的是,由于法典是新制定的,这个美国以外首个最宽泛的强制排除规则⑦,还没有英文的

---

① Lawrence Fassler 于 1991 年 12 月 3 日寄给笔者的信。Fassler 引用了意大利宪法法院 1991 年 5 月 23 日的一份判决,以及与一名意大利审理法官的讨论,来支持这个令人吃惊的限制。

② Lawrence Fassler 于 1991 年 12 月 3 日寄给笔者的信。辩护律师在场情况下向警察作出的陈述,只能用于反驳。

③ 辩护律师在场的情况下向警察作出的陈述,只能用于反驳,不能用于控方的主诉。

④ Ennio Amodio and Eugenio Selvaggi, "An Accusatorial System in a Civil Law Country: The 1988 Italian Code of Criminal Procedure", p.1222.

⑤ Lawrence Fassler, "The Italian Penal Procedure Code: An Adversarial System of Criminal Procedure in Continental Europe", p.253, n.50.

⑥ Lawrence Fassler, "The Italian Penal Procedure Code: An Adversarial System of Criminal Procedure in Continental Europe", at 255,引用的是意大利《刑事诉讼法典》第 191 条第 1 款。

⑦ Lawrence Fassler, "The Italian Penal Procedure Code: An Adversarial System of Criminal Procedure in Continental Europe", at 255.

报告。由于令状要求存在上面提到的宽泛的"武器"例外，法斯勒（Fassler）得出结论说，该法典的排除规则"最好被理解为是对非法强迫言词证据的禁止。"① 然而，这可能被证明是对排除规则影响的低估，因为在不存在"正当紧急"的情况时，上面列举的侦查各个阶段都要求律师，也似乎会致使警察违反这些规定从而导致排除这种制裁。

旧法典中有证据排除的一些传统。例如，没有律师在场的供述的不可采，是1974年确立的。② 在1985年，帕克特宣布："在控制警察讯问方面，证据排除在意大利法律中发挥核心作用。"③ 警察可以为了侦查的目的在律师到达之前寻求和使用陈述，但是这些陈述本身在法庭上不可采并且在卷宗中排除。④ 没有告知沉默权和律师帮助权而作出的陈述，"不得为了任何目的而使用"⑤。这就是说，与没有律师在场的陈述相对而言，未经警告的陈述所衍生的证据，也是不可采的。⑥ 关于搜查，与德国法院区分非法搜查和扣押并且仅仅自动排除非法进行的扣押相比，意大利最高法院判定："一旦搜查的无效性根据法典被查明，后果是不可避免的。也就是说，如果搜查行为是无效的，扣押的有效性就不再需要讨论了，因而通过该扣押获得的证据不能够被使用。"⑦

这样，意大利与其他近来进行法典修订的被考察的国家一起，

---

① Ibid., 256.

② Walter Pakter, "Exclusionary Rules in France, Germany, and Italy", at 24, and sources cited therein.

③ Ibid., 24.

④ Ibid. 比较上面讨论的德国方法，排除的证据在法庭上不提及，但是仍然存在于卷宗中。

⑤ Walter Pakter, "Exclusionary Rules in France, Germany, and Italy", 33, quoting Judgment of Feb. 20, 1974, Corte Cassazione 127 Giur. It. II 432, 436 (1975).

⑥ Walter Pakter, "Exclusionary Rules in France, Germany, and Italy", at 33.

⑦ Walter Pakter, "Exclusionary Rules in France, Germany, and Italy", 51, quoting Judgment of Sept. 26, 1980, Corte Cassazione 133 Giur. It. II 113 (1981)（证据还是被采纳了，因为该问题在上诉中才第一次提出）。

是这样一个事实的重要典范:法典是颁布规则的途径,同时使用排除规则来震慑警察的违法行为。而且,意大利对警察的限制与沃伦法院施加的限制一样有力并且在某些情况下会更加有力。

结 论

本章的比较分析可以看出四个趋势:第一,这六个国家,与美国不同,一致认为宣布刑事诉讼规则,至少主要地,是立法机关的权限范围而不是法院分支的权限范围。第二,它们中的大多数,在讯问前要求给予米兰达式的警告;如果说美国要求给予这样的警告曾经是不理智的,现在则不再如此了。第三,排除救济越来越多地被作为震慑警察违反规则行为的手段。第四,这些排除救济,除了在强迫获得的口供领域外,倾向于是自由裁量的,而不是像美国那样是强制的,但是要想对警察产生影响,应当经常地实施,至少像加拿大和英国那样,同时德国的实施不断增加,意大利和澳大利亚可能会实施。

美国发展出来的刑事诉讼规则,即使是最崇拜最高法院的人也必须承认,是不明确的。这些规则将通过强制排除的方法予以实施,只要发现了存在违反规则的情况。这样的制度在自由主义者和保守主义者中都造成了惊恐,这并不令人吃惊。因为法院为了避免证据被排除而忽略这些规则(或者,对于最高法院来说,冲淡这些规则),自由主义者有足够的正当理由批评法院。同时,因为在警察技术性的或者不重要的违法的案件中排除证据,或者更糟糕,在"即使首席大法官坐在巡逻警车后座上"也无法确定地告诉警察怎么办的案件中排除证据,所以保守主义者也有足够的正当理由批评法院。

似乎其他国家的处理方法是正确的。直接通过立法机关或者立法机关任命的机构,制定一套综合的规则,全部通过排除规则予以实施,这样警察就会被鼓励遵守这些规则。之后,经常使用这个救济,但是仅仅是在进行这样的平衡之后,即该证据的使用是不公正的,或者导致司法活动丧失名誉。要求警察遵守的规则越是明确,他们未能遵守规则的行为给司法活动带来不名誉的可能性就越大。这样,在制定法规则并没有给予警察明确的指导时(这种情况是经常出现的),证据排除将通常是不合适的,但是当规则明确时,证据排除将是通常做法,至少存在于对非技术性规则的违反。

由于证据排除影响了真实发现的过程,任何排除救济的目标应当是,通过最少的实际上的证据排除,来获得最大程度的震慑效果。公开这样做,通过仅仅在警察严重违法时排除证据的方式,比偷偷摸摸地做,通过忽视警察违法或者通过声称一项看起来是违法的行为实际上没有违法,并且在这个过程中淡化了这些规则对于未来案件的意义的方式,要好得多。

笔者1982年在德国和1989年在澳大利亚的经历,使笔者相信"自由裁量的"排除规则就是没有排除规则——这是法院系统口头许诺的救济,但没有认真地实施,因而对警察行为没有产生实质性的影响。然而,笔者对英国和加拿大制度以及对意大利、德国和澳大利亚近年来发展的研究,已经使笔者确信,自由裁量的制度能够发挥作用,只要它是基于明确的、法典化的规则,并且被法院系统,特别是该国最高法院认真对待。笔者认为没有理由相信,美国法院系统有着三十年使用证据排除手段来震慑警察的非法行为的传统,不能够被信任积极地适用自由裁量的规则,正如没有这样的传统的英国和加拿大法院系统所做的那样。

还有一点需要注意,这个建议并不是建立在对被研究的制度无条件崇拜的基础上的。相反,仅仅英国(意大利也有可能)有一部足够综合的法典以至于能够作为美国法典的有意义的蓝本,而且英国法典过于复杂。① 显然,被研究的国家大部分已经受到了美国联邦最高法院革新的严重影响。广泛存在的讯问前警告的要求,以及越来越多地使用排除救济来震慑警察的非法行为,显然是受到美国法发展的影响。但是,正如这些国家愿意向我们学习一

---

① 正如上面提到的,笔者还没有阅读意大利法典因而无法对它进行评价。

样,我们也应当愿意向它们学习。

笔者意识到,自由裁量的或者有限的排除规则这个建议,与本书其他部分的观点相反,即认为一部新通过的程序法典所要做的任何改变,目的应当是使规则更加明确和简单,而不是改变规则的意识形态内容。这个建议似乎是从现行制度向保守主义方向的重大偏离。正如在前面段落中表明的那样,如果采纳自由裁量的排除规则,这样的偏离是否会真正地发生,并不是很清楚。正如笔者在州法院系统第四修正案案件研究中发现的那样[1],警察对程序规则的违反经常被美国的法院掩藏起来,部分原因可能就是法院知道,谴责警察将必然导致证据排除。如果"是否存在违法"与"证据必须被排除"这两个问题是分开的,那么关于什么样的行为构成违法的法律可以更加明确和广泛,因为警察违法行为可以被批评而"罪犯并不必然逍遥法外"。而且,正如英国经验表明的那样,自由裁量地排除规则,或者限于对明确的法典规定违反的强制排除规则,并不必然导致法院对警察违反规则的行为假装看不见。

这样,转变为非强制排除规则,在大多数案件中,将会产生和现行"强制"地但没有被一贯地适用的规则一样的结果,即不排除。[2] 这样的建议在理论上仍然是对现行法的一个重大改变。因而,如果笔者来起草供国会通过的法律草案,笔者可能不会写入这个建议。与之相对比,作为公共利益问题、对最高法院可能的发展的预计以及其他国家在这个方面的一致做法是不能够被忽略的。

---

[1] Craig Bradley, "Are the State Courts Enforcing the Fourth Amendment? A Preliminary Study."

[2] 这样的转变有一个必要的前提才是合理的,即配套一部综合的法典更加明确地规定警察和公民的权利与义务。我们现行的令人困惑的规则太容易导致警察感到困惑,因而,太容易导致自由裁量的不排除。

第六章　面临的任务

本书的立场是，美国联邦最高法院宣布刑事诉讼"规则"的努力，已经产生了一个在很大程度上不可理解的刑事诉讼法律体系。其原因主要在于最高法院作为一个机构的性质，而不是其判决的政治方向或者单个判决的质量。

然而，有一个很好的原因解释为什么刑事诉讼规则不得不由最高法院创制，尽管该机构根本无法充分地发挥这样的功能——即人们普遍相信，能够制定全国适用的规则的机构只有最高法院。沃伦法院得出下面的结论是有道理的，特别是考虑到南方各州一贯地拒绝承认黑人的公民权，因而关于如此基础性的权利的事项（例如公正审理的权利和不受强迫性警察讯问的权利）绝对不能留给各州自由决定。但是，没有哪一个全国性机构有采取行动的明确权力。通过决定第十四修正案的正当程序条款"吸纳了"权利法案并且使其适用于各州，最高法院直接拥有了这个权力。一旦最高法院这样做了，联邦议会和各州议会都基本上放弃了这个领域，导致了这样一个法律体系，即最高法院是唯一一个能够宣布全国适用的刑事诉讼规则以便于保护全国适用的权利法案的机构。本书的主要观点是，最高法院既不是唯一的，也不是最佳的规则制定主体。相反地，正如其他国家承认的那样，需要的是一部综合的、全国适用的制定法。

制定法有两个方面的问题。第一个问题，需要通过。在澳大利亚，自从开始尝试刑事诉讼改革以来，已经很多年了，并且提出了三个制定法计划,但是仍然没有什么进展。① 另外,综合的改革已经在英国和意大利取得成功,在一定程度上加拿大也取得了成功,而德国长期以来就有相当详细的法典。美国的改革努力要想成功,应当是把现行最高法院的法律进行法典化和明确化,同时使规则更加综合,而不是实质性地改变法律的意识形态内容。

正如已经讨论的那样,这项工作不能由国会自己来做,因为国会过于政治化而且缺乏进行这样一个复杂且长期工作的专业能力。相反地,国会应当任命一个特别委员会,或者扩展正在起草《联邦刑事诉讼规则》的委员会的职责。国会应当限于对该委员会的成果赞成或者反对的投票,或者以其他方式避免对那些规则的重新思考。该委员会应当持续存在,以便于解决未能预见的问题以及法院的撤销。简单地说,美国的刑事诉讼规则应当采取与笔者已经讨论过的与其他国家相同的方法来处理,即制定统一的、全国范围的法典化的规则,由一个专门设立的机构来颁布和修改,同时仍然受到法院系统的违宪性审查。

第二个"问题",对美国和澳大利亚来说是共同的问题,但是其他国家不存在,即联邦制。② 澳大利亚的刑事侦查法草案将仅仅适用于联邦机构,因为联邦政府对各州只拥有非常有限的权力。人们通常认为在美国国会的权力也受到类似的限制。这是一个严重

---

① 1976年和1981年的《刑事侦查法草案》被国会拒绝。法律改革委员会提出的近期草案正在被政府部门研究,似乎通过的机会大一些。1989年3月2日,与法律改革委员会研究秘书兼主任 Stephen Mason 的电话交谈。

在反对和击败先前的改革努力方面,警察的游说具有很大的影响力。"维多利亚警察对 Beach Inquiry 的结论作出了激烈的敌对反应,相当成功地展开了一项运动,来阻止其程序改革建议的实现。"Peter Sallman and John Willis, Criminal Justice in Australia, at 18.

作为对1981年刑事侦查法草案的反应,澳大利亚与新西兰警察联合会主席威胁说如果该草案中的程序保护被立法,警察将罢工。26 Reform 63 (April 1982). 当时担任总检察长的 Evans 参议员认为:"警察对该草案的反应,表明'对现存法律的限制非常不当回事。'"上引文。

② 德国和加拿大在很多方面也是联邦共和国,但是在这两个国家,中央政府制定全国适用的刑法和刑事诉讼法的权力,没有任何问题。

的问题,因为这样的基础性权利必须在全国范围统一实施,不受各州立法机关或者州法院的影响。这似乎是最高法院着手宣布全国适用的刑事诉讼"规则"的主要原因。

在笔者看来,这个问题在美国是一个假想的障碍。国会有权制定全国性的刑事诉讼法典。如果国会能够为州官员侵犯宪法权利提供侵权救济(这一点最高法院已经说国会可以这样做了)①,那么国会也可以制定法律规定那些宪法权利给警察施加的具体义务以及排除救济。

第四、第五、第六修正案都已经由最高法院通过第十四修正案适用于各州。② 正是这种把权利法案吸纳到第十四修正案中,才使得最高法院能够颁布适用于各州的规则。但是该修正案同时在第五款规定:"国会有权通过适当的立法实施本条的规定。"③由于刑事诉讼程序的修正案已经被吸纳到第十四修正案的正当程序条款中,显然国会现在有权"通过适当的立法"④来实施它们——也就是通过全国性的刑事诉讼法典的方式。这样的一部法典将规定实施联邦宪法权利所必需统一的要求,同时对于那些权利的范围相对加以确定。⑤ 这一点通过现在的最高法院案件和判决的约束力,是

---

① 42 U.S.C. § 1983 (1982);见 Monroe v. Pape 365 U.S. 167 (1961)。

② Malloy v. Hogan 378 U.S. 1 (1964)(第五修正案);Gideon v. Wainwright 372 U.S. 335 (1963)(第五修正案);Mapp v. Ohio 367 U.S. 643 (1961)(第四修正案)。

③ 《美国宪法第十四修正案》第 5 款。

④ The Civil Rights Cases 109 U.S. 3 (1883)判定,第十四修正案并没有赋予国会制定法律规范私人个人的行为,对这里的问题没有影响,因为国会将要限制的行为是州或者地方的政府机构——警察。见 Katzenbach v. Morgan 384 U.S. 641, 650—51 (1966)(判定国会有解释第十四修正案规定的独立权力)。参见 Irving Gordon, "The Nature and Uses of Congressional Power Under Section Five of the Fourteenth Amendment to Overcome Decisions of the Supreme Court"; Robert Burt, "Miranda and Title II: A Morganatic Marriage."

⑤ 当然,这样的一部法典将不能阻止各州对警察提出更高的要求,就像它们现在可以做的那样。Oregon v. Hass 420 U.S. 714, 719 (1975). 但是它将规定作为最低要求的统一规定,以及最为基础性的权利。

无法达到的。①

显然这样的安排将不会导致任何联邦制的问题。最高法院已经反复宣布,国会根据《宪法》第十四修正案第5款的规定制定全国适用的救济的权力,至少和最高法院自己的权力一样大,甚至更大。因而在卡曾巴赫诉摩根(Katzenbach v. Morgan)案件中,最高法院承认《宪法》第十四修正案第5款的目的是"赋予国会与宪法第1条第8项第18段中规定的'必须和适当条款'一样宽泛的权力。"②简单地说:"第5款是一项积极的对立法机关权力的规定,授权国会自由裁量地确定是否需要以及需要什么样的法律来确保第十四修正案规定的权利的实现。"③在1991年的格雷戈里诉阿什克罗夫特(Gregory v. Ashcroft)案件中,最高法院虽然总体上赞赏联邦体制下强大的州政府,特别指出:"限制国会行使其商业条款上的权力的联邦制原则,在国会根据其实施内战修正案的权力而采取行动时,被减弱了。"④

第五章已经讨论过这一点,即正如澳大利亚法律改革委员会指出的那样,很多其他国家认为:"需要的是一部综合法典,尽可能具体详细地规定警察、嫌疑人以及其他与刑事侦查程序有关的人的权利和义务。"⑤在刑事诉讼革命的早期,美国的很多优秀人物也承认,法院并不是颁布刑事诉讼规则的适当机构——刑事诉讼规则应当由立法机关或者立法机关任命的委员会制定。这样,在1966年,斯坦福法学院的帕克(Herbert Packer)教授,承认最高法院

---

① 可以争论说,"实施"的权力只包括规定救济的权力,而不包括宣布规则的权力。这似乎是对第十四修正案的不正确解读,特别是考虑到已经制定的"实施"其的制定法,例如,42 U.S.C. §1983(1982)和18 U.S.C. §§241, 242 (1988)。如果不能用制定法规则对该修正案的模糊表达进行细化,那么"实施"的权力在很大程度上就是没有意义的。
② 384 U.S. 641, 650 (1966).
③ 384 U.S. 641, 651 (1966). 另见 Regents of the Univ. of Cal. V. Bakke 438 U.S. 265, 302 n.41 (1978):"我们以前承认国会调查过去歧视的影响的特殊能力,以及采取适当救济措施的自由裁量权。"
④ 10.59 LW 4714, 4718—4719 (1991).
⑤ Australian Law Reform Commission, Report No.2, p.23.

的行为是因为"法律制定真空",认为最高法院制定刑事诉讼规则是"绝望的举动"。他得出结论说:"刑事程序规则,本来应当由有能力处理它们的法律制定机构进行灵活的调查和调整,而目前由最高法院通过判例的形式创制,对于这种方式,即使它最热情的支持者也承认在某种程度上是尴尬和笨拙的。"① 弗兰得利法官宣称,制定刑事诉讼规则这个事项需要"立法所擅长的妥协,而不是宪法性判决没有尽头的肯定或者否定。"② 最后,哈佛法学院的巴托(Paul Bator)和威伦伯格(James Vorenberg),作为《聆讯前程序模范法典》的报告人,承认"用立法来解决刑事诉讼中重大问题具有特别的适当性"③。

然而,这些评论者都不认为这样的规则可以作为联邦立法的结果在全国范围内颁布。相反,这些评论者的努力限于试图鼓励各州接受规则,最好与全国性标准相一致,例如美国法律协会颁布的《聆讯前程序模范法典》。毫不奇怪,这些努力失败了。即使各州已经倾向于制定综合性规则,最高法院不断发出新的要求,这些要求不断改变着基础性规则,因而任何这样的努力一开始就注定要失败。(无论如何,该法典与本书附录一的英国《警察与刑事证据法》一起,将是本书建议的全国性法典的显然的出发点)。

那时,只有一个评论者承认这种可能性,即由国会制定全国适用的刑事诉讼规则。在《刑法、犯罪学和警察科学杂志》上的一篇文章中,芝加哥的私人执业律师道林(Donald Dowling),当时担任

---

① Herbert Parker, "The Courts, the Police, and the Rest of Us", at 240.

② Henry Friendly, "The Bill of Rights as a Code of Criminal Procedure", at 930.

③ Paul Bator and James Vorenberg, "Arrest, Detention, Interrogation, and the Right to Counsel: Basic Problems and Possible Legislative Solutions", at 63—64. 另见 Francis Allen, "The Judicial Quest for Penal Justice: The Warren Court and the Criminal Procedure Revolution", at 542:"需要重新分配责任。最高法院的角色仍然是至关重要的。它已经显示出在发现和解决刑事司法活动中的问题方面的能力;这个角色在改革中是关键的。最高法院将拥有对设计出的解决方法的合宪性作出最终决定的权力。无论如何,其角色最好是审查而非制定规则。如果需要为该制度制定某一类规则,最好由其他机构制定大多数规则。"

美国律师基金会的贫穷被告人项目的伊利诺伊州报告人,作出了如下论述:"如果各州要运行州—联邦刑事司法制度,各州应当被允许参加该制度的全部制定过程……""如果国会得到明智的建议,也许通过一个州—联邦刑法的委员会……则有可能通过这样的立法,既满足公民被追诉中道德和效率的要求,又满足州政府作为法律实施者的要求,并且该立法可以编入美国法典中。""除了国会的瞌睡、缺乏想象、立法惰性的力量以及愿意把这件事推给法院以外,在我们的制度中没有什么固有的东西限制国会为各州的刑事诉讼制定第十四修正案要求方面的法律。"①

对于国会制定综合刑事诉讼法典的权力或者能力的任何怀疑,应当与1968年《综合犯罪控制和安全街道法》第三编的联邦搭线窃听制定法放在一起考虑。② 第三编规定了对所有搭线窃听活动的联邦控制,并对各州有约束力③,而自1967年的卡茨诉美国④一案后,搭线窃听被最高法院承认为涉及重大的第四修正案的保护。尽管存在批评⑤,第三编似乎已经提供了相对明确的规则,并且在该领域主要评论者戈德史密斯(Michael Goldsmith)看来,"实际上该制定法提供的每一个层次的保护都上升为宪法的要求。"⑥确实如此,尽管事实上第三编是作为普通立法起草的而不是由这里建议的独立委员会起草的。

---

① Donald Dowling, "Escobedo and Beyond: The Need for a Fourteenth Amendment Code of Criminal Procedure", pp. 143, 153, 154, 156. Dowling 引用了 Ex Parte Virginia 100 U. S. 339, 345—346(1879)来支持这样的主张,即根据第十四修正案第5款,国会有权制定这样的刑事诉讼法典。在该案中,最高法院判定"无论采纳什么样的立法来实现第十四修正案中体现的目标,都属于国会的权力范围。"另见 Monroe v. Pape 365 U. S. 167, 171—72(1961)。

② 18 U. S. C. §§2510—20.

③ 18 U. S. C. §2516(2).

④ Katz v. United States 389 U. S. 347 (1967).

⑤ 见 Wayne LaFave and Jerold Isreal, Criminal Procedure, §4.2 中引用的资料。

⑥ Michael Goldsmith, "The Supreme Court and Title III: Rewriting the Law of Electronic Surveillance", at 170.

第六章 面临的任务 **161**

国会可以根据其一般权限制定一部法典来实施第四、第五和第六修正案,并没有必要把每一个规则都与一项具体的违宪行为联系在一起。这样可以避免"修补"的问题,而最高法院在这个领域的工作中一直存在这个问题。这样,国会可以宣布,公正地进行列队辨认涉及被告人的正当程序权利,因而列队辨认必须被照相和录音(或者录像),以便于辨认的结果能够在审理中被采纳,而不用精确地说出宪法的哪一个语句要求这样的规则。① 这个方法以前在高利贷的制定法②中使用过,国会直接宣布高利贷影响了州际商业,而不要求证明在一个特定的例子中的影响。最高法院在佩雷斯诉美国(Perez v. United States③)案件中批准了这样的做法。最高法院终于被解除了一案一判地宣布警察应当遵守的法律的负担,同时保留对已经制定的规则进行违宪审查和予以适用的权力,法院应当心存感激,可能会支持这样的立法。

在过去,各州通过它们的国会议员,可能已经反对过这样的立法,因为侵入了应当完全由州考虑的事项。但是,自从马普案件以来的30年中,每个人都已经习惯了刑事诉讼作为联邦事项,以至于不大可能再严肃地提出州权利的争论。而且,正如道林已经指出的那样,这样的一个立法体系将使各州能够更充分地参与立法过程,一方面,各州在国会的代表可以参与法律制定;另一方面,各州的警官有可能在立法过程中被征求意见。

这样的一个基于宪法的法典将继续作为一个"最低标准",正如在现行制度中那样。各州可以自由地提供给它们的公民更加广泛的保护,如果它们愿意这样做。而且,这样的一部法典,虽然它可以广泛地涉及诸如公正列队辨认和讯问程序这样的基础性问题,但是它不会扩展到诸如搜查令状返还的程序以及在审理前什

---

① 见 Katzenbach v. Morgan 384 U.S. 641, 650—651 (1966),判定国会有解释第十四修正案规定的独立权力。参见 Robert Burt, "Miranda and Title II: A Morganatic Marriage", at 81。

② 18 U.S.C. §§891—896 (1988)。

③ 402 U.S. 146 (1971)。

么时候提出预备性动议这样的非宪法性细节。这些事项并不是基于联邦保护的宪法性权利,将继续由各州和联邦的诉讼法典来单独规定。这并不是建议起草者必须假定只有最高法院已经讨论的事项才属于宪法保护的范围。相反,诸如警察向嫌疑人说谎的权利以及讯问的持续时间限制这样的事项,虽然还没有得到最高法院的解决,但都应当规定在规则中,只要它们涉及广义解释的"宪法性问题"。学习英国的榜样,最好宁可制定过于综合的法典并且冒最高法院以与宪法问题完全无关为由撤销其中的某些部分的风险(但是可能不会),也不要制定得不够综合从而继续使警察在重要的领域中没有指导可循。

至于在不同的州因情况不同需要不同的规则的问题,起草委员会如果感觉到地方的利益超过联邦权利的话,应当限制自己采取行动(即使在宪法领域)。但是,通常情况是,在各州内部的城乡情况差别更大,与各州之间的不同相比。因此,很难想象有哪些宪法领域由各州解决比由联邦层面解决更好(虽然起草者可能会感觉存在这样的领域)。由于犯罪高发的城市地区和犯罪低发的乡村地区的区别比州与州之间的差别更有意义,起草者可以着重考虑前者。

正如上面提到的,似乎可以通过两个合理的途径来完成这个任务。第一个就是创建一个刑事诉讼规则委员会。虽然量刑委员会的创建是基于相当不同的目的,它可以至少部分地作为典范。① 量刑委员会由七名有表决权的成员组成,其成员由总统咨询参议院并经参议院同意后任命。总检察长的代表是没有表决权的当然委员。该委员会的职责是颁布量刑准则,定期审查和修改这些准则,并且"与联邦刑事司法制度各个方面的当局、个人以及机构的代表进行协商。"② 刑事诉讼委员会的组成和职责可以和它类似。

---

① 量刑委员会是根据 1984 年修正的《量刑改革法》创立的,18 U.S.C. §3551 及以下 (1982 ed., Supp. IV) and 28 U.S.C. §§991—998 (1982 ed., Supp. IV)。

② 18 U.S.C. §994.

但是，考虑到刑事诉讼法典所保护的权利的基础性，由国会自己任命一个有两党参加的委员会，并且保留批准或者不批准（但不能改动）最终草案的权力，将是有道理的。

考虑到最高法院在米斯特瑞塔诉美国（Mistretta v. United States）案件中批准了国会把立法权委托给量刑委员会行使，给刑事诉讼委员会这种委托权力，似乎不会导致分权问题。① 而且，由于这样的一套规则将一直处于最高法院作为第四、第五和第六修正案范围的最终仲裁者的权力之下，因而不能说国会干涉了最高法院的权力。至于联邦制问题，正如前面提到的那样，各州在现在的"规则制定"程序中很少有发言权，除了在最高法院审理的案件中提交摘要以外，因此这样的反对已经被认为是没有价值的。

量刑委员会已经遭受了很多的批评。但是，这些批评似乎指向这样的一个事实，即该委员会承担的是一个特别困难的任务：事先决定每一个在联邦法院被定罪的刑事被告人应当受到的确切刑罚。未经考虑具体被告人的性格和境遇，抽象地确定一个特定被告人的刑罚，显然与很多人强烈支持的观念，即刑罚应当既与被告人又与罪行相适应，相冲突。而且，它实质性地侵入了联邦法官的传统权力。那么，纽约时报报道说"法官们齐声攻击量刑准则"就不令人感到惊奇了。② 与之相对比，警察已经习惯了遵守刑事诉讼规则，并且这样的规则将不会也不可能试图决定某一特定的事实情形的搜查是有效的。确定"可成立的理由"或者"合理怀疑"，必须留给审理法官，虽然对这些术语作出比联邦最高法院更加清楚的定义确实是可能的。

另一个可能的设立规则制定机构的途径，是国会可以扩展联邦规则建议委员会的职责，该委员会颁布了《联邦刑事诉讼规则》，目前仅仅适用于联邦法院系统并且不规定诸如无证搜查之类的警察活动。根据现行法律（美国法典第 18 编第 3771—3772 条），最

---

① Mistretta v. United States 109 S. Ct. 647 (1989).
② 1992 年 4 月 12 日星期日，首页。

高法院有权制定"联邦地区法院"裁决或者有罪答辩之前和之后的"关于所有程序的请求、活动和程序"的规则。在实践中,该程序在某些程度上更加复杂。最高法院已经把所有的联邦规则制定职责委托给了联邦法官会议,由首席大法官担任主席,由24名其他联邦法官组成,包括各个巡回区上诉法院的首席法官。① 法官会议每年开会两次,并且显然没有花费大量的时间审查提出的规则修改建议。② 但是,它任命了一个活动和程序规则常务委员会,来监督一系列建议委员会的工作,由它们实际上起草各个领域的规则——刑事诉讼、民事诉讼、证据等。刑事规则建议委员会的组成人员包括联邦法官、联邦公设辩护人、司法部官员、执业律师和学者,他们由首席大法官依据法官会议主席的职权任命。③ 在建议的规则起草之后,草案公布供公众评论,发表在《联邦规则决定》中。④ 基于评论而进行了修改之后,草案被移送给常务委员会、法官会议、最高法院,这些机构都不大可能作出实质性修改。⑤ 然后首席大法官将草案提交给国会。

虽然该制定法似乎没有给予国会否决或者修改的权力⑥,但在实践中国会认为它应该保留这样的权力。⑦ 近年来,国会已经改变过最高法院提交的规则,或者自行修改《联邦刑事诉讼规则》,特别是在1984年的综合犯罪控制法中。⑧

目前的机构似乎异常复杂。似乎法官会议和常务委员会这两级可以取消,由建议委员会直接向最高法院报告,然后由最高法院

---

① Winifred Brown, Federal Rulemaking: Problems and Possibilities (Washington, D.C.: Federal Judicial Center, 1981), p.29.
② Ibid.
③ Ibid., p.9.
④ Ibid., p.16.
⑤ 见 Gene Shreve and Peter Raven-Hansen, Understanding Civil Procedure, pp.7—8.
⑥ 见 18 U.S.C.A. 3771 的条文及其释义。
⑦ Frank Remington, "A Quarter of a Century of Rulemaking with Particular Attention to the Federal Rules of Criminal Evidence", at 236.
⑧ Charles Wright, Federal Practice and Procedure, §4.

把规则草案提交给国会。无论具体结构是怎样的,目前联邦规则制定程序提供了一个有用的平台,以此为基础可以建立一个颁布全国性刑事诉讼法典的规则制定机构。既然最高法院在没有专家意见或者公众评论帮助的情况下,已经在过去三十年中不正式地进行颁布这样规则的工作,那么建议委员会也能够胜任为警察程序起草规则的任务。

由建议委员会起草,再经最高法院把草案提交给国会的好处,是使用一个已经存在的结构并且使最高法院参与规则制定阶段,这样可以避免因最高法院不同意警察所遵循的规则(与警察是否正确地遵循了一项规则或者该规则是否充分地规范了特定的警察活动的问题相对而言)而排除证据的可能性。另一方面,该程序还有一个很大的好处,就是起草委员会的选任由国会在两党的基础上公开进行,而不是由首席大法官单独进行。而且,这样的一个委员会有机会也有义务就规则草案举行听证,以便于最大程度地听取公众和专家的意见,然后才把最终草案提交给最高法院和国会批准,而不是简单地接受书面意见。因而,一个两党的起草委员会具有量刑委员会的某些特征,同时又吸收联邦规则建议委员会的特点,似乎是最好的方法。

最高法院在这种规则制定程序中的出现,可能会带来宪法上的问题。目前联邦规则制定程序中最高法院的参与问题不大,因为这些规则规范的是联邦法院的行为,而最高法院对联邦法院拥有监督权。正如争论的那样,国会有权制定规则来规范州、地方警察和法院的行为,只要它们的行为干涉了宪法第十四修正案所吸纳的权力。然而,这一点还不清楚,即最高法院是否有权参与它没有监督权的程序的预备阶段。加西亚(Garcia v. SAMTA)案件中根据商业条款赋予了国会实质上超越州权力的无限制权力,强调这个权力将通过各州在国会的代表予以制衡。① 由于这个计划只是赋予国会通过或者否决的有限权力,却允许最高法院修改草案,这

---

① 469 U.S. 528, 556.

将被视为对分权原则的违反。但从另一方面看,可以争论说国会制定法律实施宪法第十四修正案的广泛权力,与最高法院在历史上参与(联邦)规则制定一起,使这个程序合法化了。无论如何,最高法院在起草程序中的参与,虽然是避免未来的问题所需要的,但并不是不可缺少的。建议委员会可以直接向国会报告。

在笔者看来,国会保留对全国适用的刑事诉讼规则进行修改的权力将是错误的。正如第二章描述的那样,这个主题可能引起相当大的政治热情。如果国会自己参与到逐字逐句的审查中去,有可能会产生一部过分强调犯罪控制、牺牲民权保护的法典。那么,最高法院将不得不撤销该法典中的违宪之处,使法律处于并不比以前好的状态。与之相对比,如果国会的角色只限于通过或者否决这样的规则,其成员可以避免让个人承担责任,防止因痛苦的决定而使个人承担政治后果。

温斯坦(Jack Weinstein)法官曾经思考过在起草《联邦刑事诉讼规则》过程中国会有限参与的必要性:"国会不应当对规则草案进行细致的审查。规则制定的权力被委托行使,目的是利用法院和专家在诉讼程序领域的专门知识,因为在这个领域他们比国会要擅长得多。除非国会把自己的权力限于基本政策问题,否则把起草权力委托给建议委员会所要达到的目的就将被削弱。"①

当《联邦刑事诉讼规则》第一次于1944年颁布的时候,法兰克福特大法官拒绝投票赞成它,理由是最高法院距离审理程序太远以至于无法颁布规范审理的规则。显然,最高法院距离警察侦查程序更加遥远,但是这并没有阻止最高法院试图制定规范警察侦查行为的"规则"。正如法兰克福特大法官指出的那样:"经验证明,如果把这种规则制定的责任交给一个小的、常任的规则制定机

---

① Jack B. Weinstein, "Reform of Federal Court Rulemaking Procedures", pp. 929—930.

构,而不是留给因特定争议而进行的立法,是有利于正义的。"① 一旦出现了法兰克福特大法官在 1944 年就已预见到的刑事诉讼法的发展方向的话,他肯定会把他的劝诫扩展到"因特定争议而作出的法院判决"。首席大法官伯格也曾向刑事规则建议委员会的雷明顿(Frank Remington)表达过类似的看法,他主张:"规则制定的目的是在刑事诉讼方面作出重大的改进,而不是像过去那样等待争议案件的到达然后最高法院在案件中对该问题作出回答,通常作为宪法问题来解释。"②

即使最高法院参与了规则制定程序,其职责也不应当被限于事先批准刑事诉讼规则。它应当仍然保留这样的宪法权利,即在个案中决定某一特定的警察搜查、讯问,或者辨认程序符合宪法的要求,理由或者是因为警察未能遵守可适用的规则,或者是因为不存在可适用的规则,或者是因为在罕见的情况下可适用的规则虽是违宪的但由于某些原因在起草时没有预见到。③ 然后,由常务委员会根据该判决修改规则。这样,委员会将负责理解最高法院判决的精髓并以条文的形式表现出来,而不是要求成千上万的警察局和警官试图自己这样做,就像现行制度所要求的那样。常务委员会还可以解决在规则实际适用中出现的未能预见的困难、遗漏等。

当然,必须承认,成文规则体系仍然会留下很多尚未回答的问题,需要由法院系统来解决。某些问题,例如在某一个具体案件中是否存在可成立的理由,只能由法院来解决。解决这些问题的过程,是否会导致新的规则变得"模糊和困难",就像最高法院正确地承认旧的规则那样? 有可能。如果最高法院,在新的政治时期,认为所有的旧的规则完全是错误的,那么它可能开始削弱这些规则,

---

① Jack B. Weinstein, "Reform of Federal Court Rulemaking Procedures", at 4.
② Frank Remington, "A Quarter of a Century of Rulemaking with Particular Attention to the Federal Rules of Criminal Evidence", at 225.
③ 然而,在这样的案件中证据可能不会被排除。Illinois v. Krull 480 U. S. 340 (1987)(警察根据违宪的制定法,属于排除规则的善意的例外)。

就像它削弱米兰达规则那样。但是,米兰达规则从来没有被一个两党委员会颁布过。如果这些规则,或者至少颁布这些规则的过程,被认为一开始就是公平的,那么改变或者限制这些规则的愿望就不会那么强烈。只要考虑1965年开庭期最高法院的人员构成,就可以意识到作出米兰达判决的最高法院是非常自由的大法官占主导地位,即多数派沃伦、福塔斯、布伦南、布莱克和道格拉斯,以及持反对意见的哈伦、斯图尔特、克拉克和怀特。因而,无论起草委员会的组成人员如何,规则必须是对现存的最高法院法律(现在已经是折衷的了,虽然不综合——由保守的最高法院在不推翻自由主义原理的基础上限制它)的法典化、澄清和补充,而不能对现行法律总体上的意识形态方向进行重大修改。

虽然在20世纪60年代,很多评论者认为刑事诉讼规则应当被法典化,现在有理由怀疑制度内的改变是否必要。这种观点体现在弗吉尼亚法学院的斯顿茨(William Stuntz)在阅读本书初稿时所写的评论中,斯顿茨认为,第三章和第四章中列举的刑事诉讼制度的问题是一种暂时现象:"马普和米兰达判决之后的最初二十年有些倒退,并因而在律师和警官中有很多错误的预测,这是不令人惊奇的。但是,这种情况基本上过去了。米兰达原理、玛西亚(Massiah)原理和搜查扣押法的主体(我认为绝大多数)是相当明确和相当稳定的……你在第四章中的大多数例子,……是对概括性原则予以充实的问题。我认为,它们并不削弱这一点,即现在的法律比二十年前甚至十年前,具有大得多的确定性了。"①接下来,斯顿茨引用了罗斯(Ross)案件的汽车搜查判决,该案中判定汽车可以仅仅根据可成立的理由被搜查,而不需要令状——作为"警察能够轻易地理解和适用的规则"的例子。

如果一个人和斯顿茨一样对刑事诉讼法的现状持肯定态度,那么适用这个格言就可能是正确的,"要是没坏就不用修理"。显

---

① William Stuntz 在1990年11月13日给笔者的信,存于 Indiana University (Bloomington) Law Library。

然,笔者对刑事诉讼法的状态并不持这样的支持态度。最高法院自己似乎也不满意,因为多数派最近承认"最高法院第四修正案理论已经在一定程度上令法院系统感到困惑"①,并把其讯问法律称为"模糊的和困难的"。

笔者同意斯顿茨的这一观点,既然最高法院无疑有权力对刑事诉讼的所有重要领域采取行动,最终会努力对一些领域制定法律,例如目前留给各州来规定的在给予米兰达警告后应当如何进行讯问的问题。② 然而,考虑到目前最高法院严格的宪法解释者的倾向,在可预见的将来扩展其职责到很多新的领域似乎不大可能,尽管事实上这些领域可能非常需要澄清。无论如何,斯顿茨的评论认为现行法律只存在"不完整性"问题,而不存在"不确定性"问题。如果像第四章中论述的那样,法院判决的固有倾向就是在解决问题的同时创造更多的不确定性(并且比制定法具有更大的不确定性),那么最高法院在某一特定法律领域的行动可能会使情况更糟糕,而不是更好。

笔者还同意斯顿茨的这一点,与诸如机场临时截停和搜查等很多领域不同,罗斯这个关于汽车搜查案件中明确的、类似立法的宣告,可能解决的问题多于带来的问题。然而,它并没有解决制定法所能解决的那么多问题。罗斯尚未解决的问题,例如当警察有可成立的理由相信箱包中装有违禁品时,能否对放在汽车里的箱包也进行无证搜查;对休闲车能否无证搜查;"比可成立的理由更低"标准的搜查的范围,例如物品登记搜查。最高法院在罗斯案件

---

① California v. Acevedo 111 S. Ct. 1982, 1990 (1991).
② 事实上,在 McNabb v. United States 318 U. S. 332 (1943)和 Mallory v. United States 354 U. S. 449 (1957)两个案件中,最高法院根据其监督权,确实判定把嫌疑人带到治安法官面前的 7 个小时的延误,违反了《联邦刑事诉讼规则》第 5 条(a)。另外,在 Riverside Co. v. McLaughlin 111 S. Ct. 1661 (1991)案件中,最高法院判定没有令状而逮捕一名嫌疑人,必须在 48 个小时之内举行法院对可成立理由的听审。

之后,花了10年的时间回答这些问题。① 在罗斯判决作出时卡米萨提出的问题仍然尚未回答②:罗斯判决中对汽车流动性的强调是否意味着该判决不适用于停着的车辆,就像持反对意见的法官们所暗示的那样;罗斯判决将其判定限于"有可成立的理由相信该车辆内有违禁品"的情形,是否意味着不允许对违禁品以外的证据的搜查。总体上说,罗斯根据汽车的两个特点作为其判决的理由——流动性和较低的隐私权预期——那么,当这两个特点之一不存在的时候,就会导致困惑。③(参见第四章对"律师思维"的讨论)

发现罗斯判决之后所有这些问题都没有回答,仅仅是战斗的一半。笔者仍然有一个任务,就是构建一项制定法来事先解决罗斯导致的全部问题或者至少大部分问题,以及其他汽车搜查案件。再一次地,必须强调罗斯是一个不寻常的意思直白的判决,最高法院明示地试图创立一项警察容易遵守的明确规则。因而,构建一项制定法来完善罗斯判例,比完善例如临时截停和拍身搜查或者逮捕附带的搜查方面的法律,要更加困难。无论如何,罗斯很容易被更好地规定:

---

① 在California v. Acevedo 111 S. Ct. 1982 (1991)案件中,最高法院判定,如果存在搜查汽车中一个箱包的可成立的理由,那么该箱包可以被无证搜查,虽然如果它不是放在汽车里的话不能够被搜查。

在California v. Carney 105 S. Ct. 2066 (1985)案件中,最高法院判定,休闲车可以没有令状而被搜查,除非它已经是不能移动的了,例如停靠在汽车房屋停车场的街区上的。

在New York v. Belton 453 U. S. 454 (1981)案件中,最高法院判定,逮捕附带的搜查扩展到汽车的整个乘客区(但是不包括行李箱),即使在搜查前被告人已经被带离汽车。

② Yale Kamisar, The Supreme Court, Trends and Developments, pp. 1981—1982, 86ff.

③ 例如,如果一辆故障车停在通往私宅的小路边,能否无证搜查?如果它停在公路上,又如何?警察能否辨别该车有故障,是否有影响?如果是一辆有故障的休闲车,又如何?对这些问题的讨论见Wayne LaFave, Search and Seizure, A Treatise on the Fourth Amendment, §7.2 (pocket part)。

汽车搜查

定义：车辆是指任何小汽车、卡车、面包车、大客车、摩托车、自行车、拖车、船只、飞机或者类似的运输工具，无论是否有发动机，看起来立即能够离开现场。

1. 为发现证据的搜查：警察可以扣押并全面搜查任何车辆，当他们有可成立的理由相信里面装有任何重罪或者轻罪的证据时。

2. 逮捕附带的搜查：在对车辆内的人进行羁押性逮捕之中或者之后，警察可以搜查该车辆的乘客区以及在里面找到的所有箱包，包括手套箱。行李箱以及其他与乘客区分离的区域，只能根据第1款或者第3款进行搜查。

3. 物品登记搜查：如果警察根据成文的部门规定，将任何车辆拖到警局，他们可以全面搜查该车辆，依照部门规定授权的范围，扣押、搜查并登记里面找到的物品。

起草说明：这条制定法实质上是对最高法院判例的法典化。为了简化，它允许对汽车进行全面搜查，当可成立的理由只限于汽车中一个箱包里装的东西时，这一点走得比最高法院更远。加利福尼亚诉埃斯维多（California v. Acevedo①）判例中只允许在汽车中找到那个箱包，然后对箱包进行搜查。考虑到这种类型的搜查通常是需要的，这是一个不大的扩展，最高法院如果遇到合适的案件可能会采纳这样的扩展，虽然最高法院在埃斯维多案件中明确地拒绝对这个问题作出决定。②

第1款强调显然的流动性，这样允许对一辆看起来是流动的但实际上不能移动的汽车进行搜查。由于强调的是流动性而不是不好把握的"隐私权预期"，这样任何看起来具有流动的直接可能性的运输工具都包括在"车辆"的定义中。另

---

① 111 S. Ct. 1982 (1991).
② "根据第四修正案，对整个汽车的搜查将是不合理的。"111 S. Ct. at 1991.

外,缺少轮子的汽车,停在街区上的活动房屋等等并不是"车辆"(但是参见本法的第×条,"对遗弃财产的搜查")。第1款允许对车辆的"全面搜查",其含义是搜查的范围和可成立的理由所指向的一样广,在必要时包括发动机盖下面、移除坐椅等。这一点与现行法是一致的。

该条制定法的第2款是对纽约诉贝尔顿(New York v. Belton[1])的法典化。不过,它回答了贝尔顿没有解决的几个问题,例如锁上的手套箱、乘客区内锁着的行李箱或者旅行车的后部是否属于逮捕附带搜查的范围(所有三个问题的回答都是肯定的)。考虑到对隐私权的侵犯在逮捕及其附带的搜查中已经发生,把贝尔顿扩展到"乘客区"的所有部分,虽然可能进一步侵犯隐私权,但是极大地澄清了这个问题。第2款还解决了布伦南大法官在贝尔顿案件的反对意见中提出的一个问题,规定乘客无法触及的区域,例如行李箱、发动机盖下面、车底、门板后面的区域,不属于逮捕附带搜查的范围。本款遵循了密歇根诉托马斯(Michigan v. Thomas[2])的判定,不要求附带的搜查与逮捕同时进行[3],但是把逮捕附带的对车辆的搜查,限于嫌疑人"在车辆内被逮捕"。第2款有意没有提及乘客。根据现行的最高法院在伊巴拉诉伊利诺伊(Ybarra v. Illinois[4])中确立的法律,只能根据合理怀疑认为他们持有武器而被拍身搜查,或者根据可成立的理由而被搜查。当然,在搜查过程中他们可能被命令从车辆中出来。

第3款是对下面两个判例的法典化,科罗拉多诉伯廷(Colorado v. Bertine[5])和佛罗里达诉韦尔斯(Florida v.

---

[1] 453 U.S. 454 (1981).
[2] 458 U.S. 259 (1982).
[3] 但是,见附录一英国的《警察与刑事证据法》第32条,把逮捕附带的搜查限于这样的情形,即警察有"合理根据"相信被逮捕人是危险的或者能够找到证据。
[4] 444 U.S. 85 (1979).
[5] 479 U.S. 367 (1987).

Wells①)。它明示地要求成文准则,这一点伯廷和韦尔斯并没有。而且,它没有依赖警官个人的自由裁量,除非在该部门规定中所允许的自由裁量的范围内,这与韦尔斯相一致。该条没有列出,但是假定韦尔斯中的限制,即"规范物品登记搜查的政策,其目的应当是为了进行物品登记。警官个人不能被允许有如此多的空间,以至于物品登记搜查变成'发现犯罪证据的故意的和一般的方式。'"②相应地,物品登记搜查将不会像为了发现隐藏证据而进行的全面搜查那样具有侵犯性。详细写出适当的物品登记搜查的要求被认为是没有必要的,因为警察局的法律顾问可以在制定这种政策的时候查阅韦尔斯和伯廷。该法条只包括警官个人需要知道的一个警告:遵守成文的部门规定。

考虑到最高法院在车辆搜查方面花费的时间、精力以及判决的页数,仅仅产生了最高法院自己不断诋毁的原理,这项制定法和起草说明是简短并且希望明确的模式。它试图反映最高法院在这个领域的判定,仅仅在达到连贯或者明确的程度上吸取这些判定的内容。在某种意义上,它表明了斯顿茨观点的反面,他认为 30 年以前制定法可能是好主意,但是现在不再需要了。相反,在 30 年前,起草制定法的人根本不知道在某一特定领域最高法院将如何决定,也很少知道在每一个法律领域中隐藏着哪些问题。今天,在马普案件把最高法院的判定适用于各州之后的 30 年中最高法院所做的判决,加上学者们对那些判决中缺点的评论,问题和可能性变得更加明显。起草归纳已有的最高法院法律的制定法,与事先预测相比,要容易得多。③

考虑一下用法典来解决最高法院颁布刑事诉讼规则中所面临

---

① 110 S. Ct. 1632 (1990).
② Florida v. Wells 110 S. Ct. 1632, 1635 (1990).
③ 即便持怀疑态度的斯顿茨也承认,这项制定法"比现行制度提供更多的可预见性。"1991 年 8 月 2 日的信。但是,他还是怀疑现实生活中的立法机构能否起草一项这样的规则。

的问题的好处,如第四章中讨论的那样。首先,不完整性问题可以立即被解决,而不用再等10年或者20年有合适的案件到达最高法院面前。制定法的方法不可避免地会出现"灰色区域",但是比现行的方法要小得多,因为规则的起草者能够事先预见和解决很多问题。由于类似的理由,"案件或者争议"、遵循先例以及"多数人意见的专制"等限制,在立法性中都是不存在的。

当然,这种规则的明确性和简洁性,可能会倾向于导致在某些案件中不公正的结果,在该特定情形下,不遵守该规则似乎是最为合理的行为,虽然起草规则的时候能够预见某些特殊情况这一事实,使得立法性的规则制定比判例的方法具有固有的好处。明确规则和灵活反应这一问题,在现行制度下,经常是通过法院一案一判地调整规则并且宣称警察并没有违反规则的方法来避开。正如前面各章中讨论的那样,更合理的方法应当是赋予审理法院承认规则被违反但是拒绝排除被污染的证据的自由裁量权,理由可以是该证据的使用不会使司法活动丧失名誉、该规则不够明确或者某些其他灵活的标准。自由裁量的排除规则的使用,还会放开起草者的手脚,使他们起草一个严格且综合的法典,而不用担心在某一领域规定详细标准会导致完全的证据排除。

正如前面各章讨论的那样,有这样一个风险,即一旦允许审理法官行使自由裁量权,他们将一直向有利于警察的方向行使,从而使排除规则没有意义。但是,在现在的制度中也存在这样的风险,特别是由于很多宪法性主张不再属于联邦法院人身保护令审查的范围。仅仅是州上诉法院和联邦最高法院决定使用排除的制裁来震慑警察的违法行为,才致使现行的"强制排除"规则具有震慑效果。否则,审理法官可以没有顾虑地忽视"强制排除"规则。没有理由相信这种决心会被削弱,如果法院被允许承认违法行为的存在但并不被强迫排除证据,而不是在警察行为看起来合理时被强迫改变规则从而避免排除后果,像现行制度这样。

加拿大和英国的经验表明,当审理法院面对警察违反明确的法典化规则时,证据排除将被经常地用来惩罚对那些规则的违反。

然而,任何试图改变排除规则的企图,即使不减弱其整体的震慑效果,也会面临如此激烈的反对,以至于在法典修改时试图这样做可能在政治上是不明智的,正如第五章中讨论的那样。

立法性规则是否会遇到法官制定的规则所没有遇到的问题?在该程序中不会存在那样无法避免的问题。然而,与终生任职的法官群体相比,政治上的共识显然更加有可能影响立法性机构。这些表现形式可能根本不制定任何规则,或者允许政治上的方便超过常识或者礼仪。笔者曾经试图防止这一点,建议规则制定机构合理地免受政治考虑的影响,但并不是完全不受其影响。

必须强调,除非这样的一个制定法计划是"收益中立"的(即像税法修改一样,但是"收益"一词用来指政治资本),否则就是失败。总体上的努力必须旨在明确化、简单化、完整化,而不是改变法律的意识形态方向。但这并不是说,在一个特定的领域,起草者应当把坚持目前的最高法院原理作为高于一切的目标,当然可以努力界定"最好的"、最有效率的,或者最容易遵守的规则,但是现存的最高法院法律应当是法典化过程的整体上的指南。

司法部试图但是未能完成极为必要的联邦刑法的改革(被称为 S1 法案),因为该法案同时试图达到保守主义的政治目的,这个经验应当足以证明,基于政治动机而改革刑事诉讼法是不明智的。①

国会是否会采纳本书建议的方法?谁知道呢。可能的情况是,保守派将喜欢这个主意,因为他们会推理说,尽管存在上述劝诫,由于国会在犯罪问题上总体上是保守的,结果将是法律向保守主义方向发展。甚至,会发展到即使保守的伦奎斯特法院也不愿意达到的程度,因为受到遵循先例原则的限制,最高法院不能随意推翻先前判例。另一方面,保守派将不会喜欢这个主意,即通过立法对刑事诉讼法进行联邦控制,因为他们仍然认为属于州的权限。

---

① 对于相对近期的关于联邦刑法典改革的现状和必要性的报告,见 Ronald Gainer, "Report to the Attorney General on Federal Criminal Code Reform"。

保守派还有可能担心受到这样的事实的压力,即法典化不能比现行最高法院法律保守太多,因为最高法院可能撤销该立法①;如果国会选择给予犯罪嫌疑人比现在最高法院已经给予的更多的权利,最高法院则不会反对。作为保守派的对立面,自由派可能会支持这个主意,因为他们担心现任最高法院的发展方向;他们也有可能反对这个主意,因为他们希望在未来的"克林顿任命的法院"中再次出现沃伦这样的大法官,而且对国会不信任。警察和其他刑事司法人员应当支持这个主意,因为它将给予警察更加明确的且更加综合的指导,结果是排除证据的情况比现在要少。但是,有一个群体应当非常喜欢这个主意——最高法院。在自己创造的刑事诉讼法泥潭里越陷越深30年后,最高法院的大法官们应当不停地要求国会采纳这个改革建议。

---

① 但是见 Irving Gordon,"The Nature and Uses of Congressional Power Under Section Five of the Fourteenth Amendment to Overcome Decisions of the Supreme Court",争论说国会既可以增强也可以削减最高法院已经保护的权利。

第七章　刑事诉讼的备选模式

上一章中建议的刑事诉讼的制定法模式，与美国律师们受到的训练和经验是相背离的，美国律师深信判例法是发展宪法性规则的方法这一观念。这一事实，与前面各章讨论的这个建议可能面临的政治上的反对一起，意味着有可能永远无法制定这样的法律。本书的目的不仅仅是学术上的讨论，而且试图为刑事司法制度面临的现实问题提供一个实际可行的解决方法。因而，本章提出三个替代性方法，这些方法不需要完全改变现行的最高法院创制刑事诉讼法的制度。前两个方法是笔者于1985年在《密歇根法律评论》上的文章《第四修正案的两个模式》中最初提出来的，提出了最高法院本身可以采用来解决第四修正案以及整个刑事诉讼法问题的新的方法。第三个建议，只是主张把联邦刑事规则建议委员会扩展为包括制定警察程序规则，并作为各州的范本。

刑事诉讼的两个模式

正如笔者在《密歇根法律评论》的文章中详细论证的那样，最高法院有两个方法可以避免第四章中讨论过的它试图颁布刑事诉讼规则这种做法所固有的问题中的某些问题。他们可以宣布一项明确规则并坚持它，即使在特定的案件中会导致不令人满意的结果（模式一），或者宣布一个如此明显不属于明确规则的标准，以至于该规则不会在不同案件中受到损害（模式二）。实质上，模式二曾经就是刑事诉讼革命之前的标准，当时第十四修正案要求的任何人未经"法律的正当程序"不得被剥夺自由是对州警察行为的唯一宪法限制。在这种体制下,供述必须是"自愿的",才能被采纳①,辨认程序不能是"如此地具有不合理的暗示以至于会导致不可挽回的错误辨认"②,以及搜查不能是震撼良心的。③ 总体上说,正如法兰克福特大法官在罗琴诉加利福尼亚(Rochin v. California)案件中代表法庭写出判决意见时指出的那样:"法律的正当程序……无法对这些标准进行比下面这句话更加精确的定义和限定,即定罪不得使用违反'正义感'的方法。"④

正如在第二章中讨论的那样,沃伦法院的结论是,这种模糊的宣告是不够的,如果最高法院经常因有缺陷的州的程序而排除证据,并导致释放被定罪的罪犯的话。因而,最高法院开始发展供各州遵循的明确规则。关于第四修正案,主要的新规则是"永远需要令状"(除了根据"紧急情况")。关于供述,最高法院在米兰达判决中判定,通过"羁押性讯问"获得的供认永远不能被采纳,除非在讯问前给予被告人沉默权和律师帮助权的警告。⑤ 最后,关于列队辨认,最高法院要求律师在列队辨认时在场,如果该辨认程序的结果想要在审理中被采纳的话。⑥

尽管警察的反对,后两个规则不仅明确而且有操作性,并且警察能够适应这两个规则。如果令状要求确实被实施,除了紧急情况的例外,这是最高法院最初承认的唯一例外⑦,至少在理论上,它

---

① Brown v. Mississippi 297 U.S. 278 (1936).
② Stovall v. Denno 388 U.S. 293, 302 (1967). 在该案中,最高法院把这称为"被承认的攻击定罪的理由",虽然最高法院在 Stovall 案件之前并没有被承认。
③ Rochin v. California 342 U.S. 165, 172 (1952).
④ Rochin v. California 342 U.S. 165, 173.
⑤ Miranda v. Arizona 384 U.S. 436 (1966).
⑥ United States v. Wade 388 U.S. 218 (1967).
⑦ 例如,在 McDonald v. United States 335 U.S. 451, 455 (1948)案件中最高法院判定:"在不存在非常紧急的情况时,第四修正案把治安法官放在公民和警察之间……要想符合宪法的要求,没有搜查令状的,必须由寻求免除宪法要求的那一方证明,情况的紧急状态致使该行为是必需的。"然而,在 Chimel v. California 395 U.S. 752 (1969)案件中,该案赞同性地引用了上面这一段,最高法院批准了非紧急情况下逮捕附带的无证搜查,并且重申其前一个开庭期在 Terry v. Ohio 392 U.S. 1 (1968)中对无证临时截停和拍身搜查的批准。

也将成为一项可操作的规则,警察一开始会不喜欢,但是可以学会遵守。如果像目前联邦规则所允许的那样①,电子形式的令状被判定可以满足令状的要求,那么就会减少因情况紧急而不寻求获得令状的情形。

但是,正如第三章所讨论的那样,沃伦法院可能是对认为它"对犯罪手软"的批评的敏感,试图帮助警察,通过承认严格的令状要求的几项例外的方法,例如,逮捕附带的搜查、临时截停和拍身搜查以及汽车搜查,同时试图重新界定在各种情形下合理搜查的定义。伯格法院加速了这个趋势,到 1985 年已经存在了令状要求的二十多项例外。② 最高法院至今还坚持说,尽管存在大量的相反判决仍然存在令状要求,近期的判例表明这只不过是表面文章而已。③ 同时,界定什么是合理搜查的判例大量增加,导致了在搜查扣押法领域繁杂且令人困惑的法律体系。

在讯问领域,米兰达判决的要求虽然限于羁押性讯问,一开始并没有承认例外,只要认定属于羁押性讯问即可,反映了模式一的"明确规则"方法。而且,米兰达判决提出了第二个明确要求:如果在警告后嫌疑人主张沉默权或者律师帮助权,"讯问必须停止"。④ 对于原理的一贯性和警察与公民都不幸的是,最高法院淡化了这

---

① 《联邦刑事诉讼规则》第 41 条(c),(2)。

② Craig Bradley, "Two Models of the Fourth Amendment", at 1473.

③ 1988 年的 Murray v. United States 108 S. Ct. 2529 案件是这种趋势的特别明显的例子。在该案中,联邦禁毒局有可成立的理由证明某一特定的仓库里面有大麻。虽然一名警官去申请令状,其他警官进入了仓库并找到了大麻。并没有主张存在紧急情况。特工们没有扣押任何东西,他们等待令状的到达。当令状到达之后,他们进入并扣押了 270 包大麻。最高法院允许将所有被扣押的大麻采纳为证据。多数法官的理由是,对大麻的实际扣押是通过"独立来源"实现的,即该搜查令状并没有受到先前非法进入的污染。然而,Murray 案件中的关键之点是,一次无正当理由的无证搜查没有受到排除救济的惩罚。最高法院进一步在附带意见中宣称,即使警官们在非法搜查中已经扣押了那些大麻,大麻仍然是可采的。Marshall 大法官在反对意见中正确地断言,这样的判定"阉割"了令状要求。显然,最高法院并不真正关心令状要求,否则在 Murray 案件中就会使对令状要求的违反付出更大的代价。

④ 384 U.S. pp.436,473—474 (1966).

些明确规则,创造出最高法院自己现在认为"模糊且困难"的原理。首先,它创制了米兰达基本判定的两个例外:"公共安全"①和"登记问题"②例外。其次,它判定,嫌疑人主张沉默权并不必然意味着讯问必须完全停止③,但是主张律师帮助权仍然具有这样的效果。④即使后来的这个明确规则也受到这样的限制,即判定如果嫌疑人"发起"进一步的对话,讯问可以继续,即使这种"发起"仅仅是问"现在要把我怎么样?"⑤简单地说,最高法院越是在过去的岁月中"澄清"米兰达原理,它就创造了越多的关于该原理范围的不确定性。

除了关于米兰达判决现在如何要求的不确定性以外,该判例从来没有解决讯问领域的全部问题,因为它没有回答在给予警告之后警察应当怎样做的问题(欺骗行不行?讯问可以持续多长时间?……)。它仍然具有给警察提供了两个明确规则的优点,警察可以学着遵守,并且与人们预测的相反,它并没有影响供述的获得。最高法院目前的方向,在不推翻米兰达的情况下限制它,会导致和第四修正案一样的极端使人困惑的法律体系。

在辨认程序领域,法律发展出了第三个途径。在美国诉韦德案件中,沃伦法院采纳了一个明确规则,即律师必须在所有的列队辨认中在场。这不是一个非常好的规则,因为照相和录音将是比律师在场更好地保障公正的方法,但是至少它是明确的,合理地对嫌疑人有帮助,并且对侦查程序没有害处。但是,在柯比诉伊利诺伊(Kirby v. Illinois⑥)案件中,伯格法院回归到旧的"无规则"的正当程序方法,判定韦德判决仅仅适用于起诉之后的列队辨认(即在律师帮助权开始生效之后)。大多数列队辨认是在起诉前进行的

---

① New York v. Quarles 467 U.S. 649 (1984).
② Pennsylvania v. Muniz 110 S.Ct. 2638 (1990).
③ Michigan v. Mosley 423 U.S. 96 (1975).
④ Edwards v. Arizona 451 U.S. 477 (1981).
⑤ Oregon v. Bradshaw 462 U.S. 1039 (1983).
⑥ 406 U.S. 682 (1972).

(以便于确定是否存在起诉的对象)。这样,韦德在很大程度上被削弱了,对大多数列队辨认来说可适用的规则是过去的正当程序方法,即辨认程序不能是"如此地具有不合理的暗示以至于会导致不可挽回的错误辨认"。这个"无规则"的标准似乎运行得很好,特别是由于警察和公诉人已经认识到可以通过录音和照片或者录像带来固定列队辨认,可以使辨认程序在法庭上成为更有价值的证据。①

这样,最高法院本身已经采纳了全部两种模式,在不同的背景中采纳"无规则"或者"明确规则"。米兰达规则在给予警察的指示方面是明确的,并且其适用范围(即所有的"羁押性讯问")也是相当明确的。辨认规则,开始的时候是模式一的"明确规则",后来回到旧的正当程序即模式二,确实不明确,但是已经被证明可以运作。第四修正案法律的发展会更好,如果最高法院采纳这两种方法中的任何一种:在任何搜查之前一直要求令状②,除了严格定义的紧急情况的例外(模式一),或者搜查仅仅必须是"合理的",考虑所有相关因素,例如犯罪的严重程度、怀疑的程度、是否获得了令状等(模式二)。

在 1991 年作出的加利福尼亚诉埃斯维多(California v. Acevedo③)案件的判决中,斯卡利亚大法官在赞同意见中主张放弃不切实际的令状要求。他注意到,第四修正案文本中并没有写着令状要求,而且,无论如何,一个具有二十多项例外的"要求"是没有意义的。于是,他主张回到沃伦法院之前的在一定意义上"无规则"的时代——要求搜查只需要是"合理的"。然而,他对这句话进行了限制,说"其他相关法律规则的变化有可能使令状成为合理性所

---

① Jerold Israel, "Criminal Procedure in the Burger Court, and the Legacy of the Warren Court", at 1368—1371.
② 一直都不要求达到可成立的理由的搜查扣押,例如 Terry 拍身搜查,将不适用这种令状要求。
③ 111 S. Ct. 1982, 1992 (1991).

必需的要素,然而在普通法上并不是。"①这个建议与多数派判定的目前不要求令状的主张有什么不同还不清楚,但是至少斯卡利亚已经承认了现行法律带来的反常。

简单地说,任何要求最高法院不断地"微调"的刑事诉讼法体系,都必将导致令人绝望的混乱,因为与其解决的问题相比,最高法院倾向于创造更多的问题,正如在第四章中论述的那样。因而,最高法院能够实施并且在很大程度上不改动的体系,将运行得最好,部分原因是它可能鼓励更多的州制定综合的法典。② 如果最高法院在讯问领域只限于回答这样的米兰达判决之后的问题,如"什么是羁押?""什么是讯问?"以及"在给予警告之后对警察有哪些限制"之后就停止,我们可能现在有了更加综合的法律体系(虽然"不确定性原则"将必然导致它没有一部综合法典)。现在无论是讯问领域还是搜查领域的法律都是如此地缠绕在一起,以至于最高法院自己从混乱中脱离出来的可能性都不大。

但是,如果最高法院打算回到"无规则"标准,例如,供述是可靠的且不是通过警察强迫获得的,或者搜查必须是"合理的",那么它是否会陷入与米兰达之前一样的混乱?这是可能的,并且是笔者更倾向于制定法而非法院创制的规则的原因之一。如果"无规则"方法想要可行,无论是讯问还是搜查领域,最高法院必须把自己局限于承认每一个案件都是基于特定的事实,而不是"澄清"或者"修正"该标准的工具。也许,各州已经与对警察行为的宪法限制如此的一致,以至于它们可以有效地实施这样的"无规则"标准而不需要最高法院的干预来规范令人愤怒的警察行为。或者,即使最高法院确实干预了,如果它只是在一个简短的判决中直接写明该案的事实并宣布该特定警察行为是不可接受的,它将避开大

---

① 111 S. Ct. 1982, 1993.

② 目前大约 1/3 的州通过了综合性法典,自从沃伦法院开始对刑事诉讼领域进行严密的审查以来。Wayne LaFave and Jerold Israel, Criminal Procedure, vol. 1, §1.5(c). 这些州的规则在内容范围上和实体要求上相互差别很大。见 Barry Latzer, State Constitutions and Criminal Justice。

多数其可能遇到的不确定性问题。然而，除非各州自己起草综合性法典，并且该法典严格坚持最高法院的准则，否则这将简单地把不确定性问题从联邦层面转移到州的层面，导致迫使最高法院对自己不准备保护某些权利的州再次进行干预以便于保护公民的这些权利。①

目前运作的模式

对一项建议的检验标准，是它能否比目前更好地解决实际案件中的问题。纽约诉贝尔顿(New York v. Belton②)案件提供了一个敏锐的检验标准，在该案中最高法院发现它面临着把其两个令人困惑的原理整合在一个判决中，汽车例外(令状的例外而非可成立理由要求的例外)和逮捕附带的搜查例外(两个方面都例外)。在该案中，一个公路巡警临时截停了一辆超速汽车，闻到了大麻味道，并看见地板上一个标着"超级金"的信封，他认为与大麻有关。于是，他命令四名乘坐者从汽车中出来，告知他们被逮捕了，并且搜查该汽车的乘客区，在信封中找到了大麻并且在一件黑色皮夹克拉上了拉链的口袋里找到了可卡因。

最高法院认为搜查合法，引用了这样一段话，即"需要一套规则，在大多数场合下使警察对于对隐私的侵犯是否正当这一点有可能事先作出正确的决定。"③相应地，以5∶4的表决，多数派判定，汽车的乘客区一律可以在乘坐者被逮捕时"附带"被搜查(即不需要搜查令状也不需要可成立的理由)，因为乘客区"通常，即使不是必然"属于"被逮捕人可能伸手触及以便于抓到武器或者证据的

---

① 对这两个模式的优缺点的全面分析，读者如果有兴趣可以参阅 Craig Bradley, "Two Models of the Fourth Amendment"。

② 453 U.S. 454 (1981).

③ 453 U.S. 454, 458 (quoting Wayne LaFave, Search and Seizure: A Treatise on the Fourth Amendment, 142).

区域。"①

这样,贝尔顿和罗斯②案件一样,试图让警察更容易理解和遵循,通过确立一项"醒目界限"来适用于有限的一类案件——从汽车逮捕人。这样的努力注定会失败,因为该"醒目界限"所适用的案件种类,本身并没有明确边界。正如布伦南大法官在反对意见中争论的那样,该新的规则"留下了太多的问题没有回答,并且更为重要的是,它给警察和法院的工具太少了以至于无法找到答案。③ 这样,虽然最高法院的结论是,对汽车的无证搜查可以发生,即使嫌疑人是在汽车外面被逮捕的,它没有表明在嫌疑人被逮捕后多久进行搜查才是有效的。如果在嫌疑人离开他的汽车后5分钟进行的逮捕附带的无证搜查,是否有效? 30分钟? 3个小时? 当搜查进行的时候,嫌疑人是否站在汽车的附近这一点是否有影响? ……'内部'是什么意思? 是否包括锁上的手套箱,门板的里面,或者底盘下面? 是否需要特殊的规则,适用于旅行车和斜背式汽车,因为它们的行李区域可以在里面伸手够到? 或者出租车,因为它有一个玻璃板把司机座位与其他区域隔开? 是否只有足够大以至于'能够装下其他物品'的箱包才可以被搜查? 新的规则是否适用于所有的箱包,即使它'既不可能装有武器也不可能装有嫌疑人被逮捕的罪行的证据'? 最高法院对这些问题没有给予警察任何'醒目界限'的回答。更加重要的是,由于最高法院的新规则放弃了奇迈尔判例中的理由,它没有为试图自己回答这些问题的警察提供任何帮助。"④

除了留下没有回答的问题以外,贝尔顿的结果和罗斯⑤一样,将导致在很多情况下不一致的结果。虽然最高法院继续宣称,一

---

① New York v. Belton, 453 U.S. at 460, quoting Chimel v. California 395 U.S. 752, 763 (1969).

② United States v. Ross 456 U.S. 798 (1982).

③ 注意布伦南大法官提出的问题可以被第六章中建议的车辆搜查的模范制定法回答。

④ 453 U.S. at 469—70 (Brennan J., dissenting).

⑤ United States v. Ross 456 U.S. 798 (1982).

个人有这样的宪法权利,即其汽车在没有至少可成立的理由的情况下不受搜查,除非存在很好的理由这样做,贝尔顿把这样的一个事实,即在某些情形下可能存在很好的理由允许这种无证、无可成立的理由的搜查,变成在所有情形下允许这种搜查的规则。① 贝尔顿中的"明确规则"既不明确也不公正。

第六章中已经建议了解决汽车搜查中的问题的制定法方法。本章中建议的两个方法,也都可以解决贝尔顿案件中的问题,而不会创造一个判例从而造成未来的不幸。根据模式一,解决的方法很简单,没有迹象表明该巡警在本案中有任何紧急的感觉。他可以把他的证据(显然构成可成立的理由)在方便的时候(假设援助的警力已经到达)通过无线电告知治安法官,获得授权,然后搜查该汽车(当然,一开始的无可成立的理由的交通临时截停并不需要模式一的令状,对"超级金"信封的无可成立的理由的一眼看清也不需要)。如果模式一被适用,它可以在本案中被遵守,那么贝尔顿导致的争讼就可以被避免。如果模式一没有被遵循,该证据将被排除。在存在可成立的理由逮捕汽车的乘坐者但没有搜查汽车的可成立理由时(例如嫌疑人因追逃令状被逮捕),根据模式一,警察将不会也不应当仅仅因为他们无法获得令状而搜查汽车(贝尔顿允许这样的搜查)。② 很难想象在汽车案件中会有紧急情况致使不需要模式一的令状,因为在等待搜查被批准的过程中,警察应当能够控制汽车及其乘坐者。

模式二运用于本案没有模式一那么清晰,但是仍然不难。在本案中,巡警拥有的证据达到了实际上确定的程度,即车里存在大麻。而且,他面对的是一辆车而非房屋。但是,涉嫌的罪行是轻微犯罪,并且不存在紧急情况。两种处理方法都可以,并且由于该决定将具有很小的判例价值,解决方法是什么并不那么重要。在笔

---

① 要想看对 Belton 案件的详细批评,见 Wayne LaFave, Search and Seizure: A Treatise on the Fourth Amendment, §7.1, at 208—14 (Supp. 1985).

② 当然,治安法官在衡量可成立的理由时犯的错误,将属于排除规则的善意例外,该例外是在 United States v. Leon 468 U.S. 897 (1984)案件中宣布的。

者看来,比较有力的争论是,对被保护的利益的侵犯足够轻微,并且可成立的理由是如此的有力以至于巡警的行为是合理的。如果他打开了乘客区的一个锁着的箱包,法官们无疑会在这是否属于"合理的"问题上产生分歧。① 如果他接下来要行李箱的钥匙并且对行李箱中的物品进行翻看,笔者将得出结论,他应当在这样做之前获得令状。②

当事先提供确定性答案这一目标已经被证明不可实现的时候,对不确定性予以容忍就是唯一的选择。与像贝尔顿判决那样的明确规则导致不公正的结果的制度相比,仅仅在相对接近的情况下容忍不确定性的制度显然更加令人偏爱。至少如果证据根据模式一被排除,它将根据第四修正案的底线被排除——该搜查是不合理的——而不是因为法院认定锁上的箱包不属于汽车的乘客区的一部分。后一个问题,贝尔顿判决迫使法院系统要问的问题,是一个无关的问题,完全脱离了第四修正案对"合理性"的基础性要求。

然而,其他制定有法典的国家的经验表明,相对明确和详细的规则是可以实现的。因而,与最高法院试图改变其处理刑事诉讼问题的方式相比,如果政治意愿能够变化,进行法典编纂会更好,它将是综合的并且可以事先决定很多未来的问题。

扩展联邦规则

如果建议的方法都很难获得通过,还有第四个变化更小的改革方法。这就是直接扩展现任联邦刑事规则建议委员会的职责范围,起草规范(联邦)警察程序的规则。由于联邦调查局、联邦禁毒局、烟酒火器管理局、邮政局和特勤局的特工们进行大量的搜查、

---

① 这一点假设他们会忽视 Belton 案件本身的判定,该判定允许对"乘客区内发现的任何箱包"进行搜查。New York v. Belton, 453 U.S. at 460.

② 当然,采纳模式一并不会排除模式二(无线电的,录音的)令状的使用。罗斯目前似乎允许这样的无证搜查。

讯问和辨认程序,这些程序和州的程序类似,为规范他们而颁布的规则,可以被用来作为各州的范本。确实,在米兰达判决中最高法院依赖这样的事实作为米兰达要求的根据,即联邦调查局要求其特工给予嫌疑人关于沉默权和律师帮助权的警告。①

目前,联邦规则是建立在旧的关于"刑事诉讼"的观点上的,见本书开头部分的讨论——即限于法院程序。这样,存在治安法官签发令状的标准(规则41),但是不存在无证搜查的标准。讯问被间接地限制,要求嫌疑人必须"未经不必要的延误"地带到治安法官面前(规则5),但是没有关于警告的要求。当然,米兰达同样适用于联邦执法机构,和适用于各州是一样的;所以联邦规则的发展在一定程度上取决于最高法院已经作出的判决,这一点并不令人惊奇。然而,在另一方面,联邦机构并不能从令人困惑的最高法院规则中得到比州的机构更明确的指导,因此,对最高法院的要求进行法典化和简单化,将使他们获益良多。

虽然比尔(Sara Beale)曾经争论说,最高法院的监督权并不扩展到为联邦法院系统制定非宪法性规则(如它已经在麦克纳布诉美国[McNabb v. United States②]和马洛里诉美国[Mallory v. United States③]案件中所做的那样),她同意"《联邦刑事诉讼规则》的修正,可以恰当地规定那些非常令人质疑的监督权判决中涉及的事项……"④

正如前面讨论的那样,笔者相信,关于讯问的时间长度以及能否使用欺骗方法,可以被认为属于正当程序的事项,因而可以通过联邦制定法或者最高法院的判决适用于各州。然而,即使不能那样做,如果联邦规则扩展到包含警察程序,这些规则以及这些规则

---

① 384 U. S. 436, 483—485 (1966).
② 318 U. S. 332 (1943).
③ 354 U. S. 449 (1957). 在 Mallory 案件中,最高法院判定,在逮捕后延迟了7个小时出现在治安法官面前违反了联邦刑事诉讼规则,该条要求"未经不必要延误"地出庭。
④ Sara Sun Beale, "Reconsidering Supervisory Power in Criminal Cases: Constitutional and Statutory Limits on the Authority of the Federal Courts", 1521—1522.

可能导致的在联邦法院系统的诉讼,可以成为各州完善程序和进行法典化的非常有用的范本。

最后,必须注意,无论是这种建议的联邦规则的模式,还是本书主要建议的强制性的联邦规则的模式,都与最高法院采纳模式二(无规则)是不一致的,而模式二却正是最高法院目前在第四修正案领域发展的方向。如果最高法院退出这个舞台,拒绝写出规则而仅仅偶尔撤销不合理的搜查(或者讯问),那么州或者联邦的立法者最终会意识到他们必须采取行动来填补这个空白,以便于警察和公民能够得到更多关于正确的警察程序的指导。换句话说,最高法院在30年前于米兰达判决中要求立法机关做的事情,然后又通过自己独占这个领域来损害这个任务,可能会再一次成为立法机关的任务,如果最高法院放弃宣布刑事诉讼规则的这种失败的尝试。如果联邦规则建议委员会扩展其角色,最高法院可以鼓励这个过程,通过引用联邦规则作为搜查合理性以及讯问正确进行的指南,这样来鼓励各州遵循联邦政府的带领——就像在澳大利亚一样。

为什么这不是最佳方法?当然,很多同意最高法院并没有产生综合原理的保守派,会主张把规则制定的权力还给各州是理想状态。即使假设各州会制定和实施关于宪法权利的规则,笔者对这个方法的赞同只限于全国性的刑事诉讼法典的替代物。首先是获得最高法院的合作。虽然最高法院可能会放弃其颁布刑事诉讼规则的角色,退而对联邦政府的分支进行协调,它不大可能愿意把时光倒流到将权利法案吸纳到第十四修正案之前的岁月并把这个权力还给各州。最高法院对州的程序规则进行修改从而使其更加统一,或者对那些未能采取行动的州继续颁布规则(这些判决将必然同样适用于那些已经遵循了模范规则的州),这样的诱惑太强大了,而且考虑到某些州可能制定的规则,这种诱惑也是完全有理由的。这种"改革"的结果将与现行制度一样。其次,最高法院已经要求统一适用于所有公民30年时间的权利法案的保障,说现在可以各州不同,是没有道理的。当然,最高法院可以避免这些问题,通过一贯地判定联邦规则是各州唯一准许遵循的范本,这样就把笔者建议从前门拿进来的东西从后门拿了进来。

但是,虽然笔者并不赞成以模范联邦规则作为刑事诉讼问题的最佳方法,但扩展那些规则到警察程序将无疑是一个好的开始,因为它将给予各州和最高法院一个指南,这个指南可以作为它们以后制定规则的方向。

附录一　1984年《警察与刑事证据法》节选【含修正】(英国)①

第60章

第一部分　临时截停和搜查的权力

1. 警察临时截停和搜查人身、车辆等的权力
2. 关于根据第1条的搜查和其他权力的规定
3. 对搜查制作笔录的职责
4. 路上检查
5. 对记录的搜查和路边检查的报告
6. 制定法承担者等
7. 第一编补充规定

第二部分　进入、搜查和扣押的权力

搜查令状

8. 治安法官授权进入和搜查房屋的权力
9. 关于获得的特殊规定
10. "受法律上特权保护物品"的含义
11. "被排除的材料"的含义

---

① 根据英国 Her Majesty's Stationer's Office 的许可重印。引用和一些技术性条文(在目录中标出但没有重印);它们可以在 Michael Zander, The Police and Criminal Evidence Act, 1984 的附录中找到。正如在第五章中指出的那样,笔者认为警察与刑事证据法及其配套执行守则是冗长的和复杂的。它们在这里重印并不是作为美国制定法计划的范本,而是负责起草这样的制定法的人的起点。

12. "个人档案"的含义

13. "新闻材料"的含义

14. "具体程序材料"的含义

15. 搜查令状——保障

16. 令状的执行

没有令状进入和搜查

17. 为了逮捕等目的进入

18. 在逮捕后进入和搜查

扣押等

19. 扣押等的一般权力

20. 将扣押权力扩展到计算机信息

21. 获得和复制

22. 保管

第二部分 补充规定

23. 第二部分补充规定

第三部分 逮捕

24. 对可捕罪无令状而进行逮捕

25. 一般逮捕条件

26. 废止无令状或者命令而逮捕的制定法权力

27. 对某些犯罪人提取指纹

28. 逮捕时告知的信息

29. 自愿到达警察局等

30. 在警察局以外的地方逮捕

31. 因进一步犯罪被逮捕

32. 逮捕时搜查

33. 警察未持有的令状的执行

第四部分 羁押

羁押——条件和期限

34. 对警察羁押的限制

35. 指定的警察局

36. 警察局内的羁押警官

37. 起诉前羁押警官的职责

38. 起诉后羁押警官的职责

39. 对被羁押人的责任

40. 对警察羁押的审查

41. 对未起诉羁押期限的限制

42. 对继续羁押的授权

43. 进一步羁押的令状

44. 进一步羁押令状的延期

45. 起诉前羁押的补充规定

羁押——杂项

46. 起诉后羁押

47. 逮捕后保释

48. 警察重新羁押

49. 警察羁押折抵监禁刑

50. 羁押记录

51. 保留

52. 儿童

第五部分 警察对人的讯问和对待

53. 警察搜查人身的某些权力的废除

54. 对被羁押人的搜查

55. 私密性搜查

56. 在逮捕时有权通知某人

57. 儿童和少年的额外权利

58. 获得法律建议

59. 为在警察局的人提供法律援助

60. 讯问的录音

61. 指纹提取

62. 私密性样本

63. 其他样本

64. 指纹和样本的销毁

65. 第五部分的补充规定

第六部分 执行守则的一般规定

66. 执行守则

67. 执行守则的补充规定

第七部分 刑事程序中的文书证据

68. 文书记录的证据

69. 计算机记录的证据

70. 对第 68 条和第 69 条的补充规定

71. 微缩胶卷的副本

72. 第七部分的补充规定

第八部分 刑事程序中的证据的一般规定

定罪和无罪

73. 定罪和无罪的证明

74. 定罪作为实施犯罪的证据

75. 对第 74 条的补充规定

杂项

76. 供述

77. 精神上有缺陷的人的供述

78. 对不公正证据的排除

79. 接受被告人的证据的时间

80. 被告人配偶的适格性和可强制性

81. 刑事法院专家证据的事前通知

* * * *

第一部分 临时截停和搜查的权力

警察临时截停和搜查人身、车辆等的权力

1.(1) 一名警察可以行使本条赋予的任何权力——

(a) 在警察打算行使该权力的时候,当时公众或公众中的部

分人可以进入的任何地方,无论是否需要付费,作为权利或者基于明示或者默示的许可;或者

(b)在警察打算行使该权力的时候,人们随时可以进入的任何其他地点,但是住宅除外。

(2)受下面第(3)款至第(5)款的限制,一名警察——

(a)可以搜查——

(i)任何人或者车辆;

(ii)车辆内或者车辆上的任何东西,以便于寻找被盗物品或者违禁品或下面第(8A)款规定的任何物品;

(b)可以为了进行搜查而扣留人或者车辆。

(3)本条赋予警察搜查人身、车辆、车辆内或者车辆上的物品的权力,必须具备的前提是他有合理根据怀疑他将会找到被盗物品或者违禁品或下面第(8A)款规定的任何物品。

(4)如果一个人处于建有住宅并作为住宅使用的花园或者院子,或者处于其他如此建筑和使用的土地上,警察不能根据本条授予的权力搜查他,除非警察有合理的根据相信——

(a)他并不住在该住宅中;并且

(b)他处于该争议地点并不是基于住在住宅中的人的明示或者默示许可。

(5)如果一部车辆处于建有住宅并作为住宅使用的花园或者院子,或者处于其他如此建筑和使用的土地上,警察不能根据本条授予的权力搜查车辆或者车辆内或车辆上的任何东西,除非警察有合理的根据相信——

(a)负责该车辆的人并不住在该住宅中;并且

(b)该车辆处于该争议地点并不是基于住在住宅中的人的明示或者默示许可。

(6)如果在这样的搜查过程中警察发现了他有合理根据怀疑属于被盗物品或者违禁品或下面第(8A)款规定的任何物品的东西时,他可以扣押它。

(7)本法本部分所说的违禁品是指——

(a) 具有侵犯性的武器;或者

(b) 一个东西

(i) 在本句所适用的犯罪的过程中或者与之有关的时间里,制造或者变造的;或者

(ii) 携带该物品的人打算本人或者其他人这样使用的。

(8) 本条(7)(b)(i)适用的犯罪是:

(a) 夜盗罪;

(b) 盗窃罪;

(c) 1968年《盗窃法》第12条规定的犯罪(未经授权而拿走摩托车或者其他交通工具);

(d) 该法第15条规定的犯罪(诈骗获得财物)。

(8A) 本款适用于任何与下列情况有关的物品,即一个人已经实施、正在实施或者准备实施1988年《刑事司法法》第139条规定的罪行的。

(9) 本法本部分中——

"侵犯性武器"是指任何物品——

(a) 为了用来导致人身伤害而制造或者变造的;或者

(b) 携带该物品的人打算本人或者其他人这样使用的。

关于根据第1条的搜查和其他权力的规定

2. (1) 在行使下列权力而扣留人或者车辆时,

(a) 上面第1条授予的权力;或者

(b) 任何其他权力——

(i) 未经先逮捕而搜查一个人;或者

(ii) 未经进行逮捕而搜查一辆车,

不需要进行搜查,如果他后来认为

(i) 不需要进行搜查;或者

(ii) 搜查是不可行的。

(2) 如果一名警察打算进行搜查,除了无人看管的车辆以外,依照下列权力——

(a) 上面第1条授予的权力;或者

(b) 任何其他权力,除了下面第 6 条和 1982 年《航空安全法》第 27 条(2)授予的权力以外——
(i) 未经先逮捕而搜查一个人;或者
(ii) 未经进行逮捕而搜查一辆车。
他有责任在开始搜查前采取合理的步骤来引起恰当的人的注意,但受下面第(4)款的限制——
(i) 如果警察没有穿制服,证明其警察身份的证件;并且
(ii) 无论他是否穿制服,下面第(3)款列明的事项。
该警察在履行该项职责之前不应当开始搜查。
(3) 上面(2)(ii)所指的事项是——
(a) 警察的姓名及其任职的警察局名称;
(b) 要进行的搜查的目的;
(c) 警察要进行搜查的根据;以及
(d) 下面 3(7)或(8)规定的职责。
(4) 警察不需要把下面 3(7)或(8)规定的内容告知恰当的人,如果他认为这样做将导致下面第 3 条(1)规定的笔录制作不可行的话。
(5) 在本条中,"恰当的人"是指——
(a) 如果警察打算搜查一个人,就是指该人;并且
(b) 如果他打算搜查一辆车或者车内或车上的任何东西,是指负责该车的人。
(6) 在依照上面第(2)款的规定完成了对无人看管车辆或者车内或车上的物品的搜查之后,警察应当留下通知——
(a) 说明他已经搜查了它;
(b) 写出他任职的警察局的名称;
(c) 说明可以向该警察局提出申请,要求赔偿因搜查而造成的任何损失;以及
(d) 说明下面第 3 条(8)的规定。
(7) 警察应当把通知放在车里,除非这样做将不得不损坏车辆。

(8)为了搜查的目的而扣留人或者车辆的时间,是在人或者车辆开始被扣留的地点或附近,执行搜查所需要的合理时间。

(9)无论是上面第1条赋予的权力,还是其他权力,未经先逮捕而扣留并搜查一个人或者未经进行逮捕而扣留并且搜查一辆车,都不能被解释为——

(a)授权警察要求一个人在公众场合脱衣服,除了外衣、夹克或者手套以外;或者

(b)授权不穿制服的警察临时截停车辆。

(10)本条和上面的第1条关于车辆的规定适用于船只、航空器和气垫船。

对搜查制作笔录的职责

3.(1)当警察在行使上面第2条(1)的权力执行搜查之后,除了下列搜查——

(a)根据下面第6条;或者

(b)根据1982年《航空安全法》第27条(2)。

他应当制作书面笔录,除非这样做不可行。

(2)如果

(a)警察被上面的第(1)款要求制作搜查笔录;但是

(b)当场制作笔录是不可行的。

他应当在搜查完成后在可行时立即制作笔录。

(3)对人进行搜查的笔录,应当包括他的姓名,如果警察知道的话,但是警察不能扣留一个人来查明他的姓名。

(4)如果警察不知道他已经搜查的人的姓名,搜查笔录中应当包括以其他形式对该人的描述。

(5)对车辆的搜查笔录应当包括对车辆的描述。

(6)搜查笔录——

(a)应当写明——

(i)搜查的目的;

(ii)进行搜查的根据;

(iii)进行搜查的日期和时间;

(ⅳ)进行搜查的地点;

(ⅴ)是否找到了,如果找到了是什么东西;

(ⅵ)是否警察认为搜查导致了对人身造成的伤害或者财产的损失;以及

(b)应当记载进行搜查的警察的姓名。

(7)如果进行人身搜查的警察制作了笔录,被搜查的人有权得到该笔录的副本,如果在下面第(9)款规定的期限届满之前提出要求的话。

(8)如果——

(a)被搜查的车辆的车主或者在被搜查时负责该车辆的人,要求获得搜查的笔录的副本,在下面第(9)款规定的期限届满之前提出;以及

(b)进行搜查的警察制作了笔录,提出该要求的人有权获得副本。

(9)上面第(7)和(8)款中规定的期限,自搜查进行之日起12个月。

(10)本条关于车辆搜查笔录的要求,也适用于对船只、航空器和气垫船。

路上检查

4.(1)本条应当适用于警察为了查明某一车辆是否装载有下列物品的路上检查的进行——

(a)实施了除道路交通罪或者车辆税罪以外犯罪的人;

(b)目击这样的犯罪的人;

(c)试图实施这样的犯罪的人;或者

(d)脱逃的人。

(2)为了本条的目的,路上检查是指在一个地点行使1988年《道路交通法》第163条授予的权力,方式是在该地点行使权力期间临时截停所有车辆或者以任何标准选择的车辆。

(3)受下面第(5)款的限制,只有警司以上级别的警官才能以书面形式授权这样的路上检查。

(4)警官只能为了下列目的根据上面的第(3)款授权路上检查——

(a)为了实现上面(1)(a)中规定的目的,如果他有合理根据——

(i)相信该犯罪是一项严重的可捕罪;并且

(ii)怀疑那个人处于或者即将到达临时截停车辆的地点,如果路上检查被授权的话;

(b)为了实现上面(1)(b)中规定的目的,如果他有合理根据相信该犯罪是一项严重的可捕罪;

(c)为了实现上面(1)(c)中规定的目的,如果他有合理根据——

(i)相信该犯罪是一项严重的可捕罪;并且

(ii)怀疑那个人处于或者即将到达临时截停车辆的地点,如果路上检查被授权的话;

(d)为了实现上面(1)(d)中规定的目的,如果他有合理的根据怀疑那个人处于或者即将到达那个地点。

(5)一名警司以下的警官可以授权路上检查,如果他认为为了实现上面第(1)款中规定的目的,情况紧急需要这样的检查。

(6)如果根据第(5)款给予授权,给予授权的警官有责任——

(a)制作关于他何时给予授权的书面笔录;并且

(b)把已经授权之事告知警司以上的警官。

(7)上面第(6)款规定的责任,应当在可行的时候立即履行。

(8)接到根据上面第(6)款规定的报告的警官,可以书面授权该路上检查继续进行。

(9)如果这位警官认为路上检查不应当继续进行,他应当书面记录——

(a)其发生的事实;以及

(b)其发生的目的。

(10)警官根据本条给予授权,应当明确车辆将被临时截停的地点。

（11）警官根据本条给予授权，除了根据上面第（5）款的授权外——

（a）应当写明继续进行路上检查的不超过7天的期限；并且

（b）可以命令该路上检查——

（i）应当是持续的；或者

（ii）应当在期限内的特定时段进行。

（12）如果警司以上的警官认为已经授权的期限届满后仍然需要继续进行，他可以随时书面写明进一步的不超过7日的期限，在该期限内可以继续进行。

（13）每份书面授权都应当写明——

（a）给予授权的警官的姓名；

（b）路上检查的目的；以及

（c）车辆将被临时截停的地点。

（14）上面第（9）款至第（13）款中规定的写明路上检查目的的责任，包括写明任何相关的严重可捕罪。

（15）当一部车辆在路上检查中被临时截停，被截停时负责该车辆的人有权获得关于路上检查目的的书面说明，如果他申请这样一份说明，期限是自该车辆被临时截停之日起12个月。

（16）本条中的规定不影响警察为了第（1）款以外的目的临时截停车辆的权力。

* * * *

第二部分　进入、搜查和扣押的权力

搜查令状

治安法官授权进入和搜查房屋的权力

8.（1）根据警察提出的申请，如果一名治安法官确信有合理的根据相信——

（a）一项严重的可捕罪已经发生；并且

（b）申请中写明的房屋存在的材料，可能对犯罪的侦查具有

实质性价值(无论是其本身还是与其他材料相结合);并且

(c) 该材料可能是相关证据;并且

(d) 该材料并不属于或者包括法律特权、被排除的材料或者特殊程序材料;并且

(e) 符合下面第(3)款中规定的任何一种情况。

他可以签发令状授权警察进入和搜查该房屋。

(2) 警察可以扣押和保管根据上面第(1)款已经被授权搜查的任何物品。

(3) 上面(1)(e)中提到的条件是——

(a) 与有权准许进入该房屋的人进行联系是不可行的;

(b) 与有权准许进入该房屋的人进行联系是可行的,但是与有权准许获得该证据的人联系是不可行的;

(c) 除非拿出令状,否则不会被准许进入该房屋;

(d) 除非到达该房屋的警察能够确保立即进入,否则搜查的目的会受到阻碍或者严重损害。

(4) 在本法中,与一项犯罪有关的"相关证据",是指在针对该犯罪进行审理时将会被采纳的任何东西。

(5) 本条赋予的签发令状的权力,是对以其他方式授权的这种权力的补充。

关于获得的特殊规定

9.(1) 一名警察可以获得被排除的材料或者特殊程序材料,为了刑事侦查的目的,通过提出下面附表1规定的并依据该附表提出申请的方式。

(2) 在本法之前通过的任何法(包括地方法)中,关于为了刑事侦查的目的对房屋的搜查可以通过签发令状的形式向警察授权的规定,应当停止生效,只要它是关于对下列搜查的授权——

(a) 为了受法律特权保护的物品;或者

(b) 为了被排除的材料;或者

(c) 为了文书或者文书以外的档案构成的特殊程序材料。

"受法律上特权保护物品"的含义

10.（1）受下面第（2）款规定的限制，本法中"受法律上特权保护的物品"的含义是——

（a）职业法律建议人与其当事人之间的交流，或者任何代理其当事人的人在给予其当事人法律建议的有关活动中作出的交流；

（b）职业法律建议人与其当事人，或者任何代理其当事人的人，或者在这样的建议人与其当事人之间，或者任何这样的代理人，以及任何其他人在与法律程序有关或者准备法律程序的活动中，并且为了这样的程序的目的，作出的交流；以及

（c）在这样的交流中包含或者提到的物品，并且是在下列活动中产生的——

（i）在与给出法律建议活动有关的；或者

（ii）在与法律程序有关或者准备法律程序，并且为了这样的程序的目的。

当这些物品由一个有权持有它们的人占有时。

（2）为了进行犯罪的目的而持有的物品，不属于受法律特权保护的物品。

"被排除的材料"的含义

11.（1）受本条下面规定的限制，本法中"被排除的材料"是指——

（a）个人档案，一个人在任何贸易、商业、职业或者其他工作或为了任何有薪或无薪的职务，并且他在保密情况下任职的过程中获得或者创制的；

（b）为了诊断或者医疗的目的提取的人体组织或者体液，并且是一个人在保密的情况下持有；

（c）新闻材料，一个人保密持有并且包含——

（i）文件；或者

（ii）文书以外的记录。

（2）如果一个人持有新闻材料以外的材料，受到下列限制，就

属于本条规定的保密持有——

（a）明示或者默示地承担对其保守秘密的义务；

（b）在任何立法中规定的对泄露的限制或者保密义务,包括本法之后通过的法律。

（3）如果一个人持有新闻材料,具备下列情形,就属于本条规定的保密持有——

（a）他对其的持有存在这样的承诺、限制或者义务；以及

（b）它已经被连续地持有（被一个人或者多个人）,自从它被第一次为了新闻的目的获得或者制作时起,就存在这种承诺、限制或者义务。

"个人档案"的含义

12. 在本法本部分中,"个人档案"是指关于一个人（无论是活着还是已经死亡）的文书或者其他形式的档案,根据这些档案能够识别这个人的身份,并且与下列有关——

（a）与他的生理或者精神健康有关；

（b）与给予他或者将要给予他的精神咨询或者精神帮助有关；

（c）与给予他或者将要给予他的咨询或者帮助有关,为了其本人的福祉,由任何自愿的组织或者由任何具有下列情形的个人——

（i）因为其职位或者职业对其个人福祉负有责任；

（ii）因为法院命令,对其监护负有责任。

* * *

搜查令状——保障

15.（1）本条和下面第16条对根据任何制定法,包括包含本法之后通过的法律,向警察签发进入和搜查房屋的令状有效,并且根据令状对房屋的进入或者搜查,必须符合本条和下面第16条的规定。

（2）当一名警察申请这样的令状时,他有责任——

（a）说明——

（i）他作出该申请的根据；以及

（ii）将被签发的令状所依据的法律；

（b）写明想要进入和搜查的房屋；并且

（c）只要可行，就要写明寻找的物品或者人。

（3）对这样的令状的申请，应当单方面进行，并有书面的信息支持。

（4）警察应当宣誓回答治安法官或者对申请进行听审的法官向他提出的任何问题。

（5）一份令状只能授权在一个场合下进入一次。

（6）一份令状——

（a）应当写明——

（i）申请令状的人的姓名；

（ii）签发日期；

（iii）其签发所根据的法律；以及

（iv）将要搜查的房屋；以及

（b）只要可行，应当写明寻找的物品或者人。

（7）令状应当制作两份副本。

（8）令状的副本应当清楚地标明它们是副本。

令状的执行

16.（1）进入和搜查房屋的令状可以由任何一个警察执行。

（2）这样的令状可以授权其他人与任何执行令状的警察同行。

（3）根据令状进入和搜查，必须自签发之日起一个月内进行。

（4）根据令状进入和搜查必须在合理的时段，除非执行令状的警察认为在合理的时段进入，将会使搜查的目的受到阻碍。

（5）当警察准备执行令状进入和搜查时，将被进入和搜查的房屋的占有人在场，警察——

（a）应当向占有人表明身份，并且如果没有穿制服，应当出示他是警察的证件；

(b) 应当向他出示令状;并且

(c) 应当给他一份令状的副本。

(6) 当——

(a) 警察准备执行这种令状时该房屋的占有人不在场,但是

(b) 警察认为负责该房屋的其他人在场。

上面第(5)款应当发生效力,只是所称的占有人变成这里的其他人。

(7) 如果没有警察认为负责该房屋的其他人在场,他应当把令状的副本留在房屋内的醒目地点。

(8) 根据令状的搜查,只能在令状签发的目的所需要的范围内进行。

(9) 执行令状的警察应当在令状上注明,说明——

(a) 是否找到了该物品或者人;以及

(b) 除了要找的物品外,是否扣押了其他物品。

(10) 令状——

(a) 已经被执行;或者

(b) 在被授权执行的期限内没有被执行,应当被返还——

(i) 如果它是治安法官签发的,返还给其任职的治安法院的书记官;

(ii) 如果是法官签发的,返还给签发该令状的法院的适当官员。

(11) 根据上面第(10)款返还的令状,应当自被返还之日起保留12个月——

(a) 如果是根据该款(i)返还的,由治安法院书记官;以及

(b) 如果是根据该款(ii)返还的,由该适当官员。

(12) 如果在令状被保留的期限内,与该令状有关的房屋的占有人要求查阅该令状,应当允许他查阅。

为了逮捕等目的进入

17.(1) 受本条下列规定的限制,并且在不违反任何其他法律的情况下,一名警察可以为了下列目的进入和搜查任何房屋——

(a) 为了执行

(i) 与刑事程序有关或者刑事程序产生的已经签发的逮捕令状;或者

(ii) 根据1980年《治安法院法》第76条签发强制精神医疗令状;

(b) 为一项可捕罪逮捕一个人;

(c) 为一项罪行逮捕一个人,根据——

(i) 1936年《公共秩序法》第1条(禁止与政治目的有关的制服);

(ii) 1977年《刑法》第6条至第8条或者第10条中的任何规定(关于进入和停留在他人财产上的犯罪);

(iii) 1986年《公共秩序法》第4条(对暴力的担心或者预防)。

(d) 为重新抓捕在逃并且正在被追捕的人;或者

(e) 为防止生命、身体受到伤害或者财产受到严重损坏。

(2) 除非为了上面第(1)款(e)项规定的目的,本条授予的进入和搜查的权力——

(a) 只有该警察有合理的根据相信,他正在寻找的人在该房屋时,才能行使;以及

(b) 如果该房屋有两个或者多个单独的住宅,进入和搜查的权力只限于——

(i) 某一住宅的占有人与该房屋的另外其他住宅的占有人共用的该房屋的部分;以及

(ii) 警察有合理根据相信他要寻找的人可能所处的任何住宅中。

(3) 本条授予的进入和搜查的权力,如果是为了上面(1)(c)(i)的目的,只能由穿制服的警察行使。

(4) 本条授予的搜查权力,只限于行使进入权的目的所需要的范围内的搜查权。

(5) 受下面第(6)款的限制,所有规定警察有权无证进入房屋

的普通法规则,一律废止。

(6)上面第(5)款的规定不影响为了处理或者预防破坏治安行为的进入权。

在逮捕后进入和搜查

18.(1)受本条下列规定的限制,警察可以进入和搜查因一项可捕罪被逮捕的人占有或者控制的房屋,如果他有合理的根据怀疑在该房屋存在受法律特权保护的物品以外的证据,该证据是关于——

(a)该犯罪;或者

(b)与该犯罪相关或者相似的某些其他可捕罪。

(2)警察根据上面第(1)款可以搜查的情况,他可以扣押和保管任何物品。

(3)上面第(1)款授予的搜查权,只限于发现这种证据的目的所需要范围内的搜查权。

(4)受下面第(5)款的限制,本条赋予的搜查权只有督察(inspector)以上级别的警官以书面的行使授权,才能够行使。

(5)警察可以执行上面第(1)款规定的搜查——

(a)在把该人带到警察局之前进行;以及

(b)在没有获得上面第(4)款规定的授权时

如果该人出现在警察局以外的地方对于有效地侦查该犯罪来说是必需的。

(6)如果一名警察因上面第(5)款的规定进行了搜查,搜查后,在可行时他应当立即通知督察以上级别的警官他已经进行了搜查。

(7)警官——

(a)授权这样的搜查;或者

(b)根据上面第(6)款被告知这样的搜查,

应当制作书面笔录——

(i)搜查的根据;以及

(ii)被寻找的证据的性质。

(8) 要制作该笔录时,如果在搜查时占有或者控制该房屋的人处于警察的羁押之下,警官应当把该笔录作为其羁押笔录的一部分。

扣押等

扣押等的一般权力

19.(1) 下面第(2)、(3)、(4)所授予的权力,可以由合法地处于房屋土地上的警察行使。

(2) 该警察可以扣押房屋土地上的任何东西,如果他有合理的根据相信——

(a) 该物是犯罪行为获得的;并且

(b) 为了防止该物被隐藏、丢失、损坏、改变或者毁损而有必要扣押它。

(3) 该警察可以扣押房屋土地上的任何东西,如果他有合理的根据相信——

(a) 该物是关于他正在侦查的犯罪或者其他任何犯罪的证据;并且

(b) 为了防止该物被隐藏、丢失、损坏、改变或者毁损而有必要扣押它。

(4) 该警察可以要求提供可以从该房屋获得的计算机内存储的信息,以警察能够带走并且可看可读的形式,如果他有合理根据相信——

(a) 下列情况

(i) 该物是关于他正在侦查的犯罪或者其他任何犯罪的证据;或者

(ii) 该物是犯罪行为获得的;并且

(b) 为了防止该物被隐藏、丢失、损坏、改变或者毁损而有必要这样做。

(5) 本条授予的权力是对其他形式授予的权力的补充。

(6) 根据任何法律(包括在本法之后通过的法律中包含的规定)授予警察的扣押权,都不能被理解为授权对这种物品的扣押,即行使该权力的警察有合理的根据相信受法律特权保护。

* * *

获得和复制

21.(1)在行使任何法律,包括本法之后通过的法律中的规定,授予的权力过程中,扣押任何物品的警察,如果被一个表明其下列身份的人请求:

(a)是被扣押物品所在房屋的占有人;或者

(b)就在扣押前保管或者控制该物品的人。

应当向这个人提供被扣押物品清单。

* * *

第三部分 逮 捕

对可捕罪无令状而进行逮捕

24.(1)下列各款授予的简易逮捕的权力适用于——

(a)法律规定了确定刑的犯罪;

(b)一个21岁以上的人(无先前定罪)可能被判处5年有期徒刑的犯罪(或者可能被这样判处但是由于1980年《治安法院法》第33条的限制而不能判处的);以及

(c)下面第(2)款规定的犯罪,在本法中"可捕罪"是指任何这样的犯罪。

(2)本款所适用的犯罪包括——

(a)根据海关与消费税可以逮捕一个人的犯罪,范围是1979年《海关与消费税管理法》第1条(1)的规定;

(b)1920年《官方保密法》规定的犯罪,虽然从可能判处的刑期上看不属于可捕罪;

(bb)1989年《官方保密法》除了第8条(1)、(4)、(5)以外,所规定的所有犯罪;

(c)1956年《性犯罪法》第22条(致使妇女卖淫)或者第23条(为不满21岁的妇女介绍卖淫)规定的犯罪;

(d) 1968年《盗窃法》第12条(1)(擅自拿走摩托车或者其他运输工具等)或者第25条(1)(为盗窃做准备等);以及

(e) ……【1985年被废止】

(3) 在不违反1981年《犯罪未遂法》第2条的情况下,下列各款授予的简易逮捕的权力也应当适用于下列犯罪——

(a) 共谋实施上面第(2)款规定的犯罪;

(b) 试图实施任何这样的犯罪[除了1968年《盗窃法》第12条(1)规定的犯罪以外];

(c) 教唆、帮助、怂恿、建议或者介绍实施任何这样的犯罪。

为了本法的目的,这些犯罪也是可捕罪。

(4) 任何人都可以无证逮捕——

(a) 正在实施一项可捕罪的人;

(b) 他有合理根据怀疑正在实施这种犯罪的人。

(5) 当一项可捕罪已经被实施时,任何人都可以无证逮捕——

(a) 犯有该罪的人;

(b) 他有合理根据怀疑犯有该罪的人。

(6) 当一名警察有合理根据怀疑一项可捕罪已经发生,他可以无证逮捕他有合理根据怀疑犯有该罪的任何人。

(7) 警察可以无证逮捕——

(a) 将要实施一项可捕罪的人;

(b) 他有合理根据怀疑将要实施一项可捕罪的人。

一般逮捕条件

25.(1) 当一名警察有合理根据怀疑一项非可捕罪已经发生或者未遂,或者正在发生或正在企图,他可以逮捕有关的人,如果他认为因满足了逮捕的一般条件中的任何一项,送达传票是不可行的或者不适当的。

(2) 在本条中,"相关的人"是指警察有合理根据怀疑已经实施或者已经实施但是未遂,或者正在实施或正在企图实施犯罪的人。

(3) 一般逮捕条件是——

(a) 警察不知道并且无法立即查明相关人的姓名；

(b) 警察有合理根据怀疑相关人提供的姓名是不是他的真实姓名；

(c) 下列——

(i) 相关人未能提供令人满意的送达地址；或者

(ii) 警察有合理根据怀疑相关人提供的地址是不是令人满意的送达地址。

(d) 警察有合理根据相信逮捕是防止相关人下列行为所必需的：

(i) 致使自己或者他人受到身体上的伤害；

(ii) 遭受身体上的伤害；

(iii) 致使财产损失或者损坏；

(iv) 实施伤风败俗的犯罪；或者

(v) 致使对公路造成非法阻碍；

(e) 警察有合理根据相信，逮捕是保护儿童或者其他易受伤害的人不受相关人伤害所必需的。

(4) 为了上面第(3)款的目的，一个地址属于令人满意的送达地址，如果警察认为——

(a) 相关人将在那里居住足够长的时间，以至于将传票送达给他是可能的；或者

(b) 相关人所指明的某个其他人将在那个地址为相关人接收传票的送达。

(5) 上面(3)(d)中的内容并没有授权根据(iv)段对一个人进行逮捕，除非正常工作生活的公众成员不能被合理地期望避开将被逮捕的人。

(6) 本条不影响本条之外授予的逮捕权力。

* * *

对某些犯罪人提取指纹

27. (1) 如果一个人

(a) 已经被判定犯有可记录罪；
(b) 从来没有因该罪行被警察羁押；并且
(c) 没有被提取指纹——
(i) 在警察侦查该罪行的过程中；或者
(ii) 从定罪以来。

任何警察在定罪之日起一个月之内的任何时间，可以要求他到警察局以便于提取他的指纹。

(2) 上面第(1)款的要求——
(a) 应当给予该人至少7天的期间，在该期间内必须去警察局；并且
(b) 可以要求他在白天的某一具体时间或者白天的某一具体时段去。

(3) 任何警察可以无证逮捕未能服从上面第(1)款要求的人。

(4) 国务大臣可以通过相关规定的形式，规定按照该规定的具体要求，在全国警察记录中记录这种犯罪的定罪。

(5) 根据本条制定的相关规定，应当通过制定法文件的方式，并且应当可以被国会的任何一院的决议否决。

逮捕时告知的信息

28. (1) 受下面第(5)款的限制，如果一个人被逮捕的时候没有被告知他已经被逮捕，除非被逮捕人在逮捕后的可行时立即被告知他被逮捕了，否则该逮捕是不合法的。

(2) 当一个人被警察逮捕时，无论逮捕这一事实是否明显，上面第(1)款都适用。

(3) 受下面第(5)款的限制，除非被逮捕的人在逮捕时或者逮捕后的可行时立即被告知逮捕的原因，否则逮捕是不合法的。

(4) 当一个人被警察逮捕时，无论逮捕的原因是否明显，上面第(3)款都适用。

(5) 本条并不要求一个人被告知——
(a) 他被逮捕；或者
(b) 逮捕的原因。

如果他在被告知这些信息之前逃脱,这样告知他就是不可行的。

自愿到达警察局等

29. 当为了协助调查一个人自愿到达警察局,或者任何警察在场的地方,或者陪同警察到达警察局或者任何其他地方,而没有被逮捕——

(a) 他应当有权自由离开,除非他被逮捕;

(b) 他应当被立即告知他被逮捕,如果警察决定阻止他自由离开。

在警察局以外的地方逮捕

30. (1) 受本条下面规定的限制,当一个人在警察局之外的任何地点——

(a) 被警察因某一罪行逮捕;或者

(b) 被警察以外的人因某一罪行逮捕后被警察羁押;

他应当在逮捕后可行时立即由一名警察带到警察局。

(2) 受下面第(3)、(4)款的限制,根据上面第(1)款被逮捕人被带到的警察局应当是一个指定的警察局。

(3) 本款适用的警察,可以把被逮捕人带到任何警察局,除非该警察认为有必要将被逮捕人由警察羁押6个小时以上。

(4) 上面第(3)款适用于——

(a) 警察工作的地点所属的警察局不是一个指定的警察局;并且

(b) 警察所属的警察机构,是由警察机关以外的机关管理的。

(5) 任何警察可以将被逮捕人带到任何警察局,如果——

(a) 满足下列任何一个条件——

(i) 该警察是在没有其他警察帮助的情况下逮捕他的,并且没有其他警察来帮助他;

(ii) 该警察是在没有其他警察帮助的情况下从警察以外的人那里接收并羁押他的,并且没有其他警察来帮助他;并且

(b) 该警察认为他将无法把被逮捕人带到指定警察局,同时

又保证被逮捕人不伤害他自己、该警察或其他人。

（6）如果逮捕后被逮捕人被带到的第一个警察局不是一个指定警察局，他应当在到达第一个警察局后6个小时以内被带到指定警察局，除非在这之前他已经被释放。

（7）在警察局以外的地方被警察逮捕的人，应当被释放，如果一名警察在被逮捕人到达警察局之前确信没有理由继续逮捕他。

（8）根据上面第（7）款释放一个人的警察，应当把他这样做的事实制作笔录。

（9）在释放后可行时该警察应当立即制作笔录。

（10）上面第（1）款的规定并不禁止警察延迟将被逮捕人带到警察局，如果基于及时侦查的需要，该人必须身处警察局以外的地方。

（11）当已被逮捕的人被带到警察局有时间上的延迟，延迟的原因应当被记录，当他最初到达警察局的时候。

* * *

逮捕时搜查

32.（1）警察可以搜查被逮捕人，如果被搜查人是在警察局以外的地方被逮捕的，如果警察有合理根据相信被逮捕人可能会对他自己或者其他人构成危险时。

（2）受下面第（3）至（5）款的限制，警察应当在下列情况下也有这样的权力——

（a）对被逮捕人的人身搜查下列物品——

（i）他可能用来帮助其逃脱合法羁押的；或者

（ii）可能是与某一罪行相关的证据；并且

（b）进入和搜查任何被逮捕人逮捕时或者逮捕前立即所在的房屋，以寻找与他被逮捕的罪行有关的证据。

（3）上面第（2）款所授予的搜查权，仅仅是这样的搜查权，即限于为了发现这样的东西或者这样的证据所合理需要的范围。

（4）本条赋予的搜查人身的权力，不能被解释为授权警察要求一个人在公众场合脱去外衣、夹克或者手套以外的衣服。

（5）警察不能行使上面第（2）（a）的权力搜查一个人，除非他有合理根据相信将被搜查的人可能藏有该段允许搜查的东西。

（6）警察不能行使上面第（2）（b）的权力搜查房屋，除非他有合理根据相信该房屋存在该款允许搜查的证据。

（7）如果上面第（2）（b）授权搜查的房屋由两个以上相互独立的住宅组成，搜查权被限制为——

（a）逮捕发生的住宅或者被逮捕人在逮捕前立即所在的住宅；以及

（b）该房屋的由这样的住宅的居住人与该房屋其他住宅的居住人共同使用的任何部分。

（8）行使上面第（1）款授予的权力搜查一个人的警察，可以扣押并保管他发现的任何东西，如果他有合理根据相信被搜查的人可能使用它对自己或者其他人造成身体伤害。

（9）行使上面第（2）（a）授予的权力搜查一个人的警察，可以扣押并保管他发现的任何东西，除了受法律上的特权保护的物品外，如果他有合理根据相信——

（a）他可能使用它帮助逃脱合法羁押；或者

（b）它是某项罪行的证据，或者是通过实施犯罪而获得的。

（10）本条的规定不影响1989年《预防恐怖主义法》（暂行规定）第15条（3）、（4）和（5）授予的权力。

* * *

第四部分 羁 押

羁押——条件和期限

对警察羁押的限制

34.（1）因一项罪行被逮捕的人，不应当处于警察羁押中，除了根据本法本部分的规定以外。

（2）受下面第（3）款的限制，如果羁押警官在任何时候——

（a）了解到，关于警察羁押的任何人，对该人羁押的根据已经

停止适用;并且

(b) 不知道对该人继续羁押符合本法本部分规定的其他根据。

受下面第(4)款的限制,羁押警官有责任命令立即将其从羁押中释放。

(3) 对警察羁押中的人的释放,权力只属于其羁押被批准的警察局的羁押警官,或者如果被一个以上警察局批准过,则是最后批准的警察局的羁押警官。

(4) 羁押警官认为某个人被逮捕时属于脱逃的人的,不应根据上面第(2)款予以释放。

(5) 根据上面第(2)款被命令释放的人,应当不经保释地被释放,除非羁押警官认为——

(a) 在其羁押期间的任何时候,需要对与其被羁押的事项有关的进一步调查;或者

(b) 因这样的事项可能针对他进行程序活动。

并且如果羁押警官这样认为,他应当基于保释而被释放。

(6) 为了本法本部分的目的,一个人根据 1988 年《道路交通法》第 6 条(5)被逮捕,属于因一项罪行被逮捕。

* * *

警察局内的羁押警官

36.(1) 每一个指定警察局应当任命一名或者几名羁押警官。

(2) 指定警察局的羁押警官应当被任命——

(a) 由该指定警察局所在地区的警察首长;

(b) 该地区警察首长指定的其他警官。

(3) 被任命为羁押警官的警官,至少应当是警长以上。

(4) 如果羁押警官不能履行职责,指定警察局中任何级别的警官都可以履行羁押警官的职责。

(5) 受本条下面规定和下面第 39 条(2)的限制,关于一个人的羁押警官职责,不能由履行该职责时参加该人犯罪(指被羁押所基于的罪名)的侦查的警官履行。

* * *

起诉前羁押警官的职责

37.(1)当

(a)一个人因一项罪行被逮捕——

(i)没有令状;或者

(ii)根据没有写明保释的令状;或者

(b)一个人在保释期间返回警察局。

他在逮捕后被羁押的每一个警察局的羁押警官应当确定,羁押警官是否掌握足够多的证据来起诉该人犯有其被逮捕的罪行,并且可以在警察局羁押他至能够使羁押警官这样做所必需的时间。

(2)如果该羁押警官确定,羁押警官没有掌握这样的证据,被逮捕人应当被释放,或者是保释或者不经保释,除非该羁押警官有合理根据相信未经起诉而对他进行羁押是必要的,以便于获得或者保存与他被逮捕有关的罪行的证据,或者通过讯问他获得这样的证据。

(3)如果羁押警官有合理根据这样相信,羁押警官可以批准被逮捕人处于警察羁押之下。

(4)如果羁押警官批准对一个未被起诉的人予以警察羁押,羁押警官应当在可行时立即制作羁押理由的书面笔录。

(5)受下面第(6)款的限制,该书面笔录应当在被逮捕人在场的情况下制作,并应当在那时由羁押警官告知其羁押的根据。

(6)上面第(5)款不应当适用于被逮捕人在制作书面笔录时——

(a)不能理解对他说的话;

(b)暴力或者可能变得暴力;或者

(c)紧急需要医疗救护。

(7)受下面第41条(6)的限制,如果羁押警官确定,他掌握起诉被逮捕人犯有其被逮捕的罪行的足够证据,被逮捕人——

(a)应当被起诉;或者

(b)应当不经起诉而释放,保释或者不经保释。

(8) 当

(a) 一个人根据上面第(7)(b)被释放;并且

(b) 在他被释放时,他是否应当被起诉犯有被逮捕的罪行尚未作出决定时。

羁押警官有责任告知他这些内容。

(9) 如果被逮捕人的状态不适合接受上面第(7)款规定的处理,他可以被警察羁押,直到适合为止。

(10) 上面第(1)款赋予羁押警官的职责,应当在被逮捕人到达警察局后可行时立即由他履行。如果一个人在警察局被逮捕,应当在逮捕后可行时立即履行。

* * *

对被羁押人的责任

39.(1) 受下面第(2)款和第(4)款的限制,警察局的羁押警官有责任确保——

(a) 在该警察局处于警察羁押的所有的人所受到的待遇都符合本法,以及任何根据本法制定的关于被警察羁押的人的待遇的执行守则的要求;

(b) 本法或者这些执行守则要求制作笔录的与这个人有关的所有事项,都载入这个人的羁押记录中。

(2) 如果羁押警官根据本法的执行守则,把一个处于警察羁押下的人转移或者允许转移——

(a) 到侦查该人被警察羁押的犯罪的警官羁押之下;

(b) 到在警察局之外管理该人的警官羁押之下。

(i) 羁押警官停止上面第(1)(a)施加给他的对于那个人的职责;并且

(ii) 接受转移的警官有责任确保他受到的待遇都符合本法以及上面第(1)款提及的执行守则的要求。

(3) 如果被羁押的人后来返还给羁押警官进行羁押,侦查该犯罪的警官有责任向羁押警官报告他羁押该人时遵守本条和执行守则的情况。

(4)如果被逮捕的未成年人根据上面第38条第(7)款被移送到地方当局照顾,羁押警官应当停止对该人履行上面第(1)款规定的职责。

(5)地方当局有责任向处于他照顾之下的被逮捕的未成年人提供所需要的安排,例如当时情况所要求的建议和协助。

(6)当——

(a)比羁押警官级别更高的警官就处于警察羁押下的人给出命令;并且

(b)这些命令与下列不一致——

(i)与羁押警官履行本法本部分赋予他的职责时作出的决定或者采取的行动不一致;或者

(ii)如果没有这些命令他在履行这些职责时应当已经作出的决定或者采取的行动。

羁押警官应当立即将该事项移送给负责羁押警官所在的警察局的警司(superintendent)以上的警官。

对警察羁押的审查

40.(1)因侦查一项犯罪而处于警察羁押之下的每一个人的羁押审查,应当根据本条的下列规定定期进行:

(a)一个人被羁押警官逮捕并且起诉的;以及

(b)一个人被没有直接参加侦查的督察以上的警官逮捕但没有起诉的。

(2)进行审查的警官在本条被称为"审查警官"。

(3)受第(4)款规定的限制——

(a)初次审查应当不迟于最初被批准羁押后6个小时;

(b)第二次审查应当不迟于初次审查后9个小时;

(c)以后的审查应当间隔不超过9个小时。

(4)审查可以被推迟——

(a)如果考虑了上面第(3)款规定的最迟时间存在的所有情形,当时进行审查是不可行的;

(b)在不损害上面(a)段的普遍性的情况下——

(i）如果在那个时间被羁押人正在接受警官讯问，并且审查警官确信打断讯问进行审查将会损害正在讯问的事项的侦查；或者

(ii）如果在那个时候没有审查警官在履行职责。

（5）如果审查根据上面第（4）款被延迟，审查应当在上面第（3）款规定的最晚时间后可行时立即进行。

* * * *

对未起诉羁押期限的限制

41.（1）受本条以及下面第42条和第43条的限制，一个人不经起诉被警察羁押的时间不得超过24个小时。

* * * *

对继续羁押的授权

42.（1）当负责被羁押人所在的警察局的警司以上级别的警官有合理根据相信——

（a）对该人不经起诉而羁押是必要的，以便于获得或者保存其被逮捕的罪行的证据，或者通过讯问他获得这样的证据；

（b）他被逮捕的罪行是一项严重的可捕罪；并且

（c）侦查在勤勉和快速地进行。

他可以批准把那个人处于警察羁押之下，期限是相关时间之后的36小时或者更早。

（2）当上面第（1）款提及的警官批准了对一个人进行警察羁押不超过相关时间后36小时的期间，该警官可以批准将该人进行警察羁押再一次不超过自该时起不超过36小时的期间，如果在他给予批准时上面第（1）款规定的条件仍然存在的话。

（3）如果警察羁押的人将被转移到另一个警察地区，决定是否根据上面第（1）款批准继续羁押他的警官应当考虑距离远近和路上要花的时间。

（4）根据上面第（1）款的批准，不得给予下列情况的人——

（a）在相关时间后超过了24小时；或者

（b）在根据上面第40条规定的第二次羁押审查进行之前。

（5）当一名警官根据上面第（1）款批准把一个人处于警察羁

押之下,他有责任——

(a) 告知该人继续羁押的理由;以及

(b) 将理由记入该人的羁押记录。

* * *

进一步羁押的令状

43.(1)基于警察宣誓提出的申请并且存在信息支持,治安法院如果确信存在合理根据相信对申请所针对的人的进一步羁押是有正当理由的,可以签发进一步羁押的令状来授权把该人处于警察羁押之下。

(2)法院对进一步羁押令状申请的听审,必须保证申请针对的人——

(a) 已经收到信息副本;并且

(b) 已经被带到法庭上接受审理。

(3)申请针对的人应当有权在听审中有律师代理,如果他没有律师并且希望有律师代理——

(a) 法院应当推迟听审使他能够获得律师代理;并且

(b) 他可以在延期期间处于警察羁押之下。

(4)为了本条和下面第44条的目的,对一个人的进一步羁押的正当理由是——

(a) 对他未经起诉的羁押是必需的,以便于获得或者保存与其被逮捕的罪行相关的证据,或者通过讯问他获得这样的证据;

(b) 其被逮捕的罪行是一项严重的可捕罪;并且

(c) 侦查的进行是勤勉的和快速的。

(5)受下面第(7)款的限制,进一步羁押申请的提出期限是——

(a) 在相关时间之后的36小时期限届满之前的任何时间;或者

(b) 在这样的案件中——

(i) 接受申请的治安法院在相关时间之后的36小时期限届满前开庭是不可行的;但是

(ⅱ)该法院将在该期限届满后 6 小时内开庭。

可以在上述 6 小时期限届满前的任何时候。

(6)在适用上面第(5)(b)时——

(a)申请所针对的人在申请听审之前可以处于警察羁押之下;并且

(b)羁押警官应当在该人的羁押记录中写明——

(ⅰ)他在相关时间之后处于警察羁押之中超过 36 小时这一事实;以及

(ⅱ)他被这样羁押的原因。

(7)如果——

(a)进一步羁押的令状申请是在相关时间之后的 36 小时届满后提出的;并且

(b)治安法院认为警察在期限届满之前提出是合理的。

法院应当驳回该申请。

(8)对于上面第(1)款提及的申请,如果治安法院并不认为存在合理根据相信进一步羁押申请针对的人是合理的,法院有责任——

(a)拒绝该申请;或者

(b)把听审延迟到相关时间后 36 小时届满前的另一个时间。

(9)在延迟期间,申请针对的人可以处于警察羁押之下。

(10)进一步羁押的令状应当——

(a)写明签发的时间;

(b)写明批准将该人处于警察羁押之下的期限。

(11)受下面第(12)款规定的限制,进一步羁押的令状中写明的期限,应当是治安法院在考虑了面前所有的证据之后认为恰当的期限。

(12)该期限不应当超过 36 小时。

* * *

进一步羁押令状的延期

44.(1)基于警察宣誓提出的申请并且存在信息支持,治安法院如果确信存在合理根据相信对申请所针对的人的进一步羁押是有正当理由的,可以对根据上面第43条签发的进一步羁押的令状延期。

(2)受下面第(3)款的限制,进一步羁押令状期限的延期,应当是该法院考虑了面前所有证据之后认为恰当的期限。

(3)该期限不应当——

(a)超过36小时;或者

(b)超过相关时间后96小时。

(4)如果进一步羁押令状根据上面第(1)款被延长,或者根据该款进一步延长,期限不超过相关时间后96小时,根据该款中提及的申请,治安法院可以进一步延长该令状,如果确信达到该款规定的程度;上面第(2)、(3)款适用于这样的进一步延期,与适用于上面第(1)款中的规定一样。

* * *

第五部分　警察对人的讯问和对待

* * *

对被羁押人的搜查

54.(1)警察局的羁押警官应当查明并且记载或者使之被记载他羁押的人持有的所有物品,当他——

(a)在其他地方被逮捕之后或者根据法院的命令或判决而收押后被带到警察局;或者

(b)在警察局被逮捕或者根据第47条(5)被羁押在警察局。

(2)如果是关于被逮捕人,该记录应当作为他的羁押记录的一部分。

(3)受下面第(4)款的限制,羁押警官可以扣押和保管任何这样的东西或者致使这样的东西被扣押和保管。

(4)衣服以及私人物品只能在下列条件下被扣押,如果羁押警官——

(a) 相信被扣押物品的持有人会使用它们——

(i) 导致他自己或者任何其他人的身体伤害；

(ii) 损害财产；

(iii) 干涉证据；或者

(iv) 帮助他逃跑；或者

(b) 有合理根据相信它们可能是与一项罪行有关的证据。

(5) 扣押任何物品时，被扣押物品持有人应当被告知扣押的原因，除非他是——

(a) 暴力的或者可能变得暴力；或者

(b) 无法理解向他说的话。

* * *

在逮捕时有权通知某人

56.(1) 如果一个人被逮捕并且被羁押在警察局或者其他房屋中，他应当有权，要求一位朋友、亲戚或者其他认识的人或可能关心其福祉的人被告知，他已经被逮捕并且被羁押在哪里，除了本条所允许的延迟外，应当在可行时立即告知。

(2) 延迟只有在下列情况下才允许——

(a) 在一个人因严重可捕罪而处于警察羁押下的情况下；以及

(b) 如果一名警司以上的警官批准的话。

(3) 被羁押人必须被允许行使上面第(1)款授予的权利，在任何情况下都必须在自上面第41条(2)规定的相关时间起36小时之内。

(4) 警官根据上面第(2)款的规定给予批准可以是口头的也可以是书面的，但是如果是口头形式，他应当在可行时立即以书面的形式确认。

(5) 受下面第(5A)款的限制，警官批准延迟，必须是他有合理根据相信告知被指明的人逮捕的情况——

(a) 将会导致与一项严重可捕罪有关的证据被干涉或者损害，或者其他人身受到干涉或者伤害；或者

(b)将会导致尚未被捕的其他涉嫌实施这样罪行的人发生变化;或者

(c)将会阻碍追回犯罪获得的财物。

(5A)如果严重可捕罪是贩毒或者1988年《刑事司法法》第4部分所适用的犯罪(即根据该部分可以签发没收命令的犯罪),并且警官有合理根据相信下列情况,也可以批准延迟——

(a)如果该犯罪是贩毒罪并且该被羁押人从毒品贩卖中获利,如果告诉被指明的人逮捕的情况,将会阻碍追回该人贩毒收益;以及

(b)如果该犯罪是1988年《刑事司法法》第4部分所适用的犯罪,被羁押人从犯罪中获利,如果告诉被指明的人逮捕的情况,将会阻碍追回该人通过犯罪获得的财产或者犯罪获得的收益。

(6)如果延迟被批准——

(a)被羁押人应当被告知其原因;并且

(b)该原因应当记入他的羁押记录。

* * *

获得法律建议

58.(1)处于警察羁押之下的人有权要求随时向一名诉状律师进行保密咨询。

(2)受下面第(3)款的限制,根据第(1)款提出的请求,以及其提出的时间,应当记入羁押记录。

(3)如果请求是该人在被起诉某一罪行后在法庭上提出的,这种要求不需要记入他的羁押笔录。

(4)如果该人提出这样的请求,他必须被允许在可行时立即向一名诉状律师咨询,除非本条允许了延迟。

(5)在任何情况下,他必须在自上面第41条(2)规定的相关时间起36小时之内被允许向律师咨询。

(6)对请求准许的延迟,只有下列情况才允许——

(a)处于警察羁押之下的人是因严重可捕罪的;以及

(b)如果警司以上的警官批准。

(7)警官根据上面第(6)款予以批准可以是口头或者书面方式,但如果是口头方式,他应当在可行时立即用书面方式予以确认。

(8)受下面第(8A)款的限制,警官只有下列情况才可以批准延迟,即他有合理根据相信,处于警察羁押下的人想要行使上面第(1)款赋予的权利时该权利的行使——

(a)将会导致与一项严重可捕罪有关的证据被干涉或者损害,或者其他人身受到干涉或者伤害;或者

(b)将会导致尚未被捕的其他涉嫌实施这种罪行的人发生变化;或者

(c)将会阻碍追回犯罪获得的财物。

(8A)如果严重可捕罪是贩毒或者1988年《刑事司法法》第4部分所适用的犯罪,并且警官有合理根据相信下列情况,也可以批准延迟——

(a)如果该犯罪是贩毒罪并且该被羁押人从毒品贩卖中获利,如果上面第(1)款授予的权利被行使,将会阻碍追回该人贩毒收益;以及

(b)如果该犯罪是1988年《刑事司法法》第4部分所适用的犯罪,被羁押人从犯罪中获利,如果上面第(1)款授予的权利被行使,将会阻碍追回该人通过犯罪获得的财产或收益。

(9)如果延迟被批准——

(a)被羁押人应当被告知其原因;并且

(b)该原因应当记入他的羁押记录。

(10)上面第(9)款赋予的职责,应当在可行时立即履行。

(11)一旦批准延迟的理由不再存在,允许行使上面第(1)款授予的权利,就不能进一步延迟。

(12)上面第(1)款所称的处于警察羁押之下的人,包括根据反恐规定被羁押的人。

(13)本条适用于根据反恐规定被逮捕或者羁押的人时——

(a)上面第(5)款应当这样适用,即把"36小时之内"替换为

"在未经国务大臣批准就不能继续羁押的期限届满之前";

(b)上面第(6)款(a)应当这样适用,即把"因严重可捕罪"替换为"根据反恐规定";

(c)上面第(8)款应当这样适用,即在尾部增加"或者"和下面两段;

(d)将导致干涉收集关于恐怖行为的发生、准备或者煽动的信息的;

(e)通过改变任何人,将使下列更加困难——

(i)防止恐怖行为;或者

(ii)确保与恐怖行为的发生、准备或者煽动有关的人被抓获、起诉或者定罪。

* * *

讯问的录音

60.(1)国务大臣有责任——

(a)签发执行守则,以规定对讯问进行录音,当对在警察局处于警察羁押之下的被怀疑犯有刑事罪行的人进行讯问时;并且

(b)签发命令,要求对被怀疑犯有刑事罪行的人进行讯问时予以录音,或者在命令中具体列明哪些刑事犯罪,根据当时生效的执行守则的要求应当予以录音。

(2)根据上面第(1)款的命令,应当以制定法文件的形式作出,并且应当可以被国会的任何一院的决议否决。

指纹提取

61.(1)除了本条的规定以外,未经适当的同意,不得提取任何人的指纹。

(2)如果提取一个人的指纹的同意是在警察局内作出的,同意必须是书面形式。

(3)在警察局处于羁押中的人的指纹,可以不经适当的同意就予以提取——

(a)如果一名警司级别以上的警官批准提取;或者

(b)如果——

（i）他已经被指控一项可记录罪或者被通知将被报告犯有这样的罪；以及

（ii）在侦查该犯罪的过程中警察没有提取他的指纹。

（4）警官根据上面第（3）款（a）予以批准，必须是他有合理根据——

（a）怀疑将要被提取指纹的人参与了一项刑事犯罪；以及

（b）相信他的指纹将倾向于确认或者否定他的参与。

（5）警官根据第（3）款（a）给予批准可以是口头或者书面形式，但如果是口头的，他应当在可行时立即用书面方式确认。

（6）如果一个人被判定犯有可记录罪，不经适当的同意就可以提取其指纹。

* * * *

第八部分　刑事程序中证据的一般规定

* * * *

杂项

供述

76.（1）在任何程序中，被告人作出的供述只要与程序中争议的事项相关，并且不被法院根据本条排除，可以作为不利于他的证据。

（2）在任何程序中，控方打算提出被告人的供述作为证据的，如果法院认为该供述属于或者可能属于通过下列方法获得的——

（a）通过对做出供述的人进行强迫；

（b）是作为某些话或者某些行为的结果，而结合当时的情形，这些话或者行为可能会导致他作出的供述不可靠。

法院不应当允许该供述被提出为不利于他的证据，除非控方排除合理怀疑地证明该供述（即使供述可能是真实的）并不是以上述方法获得的。

（3）在任何程序中，控方打算提出被告人的供述作为证据的，法院可以依职权要求控方证明该供述并不是以上面第(2)款规定的方式获得的,作为允许控方提出该证据的前提条件。

(4) 一份供述被依照本条完全或者部分排除这一事实,不应当影响下列证据的可采性——

(a) 作为供述的结果发现的任何事实;或者

(b) 如果该供述在表明被告人以某种特定方式说话、写作或者表达方面是相关的,对于证明这一点所必要的范围内。

(5) 如果一项证据系用来证明本款所适用的事实是作为被告人供述的结果发现的,不应当采纳该证据,除非关于事实如何被发现的证据是由被告人提出的或者代表他提出的。

(6) 上面第(5)款适用于——

(a) 作为供述的结果发现的,而该供述根据本条被完全排除;以及

(b) 作为供述的结果发现的,而该供述被部分排除,如果该事实是作为被排除的供述部分的结果发现的。

(7) 本法中的第七部分的任何规定,都不损害被告人供述的可采性。

(8) 在本条中"强迫"包括酷刑、不人道或者有辱人格的待遇,以及使用暴力或者以暴力相威胁(无论是否达到了酷刑的程度)。

* * *

对不公正证据的排除

78. (1) 在任何程序中,法院可以拒绝允许控方提出打算依赖的证据,如果法院认为在考虑了所有情况后,包括证据获得的情况,该证据的采纳将会对程序的公正性具有如此的不利影响以至于法院不应当采纳它。

(2) 本条的规定不应当影响任何要求法院排除证据的法律规定。

* * *

附录二 《警察与刑事证据法》执行守则修正稿节选(英国)[①]

执 行 守 则

A. 关于警官行使临时截停和搜查的制定法上的权力的执行守则

1. 一般规定
2. 执行搜查之前的活动
3. 搜查的执行
4. 搜查执行后的活动

附录一 本守则适用的主要临时截停和搜查权力概要

B. 关于警官搜查房屋和警官扣押在人身和房屋发现的财产的执行守则

1. 一般规定
2. 搜查令状和交出命令
3. 为了逮捕而无证进入
4. 经同意的搜查
5. 对房屋的搜查:一般考虑

[①] 根据英国 Her Majesty's Stationer's Office 的许可重印。引用和仅仅适用于特定群体或者情形的条文,以及某些文书和指导注释,在目录中标出但没有重印。这些材料的目的是对英国制度进行例示,而不是美国制定法计划的范本。很多规定是对警察与刑事证据法规定的重复,或者是关于行政性的细节,这些不应当包括在美国法典之中。

6. 扣押和保管财产

7. 搜查后采取的行动

8. 搜查登记

C. 关于警官对人的羁押、对待和讯问的执行守则

1. 一般规定

2. 羁押记录

3. 最初的行为

4. 被羁押人的财产

5. 不被隔离羁押的权利

6. 法律建议的权利

7. 独立的英联邦国家或者外国籍人

8. 羁押的条件

9. 被羁押人的待遇

10. 警告

11. 讯问:一般规定

12. 在警察局的讯问

13. 翻译人员

14. 讯问:特殊限制

15. 羁押的审查和延长

16. 对被羁押人的起诉

附录 A　私密和脱衣搜查

附录 B　延迟告知逮捕或者允许获得法律建议

附录 C　紧急讯问

附录 D　警告后的书面陈述

附录 E　关于精神疾病和精神缺陷人的规定的概述

附录 F　领事条约生效的国家

D. 关于警官对人进行人身识别的执行守则

1. 一般规定

2. 由证人进行人身识别

3. 通过指纹进行人身识别

4．通过照片进行人身识别

5．通过身体样本、体液样本和印痕进行人身识别

附录 A　人身识别队列和小组识别

附录 B　录像人身识别

附录 C　由一名证人进行辨认

附录 D　出示照片

E．关于录音的执行守则

1．一般规定

2．对主磁带的录音和密封

3．需要录音的讯问

4．讯问

5．讯问后

6．磁带的安全

A．关于警官行使临时截停和搜查的制定法上的权力的执行守则

1．一般规定

1.1　所有警察局必须备有本执行守则，供警官、被羁押人以及公众查阅。

1.2　指导注释中的内容并不是本守则的规定，但是对警官和其他人来说是其适用和解释的指导。守则附录中的规定是本守则的规定。

1.3　本守则适用于警官根据制定法上的权力未经逮捕而对人身的搜查或者未经逮捕而对车辆的搜查。

*　　*　　*　　*

1.5　本守则所适用的权力的行使，要求有合理理由怀疑非法获得或者持有的物品在身上或者车上。如果一名警官有合理理由怀疑一个人无辜地持有被盗或者违禁物品，临时截停和搜查的权力仍然存在，但是将不存在逮捕的权力。然而，在行使该权力的时

候，应当尽所有的努力让他自愿交出该物品。

1.6 怀疑的合理根据是否存在，取决于每个案件的具体情况，但是必须存在某些客观基础。警官需要考虑怀疑持有的物品的性质，同时还要考虑其他因素，诸如时间和地点、相关人以及与他在一起的人的行为。合理怀疑可能在下列情形中存在，例如收到关于被持有的物品或者嫌疑人的描述的信息；一个人看起来鬼鬼祟祟或者试图隐藏什么东西；或者一个人在一个不正常的时间或地点持有某种物品，而该时间和地点最近已经发现了一系列的夜盗或者盗窃罪行。但是，临时截停和搜查的决定，必须是基于所有对下面这个问题有影响的事实，即某种物品将被找到的可能性。

1.7 合理怀疑永远不能单独地以个人因素作为支持的基础。例如，一个人的肤色、年龄、发式或者衣着，或者已经知道他先前因持有违禁品被定罪这样的事实，不能单独地或者相互结合地作为搜查那个人的唯一基础。合理怀疑也不能基于某个人或者某个团体更有可能实施犯罪行为这样的一成不变的形象作为基础。

指导注释：

1A 确保临时截停和搜查的权力被负责地、节制地行使是重要的。一名警官应当牢记，他可能需要能够向上级警官和在法庭上证明这些权力的使用是有正当理由的，以及这些权力的滥用有可能在将来损害警察的工作。这会导致社区对警察的不信任。确保每一个被搜查的人都被礼貌和细心地对待也是特别重要的。

1B 本守则并不影响警官的下列能力，即在正常执勤的过程中（并且不存在合理怀疑的时候），不经扣留一个人或者使用任何强制因素，而向一个人说话或者提出问题。本守则的目的不是为了禁止这样的警察与社区之间在相关人的合作的情况下进行接触，也不影响这个原则，即所有公民都有责任帮助警察防止犯罪和发现罪犯。

1C 根据1989年《防止恐怖主义（暂行规定）法》附表5第4段(2)的搜查权不要求合理根据地怀疑，这项权力不是上面1.3所定义的临时截停和搜查的权力并且不受本守则的限制，但是这种搜查的执行,应当在可行的范围内遵守本守则规定的程序。

1D 本守则并不影响:

(a) 对进入运动场或者其他房屋的人,经过其同意或者作为进入的前提条件的常规搜查;或者

(b) 在大街上警察根据自愿同意而对一个人进行搜查的能力。在这种情况下,警官应当一直清楚地说明,他是在寻求相关人的合作。

1E 如果一名警官是以不恰当的方式行事的,将导致自愿搜查无效。未成年人、精神有缺陷或者神经紊乱的人,以及看起来不能给出明智的同意的人,不应当受到自愿搜查。

2. 执行搜查之前的活动

2.1 如果一名警官有合理根据怀疑有必要行使临时截停和搜查的权力,警官可以为了搜查他的目的并且因打算搜查他而扣留相关的人。警官没有权力为了找到搜查的根据而违背一个人的意志地临时截停或者扣留一个人。

2.2 在执行搜查之前,警官可以向该人询问其行为或者引起怀疑的某种情形下的在场,因为他可能会有一个令人满意的解释,从而导致搜查没有必要。如果在搜查前的询问后,或者警官注意到其他情形,没有合理根据怀疑持有临时截停和搜查权力所针对的物品时,不得进行搜查。

2.3 行使最初的扣留权力所必需的怀疑的合理根据,可以被确认或者消除,作为对为了搜查的目的而被扣留的人询问的结果(或者这种询问可能会揭示合理根据怀疑持有与原来怀疑的不同种类的违禁品);但是,合法搜查或者为了搜查而扣留所必需的怀疑的合理根据,不能事后通过下列手段获得:一是通过在其被扣留期间对其进行询问;二是以他拒绝回答任何提问作为理由。

2.4 在针对被扣留人或者车辆的搜查执行之前,警官必须采取合理步骤,给予被搜查人或者负责车辆的人下列信息:

(i) 警官的姓名(与恐怖主义侦查有关的案件除外)以及其所在的警察局的名称;

(ⅱ)搜查的目的;以及

(ⅲ)进行搜查的理由。

2.5 如果警察没有穿警服,他必须出示证明文件。

2.6 除非该警官认为对搜查制作笔录不可行,该警官必须告知被搜查人(或者将要被搜查的车辆的所有者或者负责的人),他有权在一年之内请求获得一份搜查笔录副本。如果该人想要一份副本但是现场没有给他,应当告知他向哪一个警察局提出申请。

2.7 如果被搜查人或者被搜查车辆的负责人没有理解所说的话,警官必须采取合理步骤使其了解上面 2.4—2.6 段的信息。如果该人有同伴,那么警官必须努力查明那个人能否进行翻译。

指导注释:

2A 在某些情况下,预备性提问可能是不必要的,但是一般情况下简短的交谈或者会话是需要的,以避免不成功的搜查。当一个人被合法地为了搜查而扣留,但是并没有进行搜查,该扣留不被认为是非法的。

3. 搜查的执行

3.1 必须采取一切合理步骤来把被搜查人可能经历的尴尬降到最低。

3.2 在所有情况下都应当寻求被搜查人的合作,即使他最初反对被搜查。只有已经查明该人不愿意合作(例如打开一个包)或者反抗时,才能进行强制性搜查。虽然强制力只能作为最后的手段,合理的强制可以使用,如果是进行搜查或者为了搜查的目的扣留一个人或者车辆所必需的话。

3.3 人和车辆可以被扣留的时间长度,取决于当时的具体情况,但是在任何情况下必须是合理的并且不超过搜查所需要的时间。搜查的彻底性和范围,必须取决于被怀疑持有的物品是什么,以及由谁持有。如果该怀疑是关于某一特定的物品,并被看到装入了一个人的衣袋,那么在不存在其他的怀疑理由或者该物品被转移到其他地方的机会的情况下,搜查必须只限于该衣袋。

如果是一个容易被隐藏的小的物品,例如毒品,以及可能隐藏在人身任何地方的物品,进行更加详细的搜查可能是必需的。[见注释3B]

3.4 搜查必须在该人或者车辆最初被扣留的地方或其附近进行。

3.5 在公共场所的搜查必须被限制为只能对外衣进行表面的检查。没有权力要求一个人在公共场合脱去任何衣服,除了外衣、夹克或者手套以外。当依据合理根据,认为有必要进行更加彻底的搜查时(例如需要一个人脱去T恤衫或者头套),应当在公众看不见的地方进行(例如在警车里面或者如果附近有警察局的话在警察局)。任何涉及脱去外衣、夹克、手套、头套或者鞋袜以外的搜查,只能由与被搜查人性别相同的警官进行,并且不得有任何异性在场,除非被搜查人明确要求这一点。[见注释3A]

指导注释:

3A 为了上面3.5段的目的,在大街上的搜查应当被视为是公共场所的搜查,即使在开始搜查时大街上可能没有人。虽然没有权力要求一个人这样做,但是并不禁止警官要求一个人自愿地在公共场所脱去外衣、夹克或者手套以外的衣服。

3B 由于在公共场所对一个人的搜查应当是对外衣进行表面检查,这样的搜查应当尽可能快地完成。

4. 搜查执行后的活动

(a) 一般规定

4.1 执行搜查的警官必须制作书面笔录,除非这样做不可行,由于搜查的数量太大或者是由于其他操作上的原因,例如在关于公共秩序的情形下。

4.2 笔录必须在可行时立即完成——在现场完成,除非当时的情形(例如另有紧急任务或者非常恶劣的天气)使这样做不可行。

4.3 该笔录必须记载在为此目的专门提供的表格上(全国搜查笔录)。

4.4 为了完成搜查笔录,警官通常应当询问被搜查人的姓名、地址和出生日期,但是根据搜查程序一个人没有义务提供这些细节,也不能在他不愿意这样做的时候扣留他。

4.5 所有的搜查笔录中应当包括下列信息,即使该人不愿意提供其身份或者给出其出生日期:

(i) 被搜查人的姓名,或者(如果他不说)对他的描述;

(ii) 该人的种族和民族;

(iii) 如果搜查的是汽车,对汽车的描述,包括其牌照号码;[见注释4B]

(iv) 搜查的目的;

(v) 进行搜查的根据;

(vi) 进行搜查的日期和时间;

(vii) 进行搜查的地点;

(viii) 搜查的结果;

(ix) 搜查所导致的伤害或者财产损毁的说明;

(x) 进行搜查的警官的身份(除了与恐怖主义侦查有关的调查以外,在那种情况下笔录中应当记明警官的证件号和所在的警察局[见注释4A])。

4.6 每个被搜查人和被搜查的车辆都要求有一份笔录。但是,如果一个人在一辆车里,人和车都被搜查了并且搜查的目的以及根据是相同的,只需要完成一份笔录。

4.7 进行搜查根据的笔录,必须简短但包含必要的信息,说明怀疑相关人的理由,或者描述他的行为或其他情形。

(b) 无人照看的车辆

4.8 在搜查一辆无人照看的车辆或者里面或上面的东西后,警官必须在里面留下一份通知(或者在其上面,如果未经打开车门就已经搜查了其内或者其上的物品),记载其已经被搜查的事实。

4.9 该通知应当包括警官所在的警察局名称,并写明在哪里可以获得搜查笔录的副本,以及要求赔偿的申请应当向谁提出。

4.10 在可行的前提下,离开时该车辆必须保持安全状态。

指导注释:

4A 如果进行搜查的警官超过一个,所有参加搜查的警官的身份都必须记载在搜查笔录中。

4B 如果一辆车没有牌照号码(例如赛车或者比赛用摩托车),4.5(iii)的要求不适用。

* * * *

B. 关于警官搜查房屋和警官扣押在人身和房屋发现的财产的执行守则

1. 一般规定

1.1 所有警察局必须备有本执行守则,供警官、被羁押人以及公众查阅。

1.2 指导注释中的内容并不是本守则的规定,但是对警官和其他人来说是其适用和解释的指导。

1.3 本守则适用于对房屋的下列搜查:

(a)在获得居住者同意的情况下,为了侦查一项被指控的罪行而对房屋的搜查,而不是对犯罪现场的例行搜查以及在火灾或者夜盗的警报响起或炸弹威胁电话之后的搜查;

(b)根据1984年《警察与刑事证据法》第17条、第18条和第32条授予的权力,对房屋的搜查;

(c)根据1984年《警察与刑事证据法》第15条或者附表1,或者1989年预防恐怖主义(暂行规定)法附表7签发的搜查令,依照这种搜查令进行的搜查。

本守则中的"房屋",是1984年《警察与刑事证据法》第23条中定义的。它包括任何地点,特别是任何车辆、船只、飞机、气垫船、帐篷或者活动房。它还包括1977年《矿产工作(海上安装)法》第1条规定的任何海上安装的平台。

2. 搜查令状和交出命令

（a）在提出申请前应当进行的工作

2.1 当收到看起来能够成为申请根据的信息后,相关警官必须采取合理步骤来进行审查,该信息是否准确、新鲜并且不是恶意或者不负责任地提供的。对于匿名的信息来源,未经寻找其他佐证,不得以其为根据提出申请。

2.2 警官应当在当时的情况下尽可能详细地查明相关物品的性质及其位置。

2.3 警官还应当进行合理的调查,查明对该房屋的可能占有者的信息了解多少,房屋本身的性质,它们以前是否被搜查过,以及如果被搜查过是在什么时候;获得与申请有关的一切相关信息。

2.4 搜查令状的申请必须经过督察（inspector）以上级别的警官的批准（在紧急情况下如果没有这一级别的警官可用,则在岗的最高级警官）。根据1984年《警察与刑事证据法》附表1,或者1989年《预防恐怖主义（暂行规定）法》附表7的交出命令或者令状的申请,必须经过警司（superintendent）以上级别的警官的批准。

2.5 除了紧急情况以外,如果有理由相信搜查可能对警察与社区的关系造成不良影响,那么应当在进行搜查前征求当地警察与社区合作官员的意见。在紧急情况下,应当在搜查进行后可行时立即通知当地警察与社区合作官员。［见注释2B］

（b）提出申请

2.6 搜查令的申请必须有书面的信息予以支持,写明：

（i）提出申请所依据的法律条文；

（ii）尽可能详细地描述将要搜查的房屋以及搜查的目的；以及

（iii）提出申请的根据（包括,如果要进行的搜查的目的是发现一项宣称的犯罪的证据,那么该证据与侦查是如何相关的说明）。

2.7 根据1984年《警察与刑事证据法》附表1第12段（a）,或者1989年《预防恐怖主义（暂行规定）法》附表7提出的搜查令状申请,还应当在适当时,写明为什么相信送达申请提供证据命令的通知,可能会严重损害侦查。

2.8 如果申请被驳回,不得再次申请对该房屋的搜查,除非有其他的根据予以支持。

指导注释:

2A 告密者的身份不需要在提出申请的时候泄露,但是该相关警官应当准备好回答治安法官或者法官可能提出的任何关于该来源以前提供的信息的准确性或者其他相关事项的问题。

2B 在搜查执行后,应当在可行时立即通知地方警察与社区咨询团体或者有与其类似的组织,如果有理由相信搜查可能对警察与社区的关系造成不良影响的话。

3. 为了逮捕而无证进入

(a) 进行逮捕等

3.1 警官可以无证进入并搜查房屋的条件,由1984年《警察与刑事证据法》第17条规定。

(b) 逮捕后对逮捕发生的房屋或者被逮捕人在逮捕前刚刚所处的房屋的搜查

3.2 警官逮捕后对逮捕发生的房屋或者被逮捕人在逮捕前刚刚所处的房屋进行搜查的权力,由1984年《警察与刑事证据法》第32条规定。

(c) 逮捕后对逮捕发生的房屋的搜查

3.3 警官对因可捕罪被逮捕的人所占有或者控制的房屋进行搜查的具体权力,由1984年《警察与刑事证据法》第18条规定。除非督察以上级别的警官书面批准,不得行使这些权力(第18条第5款的规定除外)。这种批准(除非完全不可行)应当通过权力与权利告知书的形式给出(见第5.7段(ii))。该法第18条第7款所要求的搜查笔录,应当记载在羁押笔录中,如果存在羁押笔录的话。

4. 经同意的搜查

4.1 受4.4段的限制,如果打算基于一个有权同意进入该房屋的人的同意而对房屋进行搜查,在搜查执行前,该同意在可行时

必须在权力与权利告知书上书面给出。警官必须进行调查,以便于确认该人有权给出这样的同意。[见注释4B和第5.7段(i)]

4.2 在寻求同意前,负责搜查的警官应当说明将要进行的搜查的目的,并告知相关人他没有义务同意,以及被扣押的任何东西都可能被作为证据提出。如果在这个时候那个人没有犯罪嫌疑,警官应当在说明搜查的目的时告知他这一点。

4.3 如果同意是被迫的或者在搜查完成前被撤回,那么警官不能依照上面的第4.1段进入和搜查房屋或者继续搜查房屋。

4.4 如果在当时的情况下依照上面第4.1段和第4.2段征求同意会给相关人造成不合理的麻烦,那么征求同意不是必需的。

指导注释:

4A 如果是住宅或者类似的住所,搜查不能仅仅根据房东的同意进行,除非承租人找不到并且情况紧急。

4B 如果打算根据令状的授权或者无证进入并搜查的权力对房屋进行搜查,并且依照下面第5.4段获得了房屋占有者的合作,那么不再需要获得上面第4.1段规定的书面同意。

4C 第4.4段的目的是为了适用于这样的特定情形,例如警察经过追捕在夜间逮捕了某人,并且有必要简要地查看沿途的花园以便于查找是否有丢弃的被盗物品或者有罪证据的情况。

5. 对房屋的搜查:一般考虑

(a) 搜查的时间

5.1 根据令状进行搜查,必须在签发令状之日起一个月以内进行。

5.2 搜查必须在合理的钟点进行,除非这样做可能损害搜查的目的。[见注释5A]

5.3 一份令状只能授权在一个场合的一次进入。

(b) 除同意以外的进入

5.4 负责行动的警官应当首先试图与占有者或者其他有权同意进入房屋的人进行交流,通过说明他根据什么样的权力寻求进入房屋并且要求占有者允许他进入,除非:

（ⅰ）已经知道将要搜查的房屋是无人使用的；

（ⅱ）已经知道占有者或者其他有权同意进入房屋的人不在里面；或者

（ⅲ）有合理根据相信，通过试图与占有者或者其他有权同意进入房屋的人交流会惊动他，从而会损害搜查的目的或者使相关的警官或者其他人处于危险之中。

5.5 如果房屋内有人，除非存在上面第5.4段（ⅲ）规定的情形，在搜查前，警官应当表明自己的身份，并且如果没有穿警服，应当出示证明文件，并且说明搜查的目的以及搜查的根据。

5.6 如果负责行动的警官确认该房屋就是令状中写明的房屋，或者在行使上面第3.1段到第3.3段的权力，并且具有下列情形之一的，可以在必要时使用适当的强制力进入房屋：

（ⅰ）占有者或者其他有权同意进入房屋的人已经拒绝了允许进入其房屋的请求；

（ⅱ）与占有者或者其他有权同意进入房屋的人进行交流是不可能的；

（ⅲ）具有第5.4段（ⅰ）至（ⅲ）规定的情形的。

（c）权力与权利告知书

5.7 如果警官进行本守则规定的搜查，他应当提供给占有者一份标准格式的告知书，除非这样做不可行：

（ⅰ）说明搜查是根据令状、同意还是行使上面3.1至3.3段规定的权力（告知书的格式应当提供标明权力或者同意的内容——见上面3.3段和4.1段）；

（ⅱ）概述该法授权的搜查和扣押权力的范围；

（ⅲ）说明占有者和被依照下面第6.1至6.5段扣押的财产所有人享有的该法以及本守则规定的权利；

（ⅳ）说明在进入和搜查房屋造成损失时，在恰当的场合可能会支付赔偿，并提供接受赔偿申请的地址；以及

（ⅴ）说明任何一个警察局都备有本守则供查询。

5.8 如果占有者在场，上面规定的告知书副本以及令状副本

附录二 《警察与刑事证据法》执行守则修正稿节选(英国)

(如果搜查是根据令状进行的)在可行的情况下应当在搜查开始前交给占有者,除非负责搜查的警官合理地相信这样做会损害搜查的目的或者使相关的警官或其他人处于危险之中。如果占有者不在场,告知书以及搜查令状的副本应当留在房屋的适当地点或者适当部分,并且由负责搜查的警官在背面签上自己的名字、所在的警察局、搜查的时间和地点。令状本身应当被背书以表明已经做了这些事情。

(d) 搜查的进行

5.9 房屋被搜查的范围,限于实现搜查目的所必需的范围,需要考虑被寻找的物品的大小和性质。一旦令状中写明的物品都已经被找到,或者负责搜查的警官确认这些物品不在该房屋,根据令状进行的搜查不得再依照该令状的授权继续进行。

5.10 搜查的进行,必须正当地考虑被搜查房屋占有者的财产和隐私,并且不得进行不必要的打扰。只有因为占有者不合作或者合作不足以实现搜查的目的时,才可以在必要时使用合理的强制力。

5.11 如果占有者想要邀请一个朋友、邻居或者其他人在搜查时作为见证人在场,必须允许他这样做,除非负责的警官有合理根据相信这将严重阻碍侦查。搜查不必因这个目的而不合理地被延误。

* * *

6. 扣押和保管财产

(a) 扣押

6.1 受下面 6.2 段的限制,根据制定法上的权力或者基于占有者的同意而搜查房屋的警官可以扣押:

(a) 令状所列举的任何物品;以及

(b) 他有合理根据相信属于犯罪证据或者犯罪所得的任何物品。

对于(b)项规定的物品,只有为了防止它们被隐藏、改变、丢失、损坏或者毁灭所必需时,才可以被扣押。

6.2 受法律特权(由 1984 年《警察与刑事证据法》第 10 条规定的)保护的物品,不得被扣押。

6.3 由于持有人给出的解释,警官决定不适宜扣押财产,但是有合理根据相信它是某人犯罪所得,应当告知持有人他的怀疑并向其说明,如果他处分该财产,他可能会承担民事或者刑事责任。

* * * *

7. 搜查后采取的行动

7.1 如果房屋在本守则适用的情形下被搜查,而不是在上面第 4.4 段规定的情形下,负责搜查的警官应当在到达警察局时,制作或者业已制作搜查笔录。该笔录应当包括:

(i) 被搜查的房屋的地址;

(ii) 搜查的日期、时间和持续时间;

(iii) 搜查根据的权力;如果搜查是行使无证搜查房屋的制定法上的权力,笔录应当包括进行搜查所依据的权力;如果搜查是根据令状或者基于同意,令状或者同意的副本应当附在笔录上或者在笔录上记明其存放的地点;

(iv) 进行搜查的所有警官的姓名(除了与恐怖主义侦查有关的调查以外,在那种情况下笔录中应当记明警官的证件号和所在的警察局);

(v) 已知的在房屋土地上的所有人的姓名;

(vi) 扣押物品清单或者该清单存放地点的说明,以及如果不是令状中写明的物品,需要说明扣押它们的理由;

(vii) 是否使用了强制力,如果使用了,为什么使用;

(viii) 搜查中造成的损失的详细情况,以及导致损失的情形。

7.2 如果根据令状对房屋进行了搜查,应当在令状背面写明:

(i) 令状中写明的物品是否找到;

(ii) 是否扣押了任何其他物品;

(iii) 执行令状的日期和时间;

(iv) 执行令状的警官的姓名（除了与恐怖主义侦查有关的调查以外，在那种情况下笔录中应当记明警官的证件号和所在的警察局）；以及

(v) 令状的副本及权力与权利告知书是否交给了占有者；或者是否在背面写明了搜查的日期和时间，并与告知书一并留在了房屋处，以及留在了什么地方。

7.3　已经被执行的令状，以及在一个月内未被执行的令状，都应当返还。如果是由治安法官签发的，返还给相关的治安法院书记官；如果是法官签发的，返还给该法院的适当官员。

* * *

C. 关于警官对人的羁押、对待和讯问的执行守则

* * *

3. 最初的行为

(a) 被羁押人：通常程序

3.1　如果一个人逮捕后被带到警察局，或者自愿到达警察局之后被逮捕，羁押警官必须清楚地告知他下列权利，以及这些权利是一种持续存在的权利，可以在羁押期间的任何一个阶段行使这一事实：

(i) 有权根据下面第 5 条告知他人其被逮捕；

(ii) 有权根据下面第 6 条与一名律师进行保密咨询，并且被告知独立法律建议可以免费获得这一事实；以及

(iii) 有权查阅本守则和其他守则……

3.2　羁押警官必须给该人书面通知，写明上述三项权利，有权根据上面第 2.4 段获得羁押笔录副本，以及依照下面第 10 条规定的内容的警告。该通知必须还要说明获得法律建议的安排。羁押警官必须还要给予该人另外的书面通知，简要地写明其在羁押期间的权利［见注释 3A］。羁押警官应当要求该人在羁押笔录上签字，表明承认收到了上述通知，如果拒绝签名，必须在羁押笔录

上记明。[见注释3B]

3.3 独立的英联邦国家的公民或者外国公民(包括爱尔兰共和国)必须在可行时立即告知他有权与其大使馆或者领事馆联系……

3.4 如果羁押官员被授权羁押一个人,他必须在可行时立即告知该人羁押的根据,并且无论如何都应当在该人就任何犯罪被讯问之前。

3.5 该人应当被要求在羁押笔录上签字,来表明他是否在这个阶段需要法律建议。羁押警官负责确保该人在羁押笔录的正确位置签字,以便于使他的决定发生效力。如果需要法律建议(除非附录B适用的情况),羁押警官必须不延迟地确保向相关人提供这样的建议。

* * * *

5. 不被隔离羁押的权利

(a) 行为

5.1 被逮捕并被羁押在警察局或者其他场所的人,可以请求在可行时立即通知他认识的一个人或者可能关心他福祉的人他在哪里,由公共财政付费。如果那个人联系不上,申请人可以选择最多两个后备人选。如果他们也联系不上,负责羁押或者负责侦查的警官有权自由裁量地允许进一步的努力,直到该信息被传递。[见注释5C和5D]

5.2 关于被提名的人上述权利的行使,只有根据本守则附录B才可以被延迟。

5.3 上述权利在每一次被逮捕人被带到另一个警察局时,都可以行使一次。

5.4 羁押警官自由裁量地决定,该人可以接受探访。[见注释5B]

5.5 如果一个朋友、亲戚或者关心他福祉的人在寻找该人在哪里,如果他同意并且附录B不适用,这个信息应当被提供。[见注释5D]

附录二 《警察与刑事证据法》执行守则修正稿节选(英国) 247

5.6 受下列条件限制,该人经请求可以获得书写文具,并且被允许通过电话与他人交谈合理的时间[见注释5E]。如果督察以上级别的警官认为寄信或者打电话可能会导致附录B第1段规定的后果,并且该人是因一项可捕罪或者严重可捕罪被羁押的,该警官可以拒绝或者延迟这两项权利中的一项或者两项。但是,本条不允许拒绝或者延迟5.1段或者6.1段规定的权利。

5.7 在寄出任何信件或者消息,或者打电话之前,该人应当被告知,他在信件、电话或者消息中所说的话(除了与律师的交流以外),可能会被阅读或者听到,并且可以作为证据提出。如果滥用打电话的权利,电话可以被终止。羁押警官自由裁量地决定,费用由公共财政负担。

(b) 文书

5.8 下列活动必须制作笔录:

(a) 根据本条提出的申请以及对申请采取的行动;

(b) 寄出的信件、消息、打的电话和接受的探访;

(c) 该人拒绝把关于他的信息以及他所处的位置提供给外面的寻找者。该人必须被要求在笔录上签字,如果拒绝签字应当在笔录上注明。

指导注释:

5A 口译者可以代表一个人打电话或者写信。

5B 羁押警官可以自由裁量地决定,在可能的情况下允许探访,要考虑是否有足够的人力来监督探访以及是否会对侦查造成阻碍。

5C 如果该人不知道可以联系谁来获得建议和支持,或者不能联系一个朋友或者亲戚,羁押警官应当考虑当地的志愿者团体以及在这种情况下可能提供帮助的其他组织。但是,如果需要的是具体的法律建议,则适用下面的6.1段。

5D 在某些情况下,使用电话来披露上面第5.1段和5.5段的信息将是不合适的。

5E 第5.7段规定的电话,是第5.1段和第6.1段的通讯之外的。

6. 法律建议的权利

（a）行为

6.1 受 6.2 段的限制，任何人都有权随时与律师进行保密咨询，通过会面、书信或者电话形式。[见注释 6B]

6.2 上述权利的行使只有根据本守则附录 B 的规定才可以被延迟。一旦法律建议的要求被提出（除了附录 B 适用的以外），羁押警官必须无延迟地确保向相关人提供这样的建议。

6.3 在每一个警察局，必须在显著位置张贴有权获得法律帮助的宣传海报。[见注释 6H]

6.4 不得尝试说服嫌疑人不去获得法律建议。

6.5 必须根据第 11.2 段、第 15.3 段、附录 A 的第 2 条以及执行守则 D 的第 2.15 段（ii）的规定，提醒获得法律建议的权利。

6.6 需要法律建议的人在获得法律建议之前，不得被讯问或者继续讯问，除非：

（a）附录 B 适用的；或者

（b）警司以上级别的警官有合理根据相信：

（i）延迟讯问会带来人身伤害或者财产重大损失或损坏的立即危险；

（ii）如果一名律师，包括值班律师，已经联系上并且同意到场，等待他的到场将会导致侦查过程不合理地延误；或者

（c）该人提名的律师，或者他从非值班律师的名单中选择的人：

（i）无法联系上；或者

（ii）已经表明他不想被联系；或者

（iii）已经被联系上但是拒绝到场，并且该人已经被告知值班律师制度（如果存在的话），但是拒绝请求该值班律师，或者值班律师不可用。[见注释 6B]

如果出现（c）的情形，并且该人表明他不需要法律建议，该讯问可以不延迟地开始或者继续进行，条件是该人给出的同意是书面的或者录音的，同意在没有接受法律意见的情况下被讯问，并且

警司级别以上的警官已经书面同意在这种情况下进行讯问。

6.7 如果出现第6.6段(b)(i)的情况,一旦获得了足以避免该危险的信息,讯问必须停止,直至该人接受到法律建议,或者出现6.6(a)、b(ii)或者(c)的情形。

6.8 如果一个人被允许与一名律师咨询,并且该律师在讯问开始时或者讯问过程中可用(即在警察局或者在来警察局的路上或者可以通过电话联系),必须允许他的律师在讯问时在场。

6.9 只有律师的行为达到了使侦查人员无法顺利讯问犯罪嫌疑人的程度时,才可以要求律师离开讯问。[见注释6D和6E]

6.10 如果侦查人员认为律师实施了这样的行为,他将停止讯问并请示警司以上级别的警官,如果没有这样的警官可用,则请示与该侦查无关的督察以上级别的警官。在与律师交谈之后,被请示的警官将决定讯问是否在律师在场的情况下继续进行。如果他决定不应当,嫌疑人将被给予机会在继续讯问前与另外一名律师咨询,并且该律师将被提供讯问时在场的机会。

6.11 要求律师不参加讯问是一个严肃的步骤,如果发生了,作出决定的警司以上级别的警官将考虑是否将该事件报告给法律协会。如果要求律师离开的是警司以下级别的警官作出的,这个事实必须报告给警司级别以上的警官,由他来考虑报告给法律协会是否恰当。如果相关律师是值班律师,该报告应当同时提供给法律协会和法律援助委员会。

6.12 在本守则中,"律师"是指根据1974年《诉状律师法》执业的律师。如果一名律师想要派一名书记员或者法律事务员代表他提供法律意见,应当允许这样的书记员或者法律事务员进入警察局,除非督察以上级别的警官认为这样的会见将损害犯罪侦查从而作出其他决定。一旦进入警察局,适用6.6至6.10段的规定。

6.13 在根据第6.12段行使自由裁量权时,警官应当特别考虑该书记员或者法律事务员已经充分证明的身份和地位;他的品格是否适合于提供法律建议(具有犯罪记录的人不大可能适合,除非该定罪是轻微犯罪并且不是最近发生的);以及派出该书记员或者法律事务员到警察局的律师提供的书面授权书中写明的任何其他事项。[见注释6F]

6.14 如果督察拒绝一名书记员或者法律事务员进入或者决定不允许这样的人继续在讯问时在场,他必须立刻通知派出书记员或者法律事务员的律师,并给予他作出其他安排的机会。被羁押人必须被告知,并且记入羁押笔录。

6.15 如果一名律师到达警察局见一个特定的人,该人(除非附录B适用)必须被通知他的律师来了,并问他是否愿意见律师。即使该相关人已经拒绝了法律建议,仍然适用本规定。律师的到来和被羁押人的决定必须记入羁押笔录。

(b)文书

6.16 任何对法律建议的请求和针对请求采取的行动,都应当被记录。

6.17 如果一个人已经要求法律建议,并且讯问在没有律师或其代表(或者律师或其代表被要求离开讯问)在场的情况下开始,应当在讯问笔录中记明。

指导注释:

6A 在考虑第6.6段(b)是否适用时,该警官在可行的情况下应当问律师,他到达警察局大约要花费多少时间,并把这个信息与下列因素联系起来:被允许的羁押期限,处于一天中的什么时间(即第12.2段要求的休息时间是否要到了),以及其他正在进行的侦查的需要。如果该律师说他正在来警察局的路上,或者他将立即出发,在他到达前进行讯问通常是不合适的。如果看起来在律师到达前开始讯问是必需的,应当告知律师警察能够等待多长时间,之后6.6段(b)就会适用,这样他有机会安排其他人提供法律建议。

6B 要求法律建议的人应当被给予机会,与一名具体的律师咨询(例如,他自己的律师或者他认识的律师),或者如果存在值班律师制度的话与值班律师咨询。如果通过这些方式无法获得建议,或者他不愿意与值班律师咨询,该人应当被给予机会从愿意提供法律建议的名单中选择一名律师。如果这名律师不可用,他可以选择最多两名的备选。如果这些获得法律建议的尝试是不成功的,羁押警官可以自由裁量地允许进一步的尝试,直到联系上同意提供法律建议的律师为止。

6C 根据1988年《道路交通法》第7条进行的程序,并不属于本守则所规定的讯问。

6D 在考虑第6.9段是否适用时,如果律师寻求反对向其当事人提出的不恰当的问题,或者反对发问方式,或者建议其当事人不回答特定的问题,或者他希望给予他的当事人进一步的法律建议,不属于不当行为。在不阻碍讯问的情况下维护其当事人的利益并且向其提供建议,是律师的职责。他不应当被要求离开讯问,除非他对讯问的干涉显然超出了这个范围。不当行为的例子可能包括,代替当事人回答问题,向当事人提供书面回答让他照着念。

6E 如果警官决定要求律师离开,他必须能够向法庭证明该决定是正确地作出的。为了能够做到这一点,他可能需要亲身见证发生的事情。

6F 如果督察以上级别的警官认为,一个特定的律师或者律师事务所一直派不适合提供法律建议的书记员或者法律事务员,他应当通知警司以上级别的警官,他可能会把该问题提交给法律协会。

6G 受附录B的限制,律师如果愿意,可以为一项侦查中的一名以上当事人提供建议。利益冲突的问题,由律师根据其职业规范来确定。但是,如果等待一名律师给予一名当事人法律建议会导致对另一名嫌疑人讯问的不合理延误,可以适用第6.6(b)的规定。

6H 宣传海报除了使用英文以外,还应当附有主要少数民族语言及欧共体主要国家的语言,如果有帮助并且可行的话。

* * *

10. 警告

(a) 什么时候必须给予警告

10.1 有根据怀疑犯有罪行的人,必须在任何就该犯罪进行讯问之前(如果对先前问题的回答提供了怀疑的根据,那么在进一步讯问前)被警告,这里的讯问是指以获得能够在法庭上的起诉中使用证据为目的的讯问。如果讯问是为了其他目的,例如在行使临时截停和搜查权时确定他的身份或者他是否是车辆的主人或搜查他的必要性时,不需要对他进行警告。

10.2 当一个未被逮捕的人在讯问前或者讯问中初次被警告时,他必须同时被告知,他没有被逮捕并且没有义务和警官在一起。……

10.3 一个人因某项罪行被逮捕后必须被警告,除非
(i) 由于他当时的情况或者行为使这样做不可行;或者
(ii) 他已经在逮捕前根据上面第 10.1 段立即被警告过。

(b) 行为:一般规定

10.4 警告应当使用下面的文字:

"你不必说任何话,除非你愿意,但是你说的话可能会被作为证据提出。"

只要警告的意思得到保留,细微的变化并不构成对这一要求的违反。

10.5 如果警告后的讯问中断了,讯问警官必须确保被讯问的人理解他仍然处于警告之下。如果有任何疑问,应当在讯问继续的时候再次给予全面的警告。[见注释 10A]

(c) 未成年人、精神紊乱和精神上有缺陷的人

10.6 如果一名未成年人或者精神上有缺陷或精神紊乱的人在没有适当的成年人在场的情况下被警告,该警告必须在成年人在场的情况下重复一遍。

(d) 文书

10.7 根据本条给予警告,应当制作笔录,或者在警官的笔记本中或者在讯问笔录中。

指导注释:

10A 在考虑中断后是否再次警告时,警官应当考虑他可能必须说服法庭该人在讯问继续的时候理解他仍然处于警告之下。

10B 在告知未被逮捕的人他可能会被起诉一项罪行时,没有必要给予或者重复警告。

10C 如果看起来一个人不理解警告的含义,给予警告的警官应当继续用自己的话进行解释。

10D 如果一个被警告的人不清楚其重要性,相关警官应当向他解释,该警告是根据英国法的这一基本原则给出的,即一个人不必回答任何可能会证明其有罪的问题也不必提供任何可能证明其有罪的信息,而且这种沉默在审理中不得作出任何不利于他的推理。然而,该人不应当被留下这样的错误印象,即不合作对他接下来的待遇没有任何影响,例如,他在被起诉一项罪行时拒绝提供其姓名和住址可能会导致其被羁押。

11. 讯问:一般规定

(a) 行为

11.1 在决定逮捕一名嫌疑人之后,他不得在警察局(或者其他经批准的羁押地点)以外的地点就相关罪行被讯问,除非延误将可能导致下列结果:

(i) 导致犯罪证据受到干扰或者毁损,或者导致其他人受到干扰或者伤害;或者

(ii) 导致其他被怀疑犯有罪行但是尚未被逮捕的人被惊动;或者

(iii) 阻碍犯罪所得的财物的找回。

一旦相关的危险被避免或者为了避免该危险的必要的问题已经被提出,在这些情况下的讯问应当停止。对讯问的定义[见注释11A]。

11.2 就在警察局或者其他经批准的羁押地点的讯问开始或者继续之前,讯问警官应当提醒嫌疑人,他有权获得免费法律建议。讯问警官有责任确保所有这样的提醒在讯问笔录中注明。

11.3 任何警官不得通过使用强迫手段获得对问题的回答或者引出陈述;除非为了回答直接提问,警官不得表明如果被讯问人回答问题、作出陈述或者拒绝回答和陈述,警察将采取什么样的行动。如果该人直接问警察,如果他回答问题、作出陈述或者拒绝回答和陈述,将被采取什么样的行动,那么该警官可以告知该警察在那种情况下将采取什么样的行动,前提是该行动本身是恰当的和合法的。

11.4 一旦对一个人的犯罪进行调查的警官相信,应当针对他起诉,并且存在成功起诉的充分证据,他应当立即询问该人是否还有话要说。如果该人表明他没有更多的话要说,该警官应当无延迟地停止讯问他。然而,这不意味着禁止在税收案件中,或者根据1988年《刑事司法法》或者1986年《贩卖毒品法》的没收规定,要求嫌疑人在讯问结束后填好正式的提问和回答记录。

(b) 讯问笔录

11.5 (i) 对犯罪嫌疑人的每一次讯问,必须制作准确的笔录,无论该讯问是否发生在警察局。

(ii) 笔录中必须记明:讯问的地点、开始和结束的时间、笔录制作的时间(如果不同)、讯问的中间休息、在场所有人的姓名;并且必须记在专门用于此目的的表格上或者警官的笔记本上或者根据对警察讯问嫌疑人进行录音的执行守则的规定进行记录。

(iii) 笔录必须在讯问的过程中制作,除非侦查警官认为不可行或者会对讯问造成干扰,笔录必须是对所说的话的逐字逐句的记录,如果未能做到这一点,必须是足够准确地概括讯问内容的记录。

* * *

指导注释:

11A 讯问,是指对一个人就其在一项犯罪或者几项犯罪中的参与向他提问的过程。仅仅是为了获得信息或者一个人对事实的解释,或者在警官日常执勤中,对一个人的提问,不属于本守则规定的讯问。严格限制在搜查行为的恰当性和有效性上的提问,也不是本守则规定的讯问。

* * *

12. 在警察局的讯问

(a) 行为

12.1 如果一名警官打算要讯问,或者打算进行需要被羁押人在场的调查,羁押警官负责决定是否把他交给该警官看管。

12.2 每24小时,被羁押人必须被允许连续至少8个小时的休息,不受讯问、旅行或者相关侦查导致的其他打扰,这个休息期间通常应当是夜晚。休息时间不能被打扰或者推迟,除非有合理根据相信休息会导致:

(i) 造成人身伤害或者财产严重损失或损坏的危险;

(ii) 对该人从羁押中释放造成不必要的延误;或者

(iii) 以其他方式损害侦查的结果。

如果一个人是自愿到达警察局之后被逮捕的,24小时的期间从他被逮捕时起算,而不是从他到达警察局的时候起算。

12.3 不得向被羁押人提供酒,除非是基于医疗上的建议。由于饮酒或者吸毒致使一个人无法理解向其提出的问题以及他的回答的重要性时,不得在这种状态下就一项宣称的犯罪对他进行讯问,除了根据附录C的规定进行的以外。[见注释12B]

12.4 在可行的情况下,讯问应当在讯问室进行,讯问室应当保证足够的暖气、光线和通风。

12.5 被讯问或者做出陈述的人,不应当被要求站立。

12.6 在开始讯问之前,每一个讯问警官应当向被讯问人表明他自己以及在场的其他警官的身份,说明其姓名和警衔,除了被讯问人是根据1989年《预防恐怖主义暂行规定法》被羁押的,在那种情况下笔录中应当表明每一个警官的证件号和警衔,而不是姓名。

12.7 讯问的中间休息,应当在正常的进餐时间进行。每隔大约2个小时也应当安排短暂的休息,但是讯问警官可以自由裁量地延迟休息,如果存在合理根据相信休息会导致:

(i) 造成人身伤害或者财产严重损失或损坏的危险;

(ii) 对该人从羁押中释放造成不必要的延误；或者

(iii) 以其他方式损害侦查的结果。

12.8 如果在讯问过程中，被讯问人或者以被讯问人的名义，就本守则的规定提出控告，那么讯问警官应当：

(i) 在讯问笔录中记明；并且

(ii) 通知羁押警官，由羁押警官负责根据本守则第9条的规定予以处理。

(b) 文书

12.9 当被羁押人不处于羁押警官的看管之中时，必须制作笔录并说明理由；以及拒绝将他移交的理由。

12.10 依照上面第12.3段的规定向被羁押人提供任何酒，必须制作笔录。

12.11 任何延迟讯问休息的决定必须记入讯问笔录，并说明理由。

12.12 经警告后在警察局作出的所有书面陈述，应当写在专用于此的表格上。

12.13 经警告后作出的所有书面陈述，应当根据本守则附录D的规定获取。

指导注释：

12A 如果讯问是同步制作笔录并且该笔录由被讯问人依照上面第11.10段签名，或者被录音，通常没有必要要求获得书面陈述。在这种情况下获得经警告的书面陈述，只能是基于该人明示的意愿。然而，警官可以问他是否想要作出这样的陈述。

12B 警察局的医生，可以根据上面第12.3段的规定，就一个人是否适合于受讯问提供建议。

* * *

16. 对被羁押人的起诉

(a) 行为

16.1 如果一名警官认为存在充分的证据起诉一个被羁押人，并且存在成功起诉的充分证据，并且该人已经说出了所有关于该犯罪他愿意说的话,受下面规定的限制,他应当不延迟地把他带到羁押警官面前,由羁押警官负责考虑是否对他起诉。如果一个被羁押人被怀疑犯了一项以上的罪行,可以延迟把他带到羁押警官处,直到关于所有的犯罪(但是见第11.4段)都满足上面的条件。如果该人是未成年人或者精神紊乱或者精神上有缺陷的人,所有的后续行动,必须在适当的成年人在场的情况下进行。

16.2 如果一个被羁押人被指控犯罪或者被告知可能会被指控犯罪,应当依照上面第10.4段的规定对他进行警告。

16.3 当一个人被起诉时,他应当被给予一份书面通知,说明他被指控的具体犯罪事实并且包括该案中的警官的姓名(在恐怖主义案件中警官的证件号),所在警察局和该案的案件号。只要可能,起诉的具体事实应当用通俗的语言陈述,但是同时必须表明他被指控的法律上的精确罪名。该通知应当以下面的文字开头:"你被指控犯了下面写明的罪行。你没有必要说任何话,除非你愿意,但是你所说的话可能会被作为证据使用。"

如果该人是未成年人或者精神紊乱或精神上有缺陷的人,该通知应当交给适当的成年人。

16.4 如果在该人被起诉或者被告知可能会被起诉一项罪行后的任何时间,一名警官希望让该人知悉其他人的书面陈述或者对其他人进行讯问的内容,他应当交给该人这样的书面陈述的真实副本或者告知他讯问笔录的内容,但是不应当说任何话或者做任何事来邀请任何回答或者评论,而是应当按照上面第10.4段的规定对他进行警告。如果该人不能阅读,该警官可以向他宣读。如果该人是未成年人或者精神紊乱或精神上有缺陷的人,应当同时向适当的成年人提供副本,或者告知该成年人讯问笔录的内容。

16.5 一个人被起诉一项犯罪或者被告知他可能被起诉该罪之后,不得就该罪向该人提问,除非下列情形所必需的:为了防止或者减少其他人或者公众的伤害或损失,或者为了澄清先前回答或者陈述中的模糊之处,或者就他被起诉或被告知可能被起诉之后才发现的犯罪,对他进行讯问并且给他机会解释这个信息符合公正的利益。在提出这样的问题之前,应当按照上面第10.4段的规定对他进行警告。……

* * * *

附录A(见4.1段)
私密搜查和脱衣搜查
(a)行为

1. 只有警司以上级别的警官有合理根据相信下列情形,才可以对人体孔口进行搜查:

(a)可以导致被羁押人或者其他在警察局的人身体伤害的物品被隐藏;或者

(b)该人隐藏了A级毒品,并且打算提供给他人或者出口;并且

(c)在上述两种情况下,私密搜查是取出它的唯一可行的方法。

私密性搜查被认为是必要的理由,应当在进行搜查前告知该人。

2. 在进行私密性搜查前,将要被搜查的人必须被提醒他有权获得法律建议,并且该提醒必须在羁押笔录中记明。

3. 私密性搜查只能由注册医生或者注册护士进行,除非警司以上级别的警官认为这是不可行的并且该搜查是根据上面第1段(a)进行的。

4. 根据上面第1段(a)进行的私密性搜查,只能在医院、外科手术室、其他医疗机构或者警察局进行。根据上面第1段(b)进行的私密性搜查,只能在医院、外科手术室、其他医疗机构进行。

5. 在警察局对未成年人或者精神紊乱或者精神上有缺陷的人进行私密性搜查,只能在适当的同性成年人在场的情况下进行(除非该人明确地要求立即可以到场的特定异性成年人到场)。如果是对未成年人进行搜查,只有该未成年人在适当的成年人在场的情况下表明他宁愿该成年人不在场接受搜查并且该成年人同意的,才可以在适当的成年人不在场的情况下进行搜查。对未成年

人的这个决定应当制作笔录并且由该适当成年人签字。

6. 脱衣搜查（是指不仅仅脱掉外衣的搜查）只能在羁押警官认为移除被羁押人不允许携带的物品所必需的时候，才可以进行。

7. 如果由一名警官执行根据上面第 1 段（a）进行的私密性搜查或者脱衣搜查，该警官必须是与被搜查人性别相同的警官。受上面第 5 段的限制，医生或者护士以外的异性不得在场，不必在场的其他人也不得在场。

（b）文书

8. 如果是私密性搜查，羁押警官应当在可行时立即记录被搜查的是该人身体的什么部位、谁执行的搜查、谁在场、搜查的理由及其结果。

9. 如果是脱衣搜查，他应当记录搜查的理由及其结果。

10. 如果由一名警官执行私密性搜查，必须记录为什么没有由合适的有资质的人执行的理由。

附录 B　延迟告知逮捕或者允许获得法律建议

（A）根据 1984 年《警察与刑事证据法》羁押的人

（a）行为

1. 本守则第 5 条或者第 6 条或者该两个条文规定的权利可以被延迟，如果该人因严重可捕罪被警察羁押，还没有被起诉一项罪行，并且警司以上级别的警官有合理根据相信行使任何一种权利：

（i）导致犯罪证据受到干扰或者毁损，或者导致其他人收到干扰或者伤害；或者

（ii）导致其他被怀疑犯有罪行但是尚未被逮捕的人被惊动；或者

（iii）阻碍犯罪所得的财物的找回……

2. 这些权利也可以别延迟，如果该严重可捕罪属于下列两种之一

（i）买卖毒品犯罪，并且该警官有合理根据相信被羁押人已经从毒品交易中获益，并且如果行使任何一项权利都会阻碍追回该

人的贩毒所得;或者

(ii) 1988年《刑事司法法》第六部分(关于没收命令)适用的犯罪,并且该警官有合理根据相信被羁押人已经从犯罪中获益,并且如果行使任何一项权利都会阻碍追回该人的犯罪所得。

3. 不得因下列理由延迟会见律师的权利:律师可能会建议该人不回答任何提问;该律师是由其他人最初邀请来警察局的,但是该人自己那时想要见律师。在后一种情况下,被羁押人必须被告知该律师是根据其他人的请求而来到警察局的,并且必须要求他在羁押笔录上签字以表明他是否想要见该律师。

4. 只有在必需的情况下才可以延迟这些权利,并且受第8段的限制(关于恐怖主义的,未摘录),在任何案件中,自1984年《警察与刑事证据法》第41条定义的相关时间起不得超过36小时。如果在这段时间之内上述根据不再适用,该人必须在可行时立即被询问,他是否希望行使这两种权利,必须在羁押笔录上作出相应的记录,并且必须根据本守则的相关条文采取行动。

5. 在任何法院听审前,被羁押人必须被允许有合理的时间与一名律师咨询。

(b) 文书

6. 根据本附录采取行动的根据,应当被记录,并且在可行时立即把这些根据通知该人。

7. 根据第4段和第9段一个人给出的答复,必须被记录,并且要求该人在笔录后面写明在此阶段他是否想要接受法律建议。

(B) 根据1984年《预防恐怖主义法》暂行规定羁押的人

* * * *

9. 这些权利只有在必需的情况下才可以被延迟,并且在任何情况下不得超过逮捕后48小时。如果上述根据在此期间内停止适用,该人必须在可行时立即被询问,他是否希望行使这两种权利,必须在羁押笔录上作出相应的记录,并且必须根据本守则的相关条文采取行动。

* * * *

附录 C　紧急讯问

1. 只有警司以上级别的警官认为，延迟会造成人身伤害或者财产的严重损失或者严重损坏的直接危险：

（i）一个受到酒精或者毒品严重影响的人可以在那种状态下被讯问；或者

（ii）一个被逮捕的未成年人、精神紊乱的人或者精神有缺陷的人可以在适当的成年人不在场的情况下被讯问；或者

（iii）理解英文有困难或者听力有残疾的人可以在没有口译人的情况下被讯问。

2. 在这些情形下的讯问，一旦获得了足以避免这种直接危险的信息，就不得继续进行。

3. 根据上面第 1 段决定讯问一个人的理由，必须制作笔录。

指导注释：

C1　附录 C 中提及的特殊群体，都是特别易受伤害的。超越了那些旨在保护他们并且降低产生不可靠证据讯问危险的保障措施的该附录的规定，应当仅仅适用于具有特殊需要的情况。

附录 D　警告后的书面陈述（见第 12.13 段）

（a）警告后由一个人书写的

1. 一个人应当一直被邀请亲笔写下他想要说的话。

2. 如果一个人希望亲笔书写，他应当被要求抄写下面这段话并签名，然后再写他想要说的话："我基于自己的自由意志作出这项陈述。我理解我不需要说任何话除非我愿意这样做，并且我所说的话可能会被作为证据使用。"

3. 书写自己陈述的人，应当被允许在没有任何提示的情况下这样做，除了警官可以告诉他哪些事项是实质性的或者对陈述中的模糊之处进行提问。

（b）由警官进行书写

4. 如果一个人说他希望由别人代笔，警官应当书写陈述，但是，在开始之前，他必须要求他对下面这段话签字或者做标记："我想要作出一项陈述。我想要别人写下我说的话。我理解我不需要

说任何话除非我愿意这样做,并且我所说的话可能会被作为证据使用。"

5. 如果一名警官写该陈述,他必须记下作出陈述的人所说的确切词句,并且他不得编辑或者总结这些话。必需进行的提问(例如使其更易于理解)及其回答必须在陈述表格上当场记录。

6. 如果由警官书写的陈述完成了,作出陈述的人应当被要求阅读它,并且作出他想做的任何改正、变动或者补充。当他阅读完毕后,应当被要求在陈述的末尾抄写下面一段话并且签字,或者在下面的证明上做标记:"我已经阅读上述陈述,并且我已经能够按照我的意愿改正、变动或者补充。这个陈述是真实的。我是基于我的自由意志作出陈述的。"

7. 如果作出陈述的人不能阅读,或者拒绝阅读,或者拒绝在陈述的末尾书写上面规定的证明,或者拒绝签字,在场的高级警官应当向他宣读并询问他是否想要改正、变动或者补充,是否愿意在末尾签字或者做标记。该警官应当在陈述上记明发生的情况。

* * *

D. 关于警官对人进行人身识别的执行守则

1. 一般规定

* * *

2. 由证人进行辨认

(a) 已经知道嫌疑人的

2.1 如果辨认证据有争议,并且警察知道嫌疑人的身份,证人可以使用的辨认方法是:

(i) 列队辨认;

(ii) 小组辨认;

(iii) 录像辨认;

(iv) 当面辨认。

2.2 这些种类的辨认的安排和进行,应当由一名督察以上级别的穿警服的警官负责,并且没有参加该案的侦查("辨认警官")。参与针对该人的侦查的警官,不得参加这些程序。

列队辨认

2.3　如果对辨认证据有争议,并且嫌疑人要求进行且进行是可行的,必须进行列队辨认。如果负责侦查的警官认为列队辨认将是有用的且嫌疑人同意,也可以进行列队辨认。

2.4　如果辨认警官认为,无论是由于嫌疑人与众不同的外表还是由于其他原因,找不到足够的与其相似的人组成公正的列队,就不必要进行列队辨认。

2.5　任何列队辨认必须根据附录A进行。

小组辨认

2.6　如果嫌疑人拒绝列队辨认,或者同意列队辨认但是没有参加,或者进行列队辨认是不可行的,如果可行必须安排证人有机会在一组人中看到他。

2.7　如果负责侦查的警官认为,无论是由于证人的恐惧还是其他原因,在当时的情况下小组辨认比列队辨认更有效,并且嫌疑人同意的话,也可以安排小组辨认。

2.8　"小组辨认"应当征得嫌疑人的同意,并且根据第2.15段和第2.16段对他进行建议。然而,如果拒绝同意,辨认警官有权自由裁量地在可行的情况下仍然进行小组辨认。

2.9　如果可行,小组辨认应当在警察局以外的地点进行(例如地铁站或者商场)。如果辨认警官认为,无论是由于安全原因或者其他原因,在其他地点进行不可行,也可以在警察局进行。在这两种情况下,小组辨认应当尽可能遵守附录A中规定的列队辨认的原则和程序。

录像辨认

2.10　如果侦查警官认为,无论是由于嫌疑人拒绝参加列队辨认或者小组辨认或者其他原因,在当时的情况下录像辨认是最令人满意的行动,辨认警官可以向证人播放嫌疑人的录像。

2.11　录像辨认应当征得嫌疑人的同意,并且根据第2.15段和第 2.16 段对他进行建议。然而,如果拒绝同意,辨认警官有权自由裁量地在可行的情况下仍然进行录像辨认。

2.12 录像辨认必须依照附录 B 的规定进行。

当面辨认

2.13 如果没有安排列队辨认、录像辨认、小组辨认,证人可以对嫌疑人进行当面辨认。这种当面辨认并不要求嫌疑人的同意,但是只有其他辨认程序不可行时才可以进行。

2.14 当面辨认必须依照附录 C 的规定进行。

通知嫌疑人

2.15 在列队辨认进行前,或者安排小组辨认或者录像辨认之前,辨认警官应当向嫌疑人解释:

(i) 列队辨认、小组辨认或者录像辨认的目的;

(ii) 他有权获得免费法律建议;

(iii) 进行辨认的程序(包括他有权有一名律师或者朋友在场);

(iv) 需要时对未成年人的特殊安排;

(v) 需要时对精神紊乱和精神有缺陷人的安排;

(vi) 他并不必须参加列队辨认或者小组辨认,或者对制作录像予以配合,并且如果被建议进行小组辨认或者录像辨认,他有权要求列队辨认,如果是可以安排的;

(vii) 如果他不同意列队辨认、小组辨认或者录像辨认,他的拒绝可能在所有后来的审理中被作为证据提出,并且警察可以在不经他同意的情况下秘密进行,或者进行其他安排来检验一名证人是否能够辨认出他来;

(viii) 在嫌疑人的身份被查明之前,警察是否向证人出示过照片或者其他类似图片。

2.16 本信息必须写在一份交给嫌疑人的书面通知中。辨认警官应当给予嫌疑人合理的机会阅读该通知,之后应当要求他在通知的副本上签字,以表明他是否愿意参加列队辨认、小组辨认或者对制作录像予以配合。签字的副本应当由辨认警官保管。

(b)嫌疑人身份不明的情况

2.17 警官可以把一名证人带到一个特定的社区或者地点,以检验他是否能够辨认出他说其在相关场合见到的那个人。然而,应当注意不把证人的注意力集中在某个个人身上。

2.18 如果警察知道嫌疑人的身份并且该人能够出现在辨认列队中,不得向证人出示照片或者其他类似图片。如果不知道嫌疑人的身份,必须依照附录D的规定向证人出示这种照片。(见2.15段(viii))

(c)文书

2.19 辨认警官应当在提供的表格上做列队辨认、小组辨认或者录像辨认的笔录。

2.20 如果辨认警官认为举行列队辨认是不可行的,他应当告知嫌疑人原因并将原因记入笔录。

2.21 一个人拒绝在列队辨认、小组辨认或者录像辨认中合作,应当制作笔录。

指导注释:

2A 除了附录D第1段以外,为了本守则本部分的目的作为现场证人的警官,适用与平民证人一样的原则和程序。

* * *

4. 通过照片进行人身识别

(a)行为

4.1 只有经被逮捕人书面同意或者在第4.2段适用时,才可以在警察局摄取他的照片。在两种情况下,他必须被告知摄取照片的原因,并且在第4.4段适用的情况下,照片应当被销毁。他必须被告知,如果他在被澄清或者告知他将不会被起诉之日起5日内提出申请,他可以亲眼目睹照片的销毁,或者将会被提供确认销毁的证明。

4.2 如果存在下列情形,可以不经被逮捕人同意而摄取照片:

(i)他与其他人同时被逮捕,或者当时其他人可能将被逮捕,

并且为了证明在何时何地谁被逮捕了,一张照片是必需的;

(ii) 他因一项可记录罪被起诉或者被报告,并且还没有被释放或者带到法院面前;[见注释3A]或者

(iii) 他因这样的罪行被定罪,并且他的照片尚未因上述(i)或者(ii)被记录。不能根据本规定为了摄取照片而逮捕一个人,本规定只适用于因行使其他权力(例如,根据1984年《警察与刑事证据法》第27条为了提取指纹而逮捕)而处于羁押状态的人。

4.3 为了摄取照片不得使用强制力。

4.4 如果根据本条摄取了一个人的照片,如果出现下列情形,在该特定情况下摄取的该照片、底片及所有副本必须被销毁:

(a) 他因该罪行被起诉但被澄清;或者

(b) 他未被起诉(除非他承认该犯罪并且因该犯罪被警告)。

如果他提出申请,必须给他亲眼目睹照片销毁的机会,或者向他提供照片销毁的证明,条件是根据第4.1段,他在被澄清或者告知他将不会被起诉之日起5日内提出申请。[见注释4B]

(b) 文书

4.5 对根据本条不经同意而摄取一个人照片的原因,以及对照片的销毁,必须尽可能快地制作笔录。

指导注释:

4A 本规定中的照片,包括计算机数码图像。

4B 本段的意图并不是要求在下列情况下销毁警察公报的副本,例如一个还押的囚犯从羁押中脱逃,或者一个处于羁押之中的人被怀疑在其他警区实施了犯罪行为,在作为信息而发布的警察公报中印有相关人的照片。

5. 通过身体样本、体液样本和印痕进行人身识别

(a) 行为

5.1 只有在下列情形下,才可以在警察局提取一个人的牙印和私密样本:

(i) 警司以上级别的警官认为该犯罪是一项严重的可捕罪;以及

(ii) 如果该警官有合理根据相信这样的印痕或者样本将倾向于证实或者否定嫌疑人参与其中;以及

(iii) 经过该嫌疑人的书面同意。

5.2 在一个人被要求提供私密样本之前,他必须被警告,拒绝提供样本这一选择,在针对他的所有程序中,可能被视为相关控方证据的佐证。[见注释5A]

5.3 除了尿液和唾液以外,私密样本只能由注册医生或者牙医提取。

5.4 在第5.11段中规定的非私密样本,只有经过被羁押的犯罪嫌疑人书面同意或者第5.5段适用的情形,才可以被提取。即使他同意,督察以上级别的警官必须有合理根据相信这样的样本将倾向于证实或者否定嫌疑人参与其中。

5.5 如果警司以上级别的警官有合理根据怀疑嫌疑人被羁押的犯罪是一项严重可捕罪,并且有合理根据相信该样本将倾向于证实或者否定嫌疑人参与其中,非私密样本可以不经同意而被提取。

5.6 在5.5段适用的情形下,提取非私密样本时可以使用必要的强制力。

5.7 在提取私密样本、非私密样本或者牙印之前,必须告知嫌疑人,被给予相关授权的根据,包括涉嫌的罪名,以及如果5.8段适用,该样本将会被销毁。

5.8 如果根据本条已经提取了样本或者印痕,如果出现下列情形,在该特定案件中提取的所有副本必须在可行时立即销毁:

(i) 嫌疑人因该罪名被起诉并且被澄清;或者

(ii) 他没有被起诉(除非他承认该犯罪并且因该犯罪接受了警告)。

(b) 文书

5.9 对提取样本或者印痕的理由,以及对其的销毁,在可行时必须立即制作笔录。如果使用了强制力,应当制作笔录,记明当时的情形和在场的人。如果获得了提取样本或者印痕的书面同意,该事实必须被书面记载。

5.10 给予第5.2段要求的警告时,必须制作笔录。

(c) 一般规定

5.11 下列术语在1984年《警察与刑事证据法》第65条中被定义如下:

(a)"私密样本"的含义是指血样、精液或者任何其他体液、尿液、唾液或者阴毛,或者从人体孔洞提取的擦拭样本;

(b)"非私密样本"是指:

(i) 阴毛以外的其他毛发;

(ii) 指甲或者指甲下提取的样本;

(iii) 在人体孔洞以外的其他部位提取的擦拭样本;

(iv) 脚印,或者手以外的身体部位的类似印痕。

5.12 如果在可能导致该人尴尬的情形下需要去除衣服,除了医生或者护士以外,任何异性不得在场(除非在未成年人案件中,明确地要求立即可以到场的适当的成年人在场),不必需在场的其他人也不得在场。然而,如果是未成年人,这让步于效力更高的规定,即只有该未成年人在适当的成年人在场的情况下表明他宁愿该成年人不在场接受搜查并且该成年人同意的,才可以在适当的成年人不在场的情况下进行去除衣服。

指导注释:

5A 对拒绝提供私密样本或者擦拭样本的人,依照第5.2段进行警告,下面这种形式的表述可能是有帮助的:"你并不必须提供这种样本[允许进行这种擦拭],但是我必须警告你,如果你不这样做,法院可能会把这种拒绝视为对任何不利于你的相关证据的佐证。"

附录A 列队辨认

(a) 一般规定

1. 嫌疑人必须被给予合理的机会让一名律师或者朋友在场,并且辨认警官应当让他在通知的第二份副本上表明他是否有这个要求。

2. 列队可以在一个普通的房间,也可以在装有单面镜子的房间进行,这样证人可以看到队列中的每个人,但队列里的人看不到证人。在两种情况下队列组成和进行的程序是相同的,受下面第7段的限制(除了使用单面镜子的队列,只有嫌疑人的律师、朋友或者适当的成年人在场时或者进行录像时,才可以进行。)

* * * *

(c)队列的进行

5. 就在列队进行之前,辨认警官必须提醒嫌疑人进行列队辨认的程序,并且使用关于警官对人的羁押、对待和讯问的执行守则第10.4段中的语言对他进行警告。

6. 所有未被授权的人,不得出现在进行列队辨认的地点。

7. 一旦队列组成了之后,关于它的任何事情都必须在嫌疑人、口译人、在场的律师、朋友或者适当的成年人在场并且能够听见的情况下进行(除非使用单面镜子的列队辨认,在该种情况下在辨认的地点向证人说的话以及证人所说的话,必须在嫌疑人的律师、朋友或者适当的成年人在场并且能够听见的情况下进行,或者进行录像。)

8. 队列至少应当由八人组成(不包括嫌疑人),并且这些人在年龄、身高、总体外表以及社会地位与嫌疑人尽可能接近。在列队中只能包含一名嫌疑人,除非两名嫌疑人外表接近,他们可以与至少十二个其他人一起列队。在任何情况下,一个队列中不得超过两名嫌疑人,如果单独进行列队辨认,每次列队应当由不同的人组成。

9. 如果一个相似的小组中的所有成员都是潜在的嫌疑人,应当为小组的每一个成员进行单独的列队辨认,除非两名嫌疑人外表接近,他们可以与至少十二个非嫌疑人的该小组的其他人出现在同一个队列中。如果穿制服的警官组成一个列队辨认,任何警号或者其他能够识别身份的警徽应当不被看见。

10. 当嫌疑人被带到进行辨认的地点时,辨认警官应当问他对列队辨认的安排以及列队中的其他成员是否有异议。在列队辨认之前,如果嫌疑人的律师或者朋友在场,嫌疑人可以获得建议。如果可行,应当采取措施去除异议的根据。如果这样做不可行,该警官应当向嫌疑人解释他的异议无法实现的原因。

11. 嫌疑人可以在队列中选择他自己的位置。如果存在一名以上的证人,在每一名证人离开房间后,辨认警官必须告知嫌疑人,如果他想变换在队列中的位置,他可以换。队列中的每一个位置必须被清楚地标明序号,无论是在每一名队列成员前面的地板上放有序号牌或者其他方式。

12. 辨认警官负责确保,在参加列队辨认之前,证人们不能:

(i) 互相讨论案件的情况,或者听到已经看完队列的证人的话;

(ii) 见到队列的任何成员;

(iii) 在该场合下见到或者被提醒嫌疑人的照片或者描述,或者被给予任何其他表明嫌疑人身份的指示;或者

(iv) 在列队辨认前或者之后见到嫌疑人。

13. 组织证人进行列队辨认的警官,不得与之讨论队列的组成,特别是不得透漏先前证人是否作出了辨认。

* * *

附录 C 由一名证人进行辨认

1. 辨认警官负责组织由证人当面对嫌疑人进行辨认。

2. 在进行当面辨认前,辨认警官必须告知该证人,他看到过的人,可能是也可能不是他要面对的人,如果他不能作出肯定性的辨认结论,他应当就这样说。

3. 每一名证人应当独立地辨认嫌疑人,应当向证人发问:"这是该人吗?"当面辨认必须在嫌疑人的律师、口译人或者朋友在场的情况下进行,除非这将导致不合理的延误。

4. 当面辨认通常在警察局进行,或者在一个普通房间内,或者在装有单面镜子的房间,使证人能够在嫌疑人看不到他的情况下看到嫌疑人。在这两种情况下,程序是相同的,除了只有嫌疑人的律师、朋友、适当的成年人在场或者该辨认被录像时,才可以使

装有单面镜子的房间。

* * *

E. 关于录音的执行守则

* * *

3. 需要录音的讯问

3.1 受下面第 3.2 段的限制,在警察局进行的下列讯问都必须被录音:

(a) 被讯问人已经因可诉罪(包括两可罪),依据守则 C 第 10 条的规定被警告过了;[见注释 3A 和 3B]

(b) 在他被起诉或者被告知他可能被起诉上面(a)中规定的犯罪之后,因警官例外地向嫌疑人提出进一步的问题,发生的讯问;[见注释 3C]

(c) 在他被起诉或者被告知他可能被起诉上面(a)中规定的犯罪之后,警官希望一个人知悉其他人作出的书面陈述或者对其他人进行讯问的内容。

3.2 对下列情形不需要进行录音:

(a) 对根据 1984 年《预防恐怖主义法》(暂行规定)第 12 条(1)(a)逮捕的人的讯问,或者因一项罪行对一个人进行讯问且有合理根据怀疑该罪行与恐怖主义有关联或者是为了帮助恐怖主义组织的目的而实施的。只有该恐怖主义与北爱尔兰问题有关,或者其他恐怖主义(但是不包括仅仅与英国或者英国的北爱尔兰以外地区的事务有关的恐怖主义),本段才能适用。"恐怖主义"的概念,依 1984 年《预防恐怖主义法》(暂行规定)第 14 条(1)的规定。

(b) 对有合理根据怀疑其犯有 1911 年《官方秘密法》第 1 条规定的犯罪的人的讯问。[见注释 3H]

3.3 羁押警官可以授权讯问警官在下列情形下不对讯问进行录音:

(a) 这样做不具有合理的可行性,因为设备出了问题,或者没有一个合适的讯问室或者录音机,并且授权的警官根据合理根据认为,讯问不应当延迟到设备修好或者讯问室或录音机可用。[见注释3J]或者

(b)从一开始就可以看出来显然不会进行追诉。

在上面两种情况下,羁押警官应当在笔录中使用具体的语言来说明没有进行录音的原因。[见注释3K]

3.4 如果讯问是针对一个自愿来到警察局的人,当该警官有根据相信该人已经成为一名嫌疑人时(即根据守则C第10条1的规定应当被警告时),讯问的继续进行应当被录音,除非羁押警官根据上面第3.3段的规定授权可以在不录音的情况下继续进行讯问。

3.5 每一次讯问都应当完整地被录音,包括提取和宣读陈述的过程。

指导注释:

3A 本守则的任何规定,都不意味着禁止警察自由裁量地对下列讯问进行录音:因第3.1段以外的罪行被警告的人在警察局的讯问,或者在被讯问人被起诉或者被通知他可能被起诉一项罪行后作出的反应,条件是本守则得到了遵守。

3B 需要注意的是,守则C第12.3段对某些人的讯问进行了限制,即因饮酒或者吸毒导致无法理解问题或者回答的重要意义时。

* * * *

3K 因任何原因决定不对讯问进行录音,可能会受到在法庭上的评论。批准的警官应当准备好在这种情况下证明其决定存在正当理由的准备。

4. 讯问

(a)讯问的开始

4.1 当嫌疑人被带到讯问室时,警官应立即但在嫌疑人能看见的情况下,把没有使用过的磁带放进录音机,并且按下录音键。这些磁带必须在嫌疑人在场的情况下打开包装。

4.2 警官然后应当正式告诉嫌疑人关于录音的情况。他应当说：

(a) 该讯问是正在被录音的；

(b) 他的姓名、警衔以及在场的其他警官的姓名和警衔；

(c) 嫌疑人的姓名以及在场的其他人的姓名（例如一名律师）；

(d) 讯问开始的日期、时间以及地点；

(e) 嫌疑人将被给予一份通知，告知其磁带的用途。

4.3 警官然后应当用下面这段话对嫌疑人进行警告："你不必说任何话，除非你愿意，但是你说的话可能会被作为证据提出。"

只要警告的意思得到保留，细微的变化并不构成对这一要求的违反。[见注释4C和4D]

* * *

(c) 嫌疑人的反对和申诉

4.5 如果嫌疑人对讯问被录音提出反对，无论是在开始时、讯问中或者中间休息时，警官应当向他解释这样的事实，即讯问正在被录音并且本守则要求嫌疑人的反对必须被录在磁带上。当反对已经被录下时，或者嫌疑人拒绝把他的反对录在磁带上，警官可以关掉录音机。如果最终结果是这样，他应当说他将要关掉录音机，以及说明这样做的理由，然后将其关掉。之后该警官应当根据守则C第11条的规定对讯问制作书面笔录。然而，如果该警官合理地认为他可以在录音机录音的状态下继续讯问该嫌疑人，他可以这样做。[见注释4C]

4.6 如果在讯问的过程中，被讯问人或者以被讯问人的名义提出了关于本守则或者守则C的规定的申诉，那么该警官应当根据守则C第12.8段的规定采取行动。

4.7 如果嫌疑人表明他希望告诉警官关于其涉嫌的罪名不直接相关的事项，并且他不希望这些事项被录在磁带上，在正式讯问结束后，应当给予他告诉警官这些事项的机会。

指导注释：

4A　警官应当估计讯问可能持续的长度，并且确保在讯问室准备好适当数量的新磁带和用来密封主磁带的标签。

4B　如果警官要求嫌疑人和在场的其他人自报姓名的话,将有助于声音识别每个人的身份。

4C　如果看起来一个人不理解警告的含义,给出警告的警官应当通过自己的语言进一步进行解释。

4D　如果一个被警告的人不清楚其重要性,相关警官应当向他解释,该警告是根据英国法的这一基本原则给出的,即一个人不必回答任何可能会证明其有罪的问题也不必提供任何可能证明其有罪的信息,而且这种沉默在审理中不得作出任何不利于他的推理。然而,该人不应当被留下这样的错误印象,即不合作对他接下来的待遇没有任何影响,例如,他拒绝提供其姓名和住址可能会导致其被羁押。

* * *

4G　警官应当牢记,违背嫌疑人意愿继续录音的决定,可能在法庭上会受到评论。

4H　如果羁押警官被立即要求处理申诉,如果可能,录音机应当保留在录音状态直到羁押警官进入讯问室并且向被讯问人说话。讯问是继续还是终止,根据一名督察依照守则C第9.1段采取的行动,由讯问警官自由裁量地决定。

4J　如果申诉不是关于本守则或者守则C,继续讯问的决定由讯问警官自由裁量地作出。如果讯问警官决定继续讯问,应当告知被讯问人,该申诉将在讯问后被提交给羁押警官。当讯问结束时,讯问警官在可行时必须立即告知羁押警官有申诉提出以及申诉的性质。

* * *

Table of Cases

Adamson v. California 332 U. S. 46 (1947).

Agnello v. United States 269 U. S. 20 (1925).

Aguilar v. Texas 378 U. S. 108 (1964).

Alderman v. United States 394 U. S. 165 (1969).

Amos v. United States 255 U. S. 313 (1925).

Amyot v. R. 78 C. R. (3rd) 129 (1990) (Canada).

Arizona v. Hicks 480 U. S. 321 (1987).

Arkansas v. Sanders 442 U. S. 753 (1979).

Ashcraft v. Tennessee 322 U. S. 143 (1944).

Baltimore & O. R. R. v. Goodman 275 U. S. 66 (1927).

Beck v. Ohio 379 U. S. 89 (1965).

Benton v. Maryland 395 U. S. 784 (1969).

Berger v. New York 388 U. S. 41 (1967).

Blackburn v. Alabama 361 U. S. 199 (1960).

Boyd v. United States 116 U. S. 616 (1886).

Bram v. United States 168 U. S. 532 (1897).

Brown v. Illinois 422 U. S. 590 (1975).

Brown v. Mississippi 297 U. S. 278 (1936).

Bruton v. United States 391 U. S. 123 (1968).

Bunning v. Cross 141 CLR 54 (Australia 1978).

Burdeau v. McDowell 256 U. S. 465 (1921).

Byars v. United States 273 U. S. 28 (1927).

California v. Acevedo 111 S. Ct. 1982 (1991).

California v. Carney 105 S. Ct. 2066 (1985).

California v. Hodari D. 59 LW 4335 (1991).

Camra v. Municipal Court 387 U. S. 523 (1967).

Cantwell v. Connecticut 310 U. S. 296 (1940).

Canty v. Alabama 309 U. S. 629 (1940).

Cardwell v. Lewis 417 U. S. 583 (1974).

Carroll v. United States 267 U. S. 132 (1925).

Chambers v. Florida 309 U. S. 227 (1940).

Chambers v. Maroney 399 U. S. 42 (1970).

Chapman v. California 386 U. S. 18 (1967).

Chapman v. D. P. P. (1988) Crim L. R. 843 (Great Britain).

Chicago & G. T. Ry v. Wellman 143 U. S. 339 (1892).

Chimel v. California 395 U. S. 752 (1969).

The Civil Rights Cases 109 U. S. 3 (1883).

Clinton v. Virginia 377 U. S. 158 (1964).

Cohens v. Virginia 6 Wheat. (19 U. S.) 204 (1821).

Collins v. R. (1987) 33 C. C. C (3rd) 1 (Canada).

Colorado v. Bertine 479 U. S. 367 (1987).

Colorado v. Spring 479 U. S. 504 (1987).

Coolidge v. New Hampshire 403 U. S. 443 (1971).

Culombe v. Connecticut 367 U. S. 568 (1961).

Davis v. Mississippi 394 U. S. 721 (1969).

DeFunis v. Odegaard 416 U. S. 312 (1974).

Doyle v. Ohio 426 U. S. 610 (1976).

Dunaway v. New York 442 U. S. 200 (1979).

Duncan v. Louisiana 391 U. S. 145 (1968).

Edwards v. Arizona 451 U. S. 477 (1981).

Erie R. Co. v. Tompkins 304 U. S. 64 (1938).

Escobedo v. Illinois 378 U. S. 478 (1964).

Everson v. Board of Education 330 U. S. 1 (1947).

Ex Parte Virginia 100 U. S. 339 (1879).

Fay v. Noia 372 U. S. 391 (1963).

Florida v. Royer 460 U. S. 491 (1983).

Florida v. Wells 110 S. Ct. 1632 (1990).

Furman v. Georgia 408 U. S. 238 (1972).

Garcia v. SAMTA 469 U. S. 528 (1985).

Genest v. R. 67 C. R. (3rd) 224 (1989) (Canada).

George v. Rockett 64 ALJR 384 (1990) (Austrilia).

Gideon v. Wainwright 372 U. S. 335 (1963).

Gilbert v. California 388 U. S. 263 (1967).

Gitlow v. New York 268 U. S. 652 (1925).

Go-Bart Importing Co. v. United States 282 U. S. 344 (1931).

Gooding v. United States 416 U. S. 430 (1974).

Gouled v. United States 255 U. S. 298 (1921).

Gregory v. Ashcroft 59 LW 4714 (1991).

Griffin v. Illinois 351 U. S. 12 (1956).

Hale v. Henkel 201 U. S. 43 (1906).

Haley v. Ohio 332 U. S. 596 (1948).

Harris v. New York 401 U. S. 222 (1970).

Harris v. South Carolina 338 U. S. 68 (1949).

Illinois v. Gates 462 U. S. 213 (1983).

Illinois v. Krull 480 U. S. 340 (1987).

Irvine v. California 347 U. S. 128 (1954).

Johnson v. New Jersey 384 U. S. 719 (1966).

Katz v. United States 389 U. S. 347 (1967).

Katzenbach v. Morgan 384 U. S. 641 (1966).

Keeney v. Tamayo-Reyes 112 S. Ct. 1715 (1992).

Ker v. California 374 U. S. 23 (1963).

Kirby v. Illinois 406 U. S. 682 (1972).

Klopfer v. North Carolina 386 U. S. 213 (1967).

Kokesch v. R. 1 C. R. (4th) 62 (1990) (Canada).

Lisenba v. California 314 U. S. 219 (1941).

Lockett v. Ohio 438 U. S. 586 (1978).

Malinski v. New York 324 U. S. 401 (1945).

Mallory v. United States 354 U. S. 449 (1957).

Malloy v. Hogan 378 U. S. 1 (1964).

Mapp v. Ohio 367 U. S. 643 (1961).

Marchetti v. United States 390 U. S. 39 (1968).

Marron v. United States 275 U. S. 192 (1927).

Maryland v. Buie 110 S. Ct. 1093 (1990).

Massachusetts v. Sheppard 468 U. S. 981 (1984).

Matto v. Wolverhampton Crown Court (1987) R. T. R. 337 (D. C.) (Great Britain).

McCray v. Illinois 386 U. S. 300 (1967).

McDonald v. United States 335 U. S. 451 (1948).

McKinney v. R. (1991) 65 A. L. J. R. 241 (Australia).

McNabb v. United States 318 U. S. 332 (1943).

Michigan v. Mosley 423 U. S. 96 (1975).

Michigan v. Summers 452 U. S. 692 (1981).

Michigan v. Thomas 458 U. S. 259 (1982).

Michigan v. Tucher 417 U. S. 433 (1974).

Miranda v. Arizona 384 U. S. 436 (1966).

Mistretta v. United States 109 S. Ct. 647 (1989).

Monroe v. Pape 365 U. S. 167 (1961).

Moran v. Burbine 475 U. S. 412 (1986).

Murray v. United States 108 S. Ct. 2529 (1988).

Muskrat v. United States 219 U. S. 346 (1911).

Near v. Minnesota 283 U. S. 697 (1931).

New York v. Belton 453 U. S. 454 (1981).

New York v. Quarles 467 U. S. 649 (1984).

Oliver v. United States 466 U. S. 170 (1984).

Oregon v. Bradshaw 462 U. S. 1039 (1983).

Oregon v. Elstad 470 U. S. 298 (1985).

Oregon v. Haas 420 U. S. 714 (1975).

Oregon v. Mathiason 429 U. S. 492 (1977).

Osborn v. United States 385 U. S. 323 (1967).

Palko v. Connecticut 320 U. S. 319 (1937).

Payne v. Arkansas 356 U. S. 560 (1958).

Payton v. New York 445 U. S. 573 (1980).

Pennsylvania v. Muniz 110 S. Ct. 2638 (1990).

People v. Cahan 282 P. 2d 905 (Cal. 1955).

Perez v. United States 402 U. S. 146 (1971).

Petty v. R. 65 A. L. J. R. 625 (1991) (Australia).

Pohoretsky v. R. 58 C. R. (3rd) 113 (1987) (Canada).

Pointer v. Texas 380 U. S. 400 (1965).

Pokora v. Wabash Ry. 292 U. S. 98 (1934).

Preston v. United States 376 U. S. 364 (1964).

R. v. Alladice (1988) 87 Cr. App. R. 380 (C. A.) (Great Britain).

R. v. Beales (1991) Crim. L. R. 118 (Great Britain).

R. v. Black 70 C. R. 97 (1989) (Canada).

R. v. Blake (1991) Crim. L. R. 119 (Great Britain).

R. v. Britton and Richards (1989) Crim. L. R. 144 (Great Britain).

R. v. Canale (1990) Crim. L. R. 329 (Great Britain).

R. v. Collins 56 C. R. (3rd) 193 (1987) (Canada).

R. v. Conway (1990) Crim. L. R. 402 (Great Britain).

R. v. Davison (1988) Crim. L. R. 442 (Great Britain).

R. v. DeBot 73 C. R. (3rd) 129 (1989) (Canada).

R. v. Duguay 67 C. R. (3rd) 252 (1987) (Canada).

R. v. Dunford (1991) Crim. L. R. 370 (Great Britain).

R. v. Dyment 66 C. R. (3rd) 348 (1988) (Canada).

R. v. Fennelley (1989) Crim. L. R. 142 (Great Britain).

R. v. Gall (no citation available) (Great Britain).

R. v. Harvey (1988) Crim. L. R. 241 (Great Britain).

R. v. Hebert 77 C. R. (3rd) 145; 57 C. C. C. (3rd) 1 (1990) (Canada).

R. v. Ismail (1990) Crim. L. R. 109 (Great Britain).

R. v. Leathan 8 Cox C. C. 498 (1861).

R. v. Leathan 121 E. R. 589 (1861).

R. v. Manninen 58 C. R. (3rd) 97 (1987) (Canada).

R. v. Mason (1987) 3 All E. R. 481 (Great Britain).

R. v. MacGovern (1991) Crim. L. R. 124 (Great Britain).

R. v. Meddoui 2 C. R. (4th) 316 (1990) (Canada).

R. v. Rajakuruna (1991) Crim. L. R. 458 (Great Britain).

R. v. Ross (1989) 67 C. R. (ed) 209 (Canada).

R. v. Samuel (1988) Q,B. 615 (C. A.) (Great Britain).

R. v. Scott (1991) Crim. L. R. 56 (Great Britain).

R. v. Sparks (1991) Crim. L. R. 128 (Great Britain).

R. v. Taylor (no citation available) (Great Britain).

R. v. Williams 161 CLR 278 (Australia 1986).

Reck v. Pate 367 U. S. 433 (1961).

Rescue Army v. Municipal Court of Los Angeles 331 U. S. 549 (1947).

Regents of the University of California v. Bakke 438 U. S. 265 (1978).

Rhode Island v. Innis 446 U. S. 291 (1980).

Riverside Co. v. McLaughlin 111 S. Ct. 1661 (1991).

Robbins v. California 453 U. S. 420 (1981).

Robinson v. California 370 U. S. 660 (1962).

Rochin v. California 342 U. S. 165 (1952).

Rogers v. Peck 199 U. S. 425 (1905).

Schilb v. Kuebel 404 U. S. 357 (1971).

Schmerber v. Cal 384 U. S. 757 (1966).

Schneckloth v. Bustamonte 412 U. S. 218 (1973).

Segurra v. United States 468 U. S. 796 (1984).

Silverthorne Lumber Co. v. United States 251 U. S. 385 (1920).

South Dakota v. Opperman 428 U. S. 364 (1976).

Spano v. New York 360 U. S. 315 (1959).

Spinelli v. United States 393 U. S. 410 (1969).

Steagald v. United States 451 U. S. 204 (1981).

Stein v. New York 346 U. S. 156 (1953).

Stone v. Powell 428 U. S. 465 (1976).

Stoner v. California 376 U. S. 463 (1964).

Stovall v. Denno 388 U. S. 293 (1967).

Strauder v. W. Virginia 100 U. S. 303 (1879).

Taylor v. Louisiana 419 U. S. 522 (1975).

Terry v. Ohio 392 U. S. 1 (1968).

Texas v. Brown 460 U. S. 730 (1983).

Texas v. White 423 U. S. 67 (1975).

Trupiano v. United States 334 U. S. 699 (1948).

Turner v. Pennsylvania 338 U. S. 62 (1949).

Twining v. New Jersey 211 U. S. 78 (1908).

United States v. Caceres 440 U. S. 741 (1979).

United States v. Chadwick 433 U. S. 1 (1977).

United States v. Gouveia 467 U. S. 180 (1984).

United States v. Havens 446 U. S. 620 (1980).

United States v. Leon 468 U. S. 897 (1984).

United States v. Oliver 466 U. S. 170 (1984).

United States v. Peltier 422 U. S. 531 (1975).

United States v. Rabinowitz 339 U. S. 56 (1950).

United States v. Ross 456 U. S. 798 (1982).

United States v. Ventresca 380 U. S. 102 (1965).

United States v. Wade 388 U. S. 218 (1967).

Vale v. Louisiana 399 U. S. 30 (1970).

Van der Meer v. R. 62 A. L. J. R. 656 (1988) (Australia).

Walder v. United States 347 U. S. 62 (1954).

Walton v. Arizona 58 L. W. 4992 (1990).

Wan v. United States 266 U. S. 1 (1924).

Warden v. Hayden 387 U. S. 294 (1967).

Washington v. Texas 388 U. S. 14 (1967).

Watts v. Indiana 338 U. S. 49 (1949).

Weeks v. United States 232 U. S. 383 (1914).

White v. Texas 310 U. S. 530 (1940).

Whiteley v. Warden 401 U. S. 560 (1971).

Wolf v. Colorado 338 U. S. 25 (1949).

Ybarra v. Illinois 444 U. S. 85 (1979).

Zurcher v. Stanford Daily 436 U. S. 547 (1978).

Bibliography

艾伦(Allen, Francis A):《对刑事正义的司法探求:沃伦法院和刑事判例》("The Judicial Quest for Penal Justice: The Warren Court and the Criminal Cases.") University of Illinois Law Review (1975):518—542。

阿尔施勒(Alschuler, Albert W):《失败的实用主义:对伯格法院的反思》"Failed Pragmatism: Reflections on the Burger Court." Harvard Law Review 100 (1987):1436—1456。

美国律师协会(American Bar Association):自由社会中的刑事司法专门委员会(Special Committee on Criminal Justice in a Free Society),《危机中的刑事司法》(Criminal Justice in Crisis), Washington, DC: American Bar Association, 1988。

美国法律协会(American Law Institute):《刑事诉讼法典:官方草稿》(Code of Criminal Procedure): Official Draft, Philadelphia: The Institute, 1930。

美国法律协会(American Law Institute):《聆讯前程序模范法典,官方建议草稿》Model Code of Pre-Arraignment Procedure, Proposed Official Draft. Philadelphia: The Institute, 1975。

美国刑法典系列(American Series of Penal Codes):《德国刑事诉讼法典》(The German Code of Criminal Procedure) (strafprozessordnung, StPO), Translated by Horst Niebler. S. Heckensack, NJ: Fred B. Rothman and Co., 1965。

阿莫蒂奥等(Amodio, Ennio and Eugenio Selvaggi):《大陆法系国家中的对抗制:1988年意大利刑事诉讼法典》("An Accusatorial System in a Civil law Country: The 1988 Italian Code of Criminal Procedure"), Temple Law Review 62 (1989):1211—1224。

阿姆斯特丹(Amsterdam, Anthony G.):《第四修正案的视角》("Perspectives on the Fourth Amendment"), Minnesota Law Review 58 (1974):349—477。

阿什比(Ashby, David):《保护嫌疑人》("Safeguarding the Suspect"), In The Police: Powers, Procedures, and Proprieties, edited by John Benyon and Colin

Bourn, 183—93. New York: Pergamon Press, 1986。

澳大利亚法律改革委员会(Australian Law Reform Commission),报告二:犯罪侦查(Report No. 2 (interim): Criminal Investigation), Sydney: The Commission, 1975。

贝克(Baker, Liva):《米兰达:犯罪、法律和政治》(Miranda: Crime, Law and Politics), New York: Atheneum, 1983。

贝托等(Bator, Paul M. and James Vorenberg):《逮捕、拘留、讯问和律师帮助权:基本的问题和可能的立法解决》("Arrest, Detention, Interrogation, and the Right to Counsel: Basic Problems and Possible Legislative Solutions.") Columbia Law Review 84 (1984): 1433—1522。

贝灵(Beling, Ernst Lugwig von):《排除规则作为刑事诉讼中真是查明的界限》(Die Beweisverbote als Grenzen der Wahrheitserforschungim Strafprozess in Strafrechtlichen Abhandlungen) (The Exclusionary Rules as the Borders of the Search for Truth in Criminal Procedure), Darmstadt: Wissenschaftliche Buchgesellschaft, 1968。

伯格(Berger, Mark):《英国对供述法律的立法:对警察讯问进行制定法限制》("Legislating Confession Law in Great Britain: A Statutory Approach to Police Interrogations"), University of Michigan Journal of Law Reform 24 (1990): 1—64。

贝万等(Bevan, Vaughan and Ken Lidstone):《1984年警察与刑事证据法指南》(A Guide to the Police and Criminal Evidence Act 1984), London: Butterworths, 1985。

贝万等(Bevan, Vaughan and Ken Lidstone):《犯罪侦查:警察权指南》(The Investigation of Crime: A Guide to Police Powers), London: Butterworths, 1991。

伯奇(Birch, Di):《警察与刑事证据法热起来:根据该1984年法律的供述和混淆》"The PACE Hots Up: Confessions and Confusions Under the 1984 Act", Criminal Law Review (1989): 95—116。

布克斯潘(Bookspan, Phyllis T):《重拾沃伦法院的要求:第四修正案的复兴》("Reworking the Warren Requirement: Resuscitating the Fourth Amendment"), Vanderbilt Law Review 44 (1991): 473—530。

布拉德利(Bradley, Craig):《州法院系统在实施第四修正案吗?初步研究》("Are State Courts Enforcing the Fourth Amendment? A Preliminary Study"),

Georgetown Law Journal 77 (1988): 251—286。

布拉德利(Bradley, Craig):《对私人文件的宪法保护》("Constitutional Protection for Private Papers"), Harvard Civil Rights Civil Liberties Law Review 16 (1981):461—494。

布拉德利(Bradley, Craig):《奥兹国的刑事诉讼:来自美国的教训》("Criminal Procedure in the Land of OZ: Lessons for America"), Journal of Criminal Law and Criminology (Spring 1990):99—135。

布拉德利(Bradley, Craig):《德国的非法证据排除规则》("The Exclusionary Rule in Germany"), Harvard Law Review 96 (1983): 1032—1066。

布拉德利(Bradley, Craig):《默里诉美国:搜查令状要求的丧钟》("Murray v. United States: The Bell Tolls for the Search Warrant Requirement"), Indiana Law Journal 64 (1989): 907—923。

布拉德利(Bradley, Craig):《第四修正案的两种模式》("Two Models of the Fourth Amendment"), Michigan Law Review 83 (1985): 1468—1501。

布拉德利(Bradley, Craig):《最高法院的不确定性原则》("The Uncertainty Principle in the Supreme Court"), Duke Law Journal (1986): 1—64。

布拉德利等(Bradley, Craig, Yale Kamisar, Joseph D. Grano; and James Brian Haddad):《量和质:刑事诉讼》(Sum and Substance: Criminal Procedure), 2d ed. Santa Monica, CA: Herbert Legal Series, 1988。

布伦南(Brennan, William J. Jr):《州宪法和个人权利的保护》("State Constitutions and the Protection of Individual Rights"), Harvard Law Review 90 (1977): 489—504。

《布鲁尔辞典》(Brewer's Dictionary of Phrase and Fable), 14th ed. New York: Harper & Row, 1989。

布里尔梅耶(Brilmayer, R. Lea):《第三条的法学理论:对"案件或者争议"要求的考察》("The Jurisprudence of Article III: Perspectives on the 'case or controversy' Requirement"), Harvard Law Review 93 (1979): 297—321。

布朗(Brown, Winifred R):《联邦规则制定:问题和可能的解决办法》(Federal Rulemaking: Problems and Possibilities), Washington, DC: Federal Judicial Center, 1981。

国家事务局(Bureau of National Affairs):《刑法革命及革命后》(The Criminal Law Revolution and Its Aftermath), 1960—1977, Washington DC: U.S. Government Printing Office, 1978。

伯特(Burt, Robert A):《米兰达和第二条:一个贵贱通婚》("Miranda and Title Ⅱ: A Morganatic Marriage"),Supreme Court Review (1969): 81—134。

卡普兰(Caplan, Gerald M):《质疑米兰达》("Questioning Miranda"),Vanderbilt Law Review 93 (1985): 1417—1476。

卡多佐(Cardozo, Benjamin N):《司法过程的性质》(The Nature of the Judicial Process), New Haven, CT: Yale University Press, 1921. Reprint 1974。

卡尔(Carr, James G):《西德的搭线窃听》("Wiretapping in West Germany"),American Journal of Comparative Law 29 (1981): 607—645。

乔珀等(Choper, Jesse H., Yale Kamisar, Laurence H. Tribe, and Dorothy Oppermar):《最高法院:1981—1982 的趋势和发展》(The Supreme Court: Trends and Developments 1981—1982), Minneapolis, MN: National Practice Institute, 1983。

乔珀等(Choper, Jesse H., Yale Kamisar, Laurence H. Tribe, and Dorothy Oppermar):《最高法院:1982—1983 的趋势和发展》(The Supreme Court: Trends and Developments 1982—1983), Minneapolis, MN: National Practice Institute, 1984。

《关于警官对人的羁押、对待和讯问的执行守则》(Code of Practice for the Detention, Treatment and Questioning of Persons by the Police): London: British Home Office, 1990。

《关于警官行使临时截停和搜查的制定法上的权力的执行守则》(Code of Practice for the Exercise by Police Officers of Statutory Powers of Stop and Search): London: British Home Office, 1990。

《关于警察搜查房屋的执行守则》(Code of Practice for the Searching of Premises by Police Officers): London: British Home Office, 1990。

《关于录音的执行守则》(Code of Practice on Tape Recording): London: British Home Office, 1990。

柯蒂斯(Curtis, Leslie):《在大街上执行警务》载《警察:权力、程序和规则》("Policing the Streets." In The Police: Powers, Procedures and Proprieties), edited by John Benyon and Colin Bourn, 95—102, New York: Pergamon Press, 1986。

达尔(Dahl, Robert A):《民主社会中的决策》载《司法审查和最高法院:论文选》("Decision Making in a Democracy", In Judicial Review and the Supreme Court: Selected Essays), edited by Leonard Levy, 105—123. New York:

Haper & Row, 1967。

戴维斯(Davies, Thomas Y):《关于排除规则代价我们所知(和仍需了解)的严格考察:对逮捕后释放的NIJ研究和其他研究》("A Hard Look at What We Know (and Still Need to Learn) About the Costs of the Exclusionary Rule: The NIJ Study and Other Studies of Lost Arrests"), American Bar Foundation Research Journal (Summer 1983): 611—690。

Dencker, Friedrich, Verwertungsverbote im Strafprozess, Koln: Heyman, 1977.

德肖维茨等(Dershowitz, Alan M. and John Hart Ely):《哈里斯诉纽约:对正在出现的尼克松多数的坦率和逻辑的一些令人不安的观察》("Harris v. New York: Some Anxious Observations on the Candor and Logic of the Emerging Nixon Majority"), Yale Law Journal 80 (1971): 1198—1227。

道林(Dowling, Donald C):《埃斯考贝多及其之外:第十四修正案刑事诉讼法典的必要性》("Escobedo and Beyond: The Need for a Fourteenth Amendment Code of Criminal Procedure"), Journal of Criminal Law, Criminology and Police Science 56 (1965): 143—158。

德瑞普斯(Dripps, Donald A):《超越沃伦法院及其保守派的批评:走向宪法刑事诉讼的统一理论》("Beyond the Warren Court and Its Conservative Critics: Toward a United Theory of Constitutional Criminal Procedure"), University of Michigan Journal of Law Reform 23 (1989): 591—640。

伊利(Ely, John Hart):《民主和不信任:司法审查的一种理论》(Democracy and Distrust: A Theory of Judicial Review), Cambridge: Harvard University Press, 1980。

法斯勒(Fassler, Lawrence J):《意大利刑事诉讼法典:大陆欧洲的刑事诉讼对抗制》("The Italian Penal Procedure Code: An Adversarial System of Criminal Procedure in Continental Europe"), Columbia Journal of Transnational Law 29 (1991): 245—278。

费尔德曼(Feldman, David):《对嫌疑人在警察局待遇的规制:对1984年警察与刑事证据法中羁押规定的法院解释》("Regulating Treatment of Suspects in Police Stations: Judicial Interpretation of Detention Provision in the Police and Criminal Evidence Act 1984"), Criminal Law Review (1990): 452—471。

弗雷兹(Frase, Richard S):《比较刑事司法作为美国法律改革的指南:法国人是怎么做的,我们怎么才能知道以及我们为什么关心》("Comparative

Criminal Justice as a Guide to American Law Reform: How Do the French Do It, How Can We Find Out and Why Should We Care?") California Law Review 78 (1990): 539—683。

弗雷兹(Frase, Richard S):《保守时代的刑事诉讼:重新发现重要非宪法问题的时代》("Criminal Procedure in a Conservative Age: A Time to Rediscover the Critical Nonconstitutional Issues"), Journal of Legal Education 35 (1986): 79—92。

弗雷兹(Frase, Richard S):《法国刑事诉讼法典》(The French Code of Criminal Procedure), Littleton, CO: F. B. Rothman, 1988。

弗兰德利(Friendly, Henry J):《权利法案作为刑事诉讼法典》("The Bill of Rights as a Code of Criminal Procedure"), California Law Review 53 (1965): 929—956。

盖纳(Gainer, Ronald):《关于联邦刑法典改革问题向总检察长提交的报告》("Report to the Attorney General on Federal Criminal Code Reform"), Reprinted in Criminal Law Forum 1 (1989): 99—183。

戈德堡(Goldberg, Arthur J):《平等正义:最高法院的沃伦时代》(Equal Justice: The Warren Era of the Supreme Court), Evanston, IL: Northwest University Press, 1971。

戈德史密斯(Goldsmith, Michael):《最高法院和第三条:重写电子监控法》("The Supreme Court and Title III: Rewriting the Law of Electronic Surveillance"), Journal of Criminal Law and Criminology 74 (1983): 1—171。

戈登(Gordon, Irving A):《国会根据第十四修正案第五款超越最高法院判决的权力之性质和使用》("The Nature and Uses of Congressional Power Under Section Five of the Fourteenth Amendment to Overcome Decisions of the Supreme Court"), Northwestern Law Review 72 (1977): 656—705。

Gossel, Karl: "Kritische Bemerkungen zum gegenwartigen Stand der Lehre von den Beweisverboten im Strafverfahren." Neue Juristische Wochenschrift 34 (1981): 649.

高朗(Gowran):《最高法院的判决如何给警察穿上拘束衣》("How Supreme Court Ruling Puts Straightjacket on Police"), Chicago Tribune, August 11, 1964: 27。

格雷厄姆(Graham, Fred P):《自伤》(The Self-Inflicted Wound), New York: Macmillan, 1970。

格兰诺(Grano, Joseph D):《宪法刑事诉讼中变化了和正在变化的世界:司法部法律政策办公室的贡献》("The Changed and Changing World of Constitutional Criminal Procedure: The Contribution of the Department of Justice's Office of Legal Policy"), University of Michigan Journal of Law Reform 22 (1989): 395—424。

格林豪斯(Greenhouse, Linda):《高等法院判定进一步限制囚犯的上诉》("High Court Votes to Further Limit Prisoner Appeals"), New York Times, May 5, (1992): 1。

哈代德(Haddad, James B):《详细界定的例外、对哄骗的主张以及可成立理由的四个方面》("Well-Delineated Exceptions, Claims of Sham, and Fourfold Probable Cause"), Journal of Criminal Law and Criminology 68 (1977): 198—225。

哈维等(Harvie, Robert and Hamar Foster):《连在一起的纽带?加拿大最高法院、美国法学以及根据宪章对加拿大刑事法律的修改》("Ties that Bind? The Supreme Court of Canada, American Jurisprudence and the Revision of the Canadian Criminal Law under the Charter"), Osgoode Hall Law Journal 28 (1990): 729—788。

赫弗曼等(Heffernan, William C., and Richard W. Lovely):《对第四修正案排除规则的衡量:警察遵守法律的问题》("Evaluating the Fourth Amendment Exclusionary Rule: The Problem of Police Compliance with the Law"), University of Michigan Journal of Law Reform 24 (1991): 311—369。

Hesse, Konrad. Grundzuge des Verfassungsrechts der Bundesrepublik Deutschland. 12th ed. Karlsruhe: Muller, Juristischer Verl., 1980.

哈钦森等(Hutchinson, Scott and James Cooper Morton):《加拿大搜查和扣押法》(Search and Seizure Law in Canada), Toronto: Carswell, 1991。

伊斯雷尔(Israel, Jerold H):《刑事诉讼、伯格法院和沃伦法院的遗产》("Criminal Procedure, the Burger Court, and the Legacy of the Warren Court"), Michigan Law Review 75 (1977): 1319—1425。

詹金斯(Jenkins, John A):《党派支持者》("The Partisan"), New York Times (magazine) March 3, (1985): 35。

卡迪什(Kadish, Sanford H):《正当程序审理的方法和标准——调查和批判》("Methodology and Criteria in Due Process Adjudication-A Survey and Criticism"), Yale Law Journal 66 (1957): 319—363。

卡米萨(Kamisar, Yale):《记住刑事诉讼的"旧社会":对格兰诺教授的答复》("Remembering the 'Old World' of Criminal Procedure: A Reply to Professor Grano"), University of Michigan Journal of Law Reform 23 (1990): 537—589。

卡米萨(Kamisar, Yale):《沃伦法院(它真的偏袒辩护方吗?)、伯格法院(它真的偏袒控诉方吗?)和警察侦查活动》载《伯格法院:并非是反革命》("The Warren Court [Was It Really So Defense-Minded?], the Burger Court [Is It So Prosecution-Oriented?] and Police Investigatory Practices." In The Burger Court: The Counter-Revolution That Wasn't), edited by Vincent Blasi, 62—91. New Haven: Yale University Press, 1983。

卡米萨等(Kamisar, Yale, Wayne R. LaFave and Jerold H. Israel):《当代刑事诉讼:案例、评论和问题》(Modern Criminal Procedure: Cases, Comments, and Questions), 7th ed. St. Paul, MN: West Publishing Co. 1989, Supplement 1990。

基奇(Kitch, Edmund W):《最高法院的刑事诉讼法典:1958—1969年版》("The Supreme Court's Code of Criminal Procedure: 1958—1969 Edition"), Supreme Court Review (1969): 155—202。

Kleinknecht, Theodor. Strafprozessordning. 40th ed. Munchen: Beck, 1991. (Abbrev. As StPO)

拉菲伍(LaFave, Wayne):《"'一案一判'还是'标准化程序'":罗宾逊难题》("'Case-by-Case Adjudication' Versus 'Standardized Procedures': The Robinson Dilemma"), Supreme Court Review (1974): 127—163。

拉菲伍(LaFave, Wayne):《搜查和扣押:第四修正案专论》(Search and Seizure: A Treatise on the Fourth Amendment), 2nd edition plus 1990 supplements. 4 vols. St. Paul, MN: West Publishing Co., 1987。

拉菲伍等(LaFave, Wayne and Jerold H. Israel):《刑事诉讼》(Criminal Procedure), 3 vols. St. Paul, MN: West Publishing Co., 1984。

拉策(Latzer, Barry):《州宪法和刑事司法》(State Constitutions and Criminal Justice), New York: Greenwood Press, 1991。

法律改革委员会(Law Reform Commission):《刑事侦查》(Criminal Investigation), Ottawa: Law Reform Commission of Canada, 1991。

Lowe, Ewald and Werner Rosenberg. Die Strafprozessordnung und das Gerichtsverfassungsgesetz mit Nebengensetzemi: Grosskommentar. 23rd ed. Berlin: DeGruyter, 1976.

卢斯基(Lusky, Louis):《少数民族的权利和公共利益》("Minority Rights and the Public Interest"), Yale Law Journal 52 (1942): 1—41。

马克曼(Markman, Stephen J):《第五修正案和羁押性讯问:对重新思考米兰达的答复》("The Fifth Amendment and Custodial Questioning: A Response to Reconsidering Miranda"), University of Chicago Law Review 54 (1987): 938—949。

《马丁年度刑法典》(Martin's Annual Criminal Code): Toronto: Canada Law Books, Inc., 1991。

麦考密克(McCormick, Charles T):《供述可采性中的一些问题和发展》("Some Problems and Development in the Admissibility of Confessions"), Texas Law Review 24 (1946): 239—278。

麦基翁(McKeon, Marion):《律师们要求对刑事诉讼进行暂时改革》("Lawyers Urge Interim Criminal Procedure Reform"), Law Society Gazette 7 (March 20, 1991)。

莫兰(Moreland, Roy):《当代刑事诉讼》(Modern Criminal Procedure), Indianapolis: Bobbs-Merrill, 1959。

莫里塞特(Morissette, Yves-Marie):《加拿大权利和自由宪章下的排除规则:该做什么和不该做什么》("The Exclusion of Evidence under the Canadian Charter of Rights and Freedoms: What to Do and What Not to Do"), McGill Law Journal 29 (1984): 521—556。

纳杜利(Nardulli, Peter F):《排除规则社会代价的重新考察》("The Societal Costs of the Exclusionary Rule Revisited"), University of Illinois Law Review (1987): 223—239。

全国遵守法律和实施法律委员会(National Commission of Law Observance and Enforcement) (Wickersham Commission):《报告八:刑事诉讼》(Report No. 8. Criminal Procedure), Washington DC: U. S. Government Printing Office, 1931。

全国遵守法律和实施法律委员会(National Commission of Law Observance and Enforcement) (Wickersham Commission):《报告十一:对法律实施活动中无法无天的报告》(Report No. 11. Report on Lawlessness in Law Enforcement), Washington DC: U. S. Government Printing Office, 1931。

诺瓦克(Nowak, John E):《吸纳后时代中的正当程序方法》("Due Process Methodology in the Postincorporation World"), Journal of Criminal Law and Criminology 70 (1979): 397—423。

纳丁(Nutting, Charles B):《最高法院、第十四修正案和州刑事案件》("The Supreme Court, the Fourteenth Amendment and State Criminal Cases"), University of Chicago Law Review 3 (1935): 244—260。

奥德(Oade, K. Preston):《高等法院播下了混淆的种子》("The High Court Sows Confusion"), Wall Street Journal, July 13, (1984): 18。

奥菲尔德(Orfield, Myron W., Jr):《排除规则和震慑效果:对芝加哥禁毒警察的实证研究》("The Exclusionary Rule and Deterrence: An Empirical Study of Chicago Narcotics Officers"), University of Chicago Law Review 54 (1987): 1016—1055。

帕克(Packer, Herber L):《法院、警察和剩下的我们》("The Courts, the Police, and the Rest of Us"), Journal of Criminal Law, Criminology and Police Science 57 (1966): 238。

帕克特(Pakter, Walter):《法国、德国和意大利的排除规则》("Exclusionary Rules in France, Germany and Italy"), Hastings International and Comparative Law Review 9 (1985): 1—57。

议会研究机构(Parliamentary Research Service):《联邦犯罪侦查法1990年修正草案文摘》(Digest of Crimes [Investigation of Commonwealth Offenses] Amendment Bill 1990) (Now "Act 1990"), Canberra: Parliamentary Research Service, 1991。

保尔森(Paulsen, Monrad G):《第十四修正案和逼供》("The Fourteenth Amendment and the Third Degree.") Stanford Law Review 6 (1954): 411—437。

《新意大利刑事诉讼法典中规定的辩诉交易及其在美国:走向对比较刑事诉讼新的理解》("Plea Bargaining and its Analogues Under the New Italian Criminal Procedure Code and In the United States: Towards a New Understanding of Comparative Criminal Procedure.") 学生编者按(Student Editorial Note), New York University Journal of International Law and Politics 22 (1990): 215—251。

波尔斯基等(Polsky, Leon B., H. Richard Uviller, Vincent A. Ziccordi, and Alan J. Davis):《Wade判例、Gilbert判例和Stovall判例之后辩护律师在列队辨认中的作用》("The Role of the Defense Counsel at a Lineup in Light of the Wade, Gilbert, and Stovall Decisions"), Criminal Law Bulletin 4 (1968): 273—296。

普罗瑟(Prosser, William Lloyd):《侵权法手册》(Handbook of the Law of

Torts),4th ed. St. Paul, MN: West Publishing Co. ,1971。

伦奎斯特(Rehnquist, William H):《最高法院的过去和现在》(The Supreme Court: How It Was, How It Is), New York: Morrow, 1987。

雷明顿(Remington, Frank J):《二十五年的规则制定:特别关注联邦刑事诉讼规则》("A Quarter of a Century of Rulemaking with Particular Attention to the Federal Rules of Criminal Procedure"), *Maine Law Review* 36 (1984): 219—251。

《昆士兰刑法实施调查委员会报告》(Report of the Board of Inquiry into the Enforcement of Criminal Law in Queensland),澳大利亚法律改革委员会(Australian Law Reform Commission), 1977, Cited as Lucas Report.

《刑事诉讼皇家委员会报告》(Report of the Royal Commission on Criminal Procedure) (Cmnd. 8092) London: Her Majesty Stationer's Office, 1981。

Rogall, Klaus. "Gegenwartiger Stand und Entwicklungstendenzen der Lehre von den Strafprozessualen Beweisverboten." Zeitschriftur die Gesamte Strafrechtswissenschaft [ZSTW] 91 (1979): 1—44.

塞尔汉尼(Salhany, Roger E):《加拿大刑事诉讼》(Canadian Criminal Procedure),5th ed. Aurora, Ont. : Canada Law Book, 1989。

萨曼等(Sallman, Peter and John Willis):《澳大利亚刑事司法》(Criminal Justice in Australia), New York: Oxford University Press, 1984。

萨尔茨伯格(Saltzburg, Stephen A):《前言:沃伦法院和伯格法院宪法刑事诉讼的涨潮和退潮》("Foreword: The Flow and Ebb of Constitutional Criminal Procedure in the Warren and Burger Courts"), *Georgetown Law Journal* 69 (1980): 151—209。

舒尔霍弗(Schulhofer, Stephen):《重新考虑米兰达》("Reconsider Miranda"), *University of Chicago Law Review* 54 (1987): 435—461。

施赖弗等(Shreve, Gene R. and Peter Raven-Hansen):《理解民事诉讼》(Understanding Civil Procedure), New York: M. Bender, 1989。

斯蒂芬斯(Stephens, Otis H. Jr):《最高法院和有罪供述》(The Supreme Court and Confessions of Guilt), Knoxville: University of Tennessee Press, 1973。

史蒂文斯(Stevens, John Paul):《法官制定的规则的寿命》("The Life-Span of a Judge-Made Rule"), *New York University Law Review* 58 (1983): 1—21。

斯图尔特(Stewart, Potter):《马普诉俄亥俄以及以外:搜查和扣押案件中排除规则的起源、发展和未来》("The Road to Mapp v. Ohio and Beyond: The

Origins, Development and Future of the Exclusionary Rule in Search and Seizure Cases"), *Columbia Law Review* 83 (1983): 1365—1404。

斯通(Stone, Geoffrey R):《伯格法院中的米兰达原理》("The Miranda Doctrine in the Burger Court"), Supreme Court Review (1977): 99—169。

斯通(Stone, Richard):《立法之后的警察权》,载《警察:权力、程序和规则》("Police Powers after the Act." In The Police: Powers, Procedures and Proprieties), edited by John Benyon and Colin Bourn, 53—61. New York: Pergamon Press, 1986。

尤迟达等(Uchida, Craig D. and Timothy S. Bynum):《搜查令状、排除动议和'失败案件':在七个司法管辖区排除规则的效果》("Search Warrants, Motions to Suppress and 'Lost Cases': The Effects of the Exclusionary Rule in Seven Jurisdictions"), Journal of Criminal Law and Criminology 81 (1991): 1034—1066。

美国司法部(United States Department of Justice)、联邦调查局(Federal Bureau of Investigation):《美国统一犯罪报告》(Uniform Crime Report for the United States), Washington, DC: U.S. Government Printing Office, annual。

美国司法部(United States Department of Justice)、全国司法研究所(National Institute of Justice):《刑事司法研究报告:排除规则的效果:在加利福尼亚的研究》(Criminal Justice Research Report: The Effects of the Exclusionary Rule: A Study in California). Washington, DC: U.S. Government Printing Office, 1982。

美国司法部(United States Department of Justice)、法律遗产办公室(Office of Legal Policy):刑事司法中的真实系列(Truth in Criminal Justice Series), reprinted in University of Michigan Journal of Law Reform 22 (1989)、《关于审前讯问法律向总检察长提交的报告》("Report to the Attorney General on the Law of Pretrial Interrogation")(Report No. 1, February 12, 1986)(437—572);《关于搜查和扣押排除规则向总检察长提交的报告》("Report to the Attorney General on the Search and Seizure Exclusionary Rule")(Report No, 2, February 26, 1986)(573—659)。

Untitled article. Reform 26 (1982): 63.

沃瑟斯特罗姆(Wasserstrom, Silas J):《第四修正案难以置信的收缩》("The Incredible Shrinking Fourth Amendment"), *American Criminology Law Review* 21 (1984): 257—401。

韦弗(Weaver, John Dowling):《沃伦:该人、沃伦法院以及那个时代》(Warren: The Man, the Court, the Era), Boston: Little, Brown & Co., 1967。

魏根特(Weigand, Thomas):《用大陆方法治疗美国疾病:欧洲刑事诉讼作为法律改革的模范》,载《犯罪与司法:年度研究评论》("Continental Cures for American Ailments: European Criminal Procedure as a Model for Law Reform." In Crime and Justice: An Annual Review of Research). Vol. 2, edited by Norval Morris and Micheal Tonry, 381—428. Chicago: University of Chicago Press, 1980。

温莱布(Weinreb, Lloyd L):《抛弃正义:美国刑事诉讼程序》(Denial of Justice: Criminal Process in the United States), New York: Free Press, 1977。

温莱布(Weinreb, Lloyd L):《第四修正案概论》("Generalities of the Fourth Amendment"), *University of Chicago Law Review* 42 (1974): 47—85。

韦斯坦(Weistein, Jack B):《联邦法院规则制定程序改革》("Reform of Federal Court Rulemaking Procedures"), *Columbia Law Review* 76 (1976): 905—964。

惠特布雷德(Whitebread, Charles H):《伯格法院在刑事诉讼中的反革命:美国最高法院近期刑事判例》("The Burger Court's Counter-Revolution in Criminal Procedure: The Recent Criminal Decisions of the United States Supreme Court"), Washburn Law Journal 24 (1985): 471—498。

沃尔迟弗等(Wolchover, David and Anthony Heaton-Armstrong):《修改后的讯问守则》("The Questioning Code Revamped"), Criminal Law Review (1991): 232—251。

赖特(Wright, Charles Alan):《联邦实践和程序》(Federal Practice and Procedure), 2d ed. St. Paul, MN: West Publishing Co., 1982。

赞德(Zander, Micheal):《警察局中该法的适用》,载《警察:权力、程序和规则》("The Act in the Station." In The Police: Powers, Procedures and proprieties), edited by John Benyon and Colin Bourn, 123—135. New York: Pergamon Press, 1986。

赞德(Zander, Micheal):《1984 年警察与刑事证据法》(The Police and Criminal Evidence Act: 1984), 2d ed. London: Sweet & Maxwell, 1990。